La Popessa

Paul I. Murphy
et R. René Arlington

La Popessa

Traduit de l'américain par
Frédéric Djibril

Lieu Commun

Titre original :
LA POPESSA

A Pascalina
et à toutes les femmes qui par leur force,
leur tendresse et leur amour
conduisent les hommes à leur grandeur.

AVERTISSEMENT

L'information nécessaire à la rédaction de cet ouvrage a été rassemblée sur une période de trente-cinq ans et recueillie principalement auprès de sœur Pascalina qui m'a accordé plus de trente heures d'entretien ; auprès de l'archevêque de Boston, le cardinal Richard J. Cushing ; de l'archevêque de New York, le cardinal Francis Spellman ; du révérend Robert I. Gannon, président de Fordham University, et du cardinal John J. Wright.

Après la mort du cardinal Spellman, son frère, Martin H. Spellman, m'ouvrit les dossiers personnels du prélat : ses notes, ses agendas, ses journaux.

Paul. I. MURPHY.

I

Les hiérarques de l'Eglise étaient plus préoccupés par la camériste du pape (Sœur Pascalina)... que par les désastres sociaux qui menaçaient l'humanité.

J.H. Plumb

Peu après midi, le 24 juillet 1958, Sœur Pascalina, discrètement escortée, entra dans une cour retirée située à l'arrière du palais du Vatican. Le Saint-Père, le pape Pie XII, était près d'elle. Ils se dirigèrent vers une limousine qui les attendait sous la garde vigilante et silencieuse des gardes suisses.

Ils s'installèrent à l'arrière de l'immense véhicule spécialement aménagé, les rideaux tirés pour les abriter du regard des curieux. La nonne prit la main du pape et la mit doucement dans les siennes. Ils n'échangèrent aucune parole, tous deux étaient trop abattus pour pouvoir parler. La santé de Pie XII était une source constante d'inquiétude pour Pascalina. Le pape essayait bien alors de lui remonter le moral, mais elle le voyait si pâle qu'elle ne savait quoi lui répondre. Elle eut le pressentiment soudain que, malgré tous ses faux-semblants de vigueur, il ne reverrait plus jamais la Cité éternelle. Et de fait, ce trajet entre ce qui était leur demeure depuis presque trente ans et la luxueuse résidence d'été du Vatican, à Castel Gandolfo, allait être leur dernier voyage.

Le Souverain Pontife reconnut qu'il ne se sentait pas bien, et pourtant il ne voulait pas qu'on roule doucement. Au lieu de cela, il exhorta le chauffeur à conduire aussi vite que possible. Pascalina aussi avait hâte d'arriver à la résidence d'été. Comme le pape, elle aimait la beauté et la solitude de cette villa de Castel Gandolfo, ce paradis de vacances perché en haut d'une minuscule bourgade de montagne à vingt-huit kilomètres du palais papal. L'endroit lui rappelait son enfance en Bavière, où si peu de choses avaient changé depuis deux mille ans.

La Cadillac noire passa comme un bolide les portes du Mur d'Aurélien vers la Via Appia. Pascalina sourit en voyant le pape sortir son chronomètre. Comme tous les Romains, Pascalina et Pie XII adoraient la vitesse. « Celui qui s'opposerait aux autoroutes serait un homme sans cœur », avait un jour déclaré ce dernier.

Le trajet était toujours prétexte à un petit jeu entre la nonne et le Pontife, une plaisanterie destinée à Angelo Stoppa, leur chauffeur depuis plus de vingt ans. A chaque fois que Stoppa parcourait les vingt-huit kilomètres séparant Rome de Castel Gandolfo en moins de dix-huit minutes, Pascalina et Pie XII riaient et applaudissaient. Mais si le trajet durait ne fût-ce que dix-neuf minutes, tous deux arboraient alors un air des plus réprobateurs, ce qui troublait profondément le très sérieux Stoppa. Le chauffeur redoutait tellement de les mécontenter qu'il mettait toute la gomme, leur prodiguant quelques émotions fortes, la limousine dépassait en effet tous les autres véhicules sur l'autoroute.

Ce goût de la provocation délibérée faisait bel et bien partie du caractère de Pascalina. Caractère double que celui de cette nonne, composé de ce trait et, en même temps, pétri d'autorité, de sérieux et de conventionnel. Tout comme Pie XII, la vitesse sur la route la jetait dans un paroxysme d'excitation, et elle criait souvent : *« Più presto ! Più presto ! »* (« Plus vite ! Plus vite ! ») Pascalina n'avait que vingt-sept ans et Pie XII la quarantaine quand elle lui fit découvrir pour la première fois la vitesse, sur une moto. Elle était au guidon, et lui, l'intellectuel hautain, assis dans le side-car, les yeux exorbités de peur, se cramponnant comme s'il en allait de sa vie.

Tout à coup, durant ce dernier trajet vers Castel Gandolfo, elle proposa qu'ils défient à la course une troupe de motards qui roulaient à côté de la voiture papale. Elle le connaissait bien et savait d'avance que la course lui rendrait un peu d'entrain. Le pape accepta. Il fit signe aux motards de leur donner la chasse et il ordonna joyeusement au chauffeur de mettre pleins gaz. « Ceux qui se plaignent du bruit que vous faites, cria le pape aux motards, soyez patients avec eux ! » Les motards étaient sidérés que le pape puisse connaître ainsi leur style de vie, sans se douter une seconde qu'il était passé maître dans ce genre de compétition. Dans le rugissement des moteurs et les instructions de course stridentes du pape, ils se virent dépassés les uns après les autres. Ils en restaient ébahis, regardant s'éloigner le Saint-Père triomphant qui, par la lunette arrière, leur faisait en riant des saluts victorieux.

Comme leur limousine commençait à négocier la longue route sinueuse qui mène à la petite ville de Castel Gandolfo, avec sa vue lointaine sur Rome et le dôme de Saint-Pierre, Pie XII ordonna qu'on réduise la vitesse à cinq kilomètres à l'heure. La foule habituelle qui attendait la visite du pape s'était alignée le long de la route pour saluer son arrivée. Pie XII bénissait les pénitents qui tombaient à genoux pour recevoir sa bénédiction. Du côté de Pascalina, les rideaux restèrent ostensiblement tirés.

La nonne et le pape s'installèrent dans leur résidence, s'apprêtant à savourer le luxe de deux mois et demi de vacances. La résidence papale, paisiblement nichée dans un cadre verdoyant près d'un lac tranquille, était l'endroit où le pape invitait chaque année des célébrités à venir se divertir dans « le meilleur des deux mondes, l'ecclésiastique et le temporel ».

Malgré la vigilance attentive de Pascalina et ses avertissements pour qu'il ménage sa santé, le pape était soumis à un emploi du temps très chargé. Depuis le balcon du premier étage, il prononçait chaque jour un discours pour les pèlerins venus du monde entier qui remplissaient la cour. Ces audiences étaient bien moins protocolaires que celles tenues au Vatican, et Pie XII les affectionnait tout particulièrement. Il s'adressait à chaque délégation dans sa propre langue, puis il levait ses bras vers le ciel, pour rendre hommage à Dieu. Quand il avait fini, la voix enthousiaste et chaleureuse du peuple résonnait en écho sur les collines avoisinantes. Pascalina observait chaque jour cette scène avec quelque fierté depuis l'appartement papal où elle se tenait, en haut de la villa.

Pie XII avait consenti à réduire d'une heure son horaire de travail du matin, pour rester seul avec Pascalina, dans l'ombre et le calme d'un bouquet d'arbres des jardins de la villa. Il y eut des moments pendant les jours dorés de ce mois de septembre, où assis tous deux à parler ou lisant leur missel, ils n'avaient jamais semblé aussi heureux. Plus tard dans la saison, ils trouvèrent quelques rares heures pour se promener dans les magnifiques jardins en terrasses que Pie XII avait lui-même dessinés, un quart de siècle auparavant, quand il était encore secrétaire d'Etat. Souvent, alors qu'ils méditaient, leurs regards se perdaient sur les collines ondulantes et leur splendeur multicolore.

« Ce fut une époque à la fois romantique et nostalgique pour Sa Sainteté et pour moi, confia-t-elle bien des années après. Et aussi, une époque bien triste. »

Vers la fin de l'été, Pie XII eut une attaque. Ce fut d'abord un accès de hoquet, le premier depuis celui de 1954 qui avait failli lui coûter la vie. Pascalina s'attendait au pire depuis quelques temps, mais ce fut quand même un choc terrible. Elle était plus inquiète que jamais et insista pour qu'il garde le lit. Le médecin du pape lui conseilla de se reposer et de rester seul. Mais en dépit de tous les conseils, alors qu'il était dans l'incapacité de parler, le jour même de son attaque, Pie XII passa encore dix minutes sur son balcon pour saluer quelque dix mille pèlerins.

Jour après jour, malgré son état qui empirait, le pape lutta, accordant des audiences, s'adressant à des groupes de pèlerins. Il bravait même les brusques changements de temps qui apportaient tout à coup de violents coups de vent, soufflant des sommets des collines.

Au matin du 6 octobre, Pie XII sembla se ressaisir. Après avoir dit la messe dans la chapelle de la villa, le pape apparut à Pascalina d'une humeur remarquable malgré son état de santé précaire.

« Mère Pascalina, écoutons donc un peu de musique pour relever encore la beauté de cette journée », dit-il avec une gaieté inhabituelle dans la voix. Ses paroles et son enjouement surprirent Pascalina ; il y avait deux jours à peine que l'extrême-onction lui avait été administrée. Par respect pour lui, elle ne manifesta aucun étonnement.

« Votre Sainteté, dois-je faire apporter le Gramophone de votre bureau dans la salle à manger ? demanda-t-elle d'un air faussement indifférent.

— Bonne idée !, répondit le pape. Nous écouterons du Bach et la *Première symphonie* de Beethoven, tout en déjeunant. »

En attendant le Gramophone et leurs enregistrements préférés, elle eut le sentiment qu'il lui cachait son réel état de santé, cherchant à la bercer d'un faux espoir.

Elle prépara un déjeuner frugal avec du café, des fruits et des croissants. C'était pour lui un rituel quotidien que de déjeuner seul, pendant qu'elle se tenait debout à son côté pour le servir et deviser sur le temps qu'il fait ou sur le discours qu'il allait rédiger ce jour-là.

Tout à coup, après quelques minutes de Bach, il se plongea en une prière silencieuse, puis en une profonde méditation.

Après un long silence, le Pontife parla : « Mère Pascalina, j'ai tellement envie de travailler. Il y a encore tant à faire. » Il avait à peine fini de prononcer ces paroles qu'elle remarqua qu'il était pris d'un léger vertige.

De plus en plus effrayée, elle se précipita vers lui, mais il se redressa à grand-peine, avant qu'elle ait pu esquisser un geste. Pie XII lui fit un sourire et l'embrassa en lui tapotant la joue, comme on le fait à une enfant. Elle était encore tremblante quand il retourna à son bureau. Elle le regarda fermer la porte derrière lui, mais cette fois, elle n'entendit pas le bruit du loquet.

Elle sentait bien maintenant que sa fin était proche. Elle savait, bien sûr, que Pie XII ne craignait pas la mort mais qu'il ne supporterait pas qu'elle le regarde mourir.

Elle se tint en prière pendant près d'une heure, tout en écoutant le cliquetis de la petite machine à écrire. Soudain, vers huit heures et demie, elle n'entendit plus rien.

S'attendant au pire, elle se précipita dans le bureau pour le trouver effondré sur sa table de travail. « J'ai tellement le vertige », murmura-t-il faiblement. Pascalina le souleva puis traîna son corps amaigri sur un divan. En s'allongeant, le Saint-Père perdit connaissance.

Pendant un long moment, la petite nonne resta là, à dévisager avec angoisse le visage immobile d'Eugenio Pacelli. « Votre Sainteté ! », cria-t-elle désespérément à l'homme qu'elle chérissait et respectait depuis quarante et une années. Ses lèvres caressèrent d'un geste doux le front incroyablement blanc du grand aristocrate. Elle eut le sentiment que son cœur scandait alors chaque instant de cette tragédie, et avec elle, le vide qui se creusait désormais dans sa propre existence.

Cette longue relation si soigneusement protégée de Pascalina avec Pie XII l'avait contrainte à mener une vie de secrets et de mystères. Même après vingt ans passés à partager les appartements du pape, peu de gens à l'extérieur du Vatican soupçonnaient même son existence. Mais à l'intérieur du palais papal, on l'appelait, non sans irrespect, « La Popessa », elle était aussi redoutée que haïe par la hiérarchie de l'Eglise. Certes, son nom et sa présence restèrent-ils toujours anonymes, mais son influence sur le pape était souvent plus importante que celle de quiconque au Vatican. C'était d'autant plus remarquable que jamais elle n'oublia sa vraie place, toujours dans l'ombre de Pacelli.

Pour Pascalina et pour des millions d'autres gens qui le considéraient comme proche de Dieu, Pie XII incarnait exactement l'image de ce qu'un pape doit être et paraître. Ses traits décharnés apparaissaient toujours tendus et concentrés et rayonnaient d'une profonde spiritualité. Elle le connaissait intimement et elle avait fini par accepter ses nombreux défauts et excentricités, avec lesquels elle composait jour après jour. Parfois, elle le trouvait humble à l'excès ; d'autres fois, il se posait en monarque absolu sur tout et tous, y compris l'Eglise, qu'il dirigeait comme son propre royaume.

Sa mysogynie se manifestait souvent dans des détails mesquins et agaçants. Elle détestait sa façon d'attendre que les femmes se perdent en courbettes devant lui et s'échinent à la tâche. Pie XII avait des serviteurs pour cela, Pascalina le lui rappelait, mais il continuait d'attendre toujours tout d'elle, même à son âge avancé. Il trouvait tout naturel qu'elle pourvoie toujours délicatement à chacun de ses caprices. Il attendait qu'elle le soigne ou qu'elle le dorlotte, quand quelque chose le contrariait ou quand il ne se sentait pas au mieux. Il n'y avait aucune limite à ses exigences, ni à ses accès d'ingratitude, voire de dureté et de froideur, quand il l'écartait brutalement en la ravalant à son rang de servante.

Mais elle se maintenait infailliblement à son côté, car elle savait qu'il tenait à elle et qu'elle comptait beaucoup pour lui. Il pouvait se montrer très tendre et compatissant, composant aussi avec le caractère intransigeant de la nonne. Il l'avait toujours maintenue près de lui au Vatican contre l'avis et les pressions du Sacré Collège des cardinaux*.

Pascalina fut brusquement ramenée à la réalité par les quelques signes de vie que donnait le pape, elle téléphona au médecin et referma la porte du bureau. Elle voulait tenir l'entourage du pape à l'écart jusqu'à l'arrivée du praticien. Maintenant que tout espoir semblait perdu, elle voulait rester seule un dernier instant avec Pie XII.

Tout en épongeant doucement le visage blême, Pascalina ne pouvait s'empêcher de penser à ce que serait sa vie, après.

Elle savait qu'après la mort de Pie XII le Sacré Collège ne s'inclinerait plus devant elle. Les cardinaux avaient trop longtemps jalousé sa position et son pouvoir et tous cardinaux qu'ils fussent, ils avaient été contraints depuis toutes ces années de passer par elle pour approcher le Saint-Père.

Après la disparition de Pie XII, il n'était pas douteux que ces prélats exerceraient contre la nonne quelque vengeance. Un différend l'opposait depuis des années au cardinal Tisserant, le doyen chenu du Sacré Collège. Connaissant la jalousie de Tisserant à son égard, elle le traitait avec dédain, le surnommant

---

* Le Sacré Collège des cardinaux est le sénat papal, il réunit officiellement les conseillers les plus proches du pape.

parfois « l'affreux ours bourru de France ». De son côté, Tisserant n'était guère enclin à divulguer autour de lui une image de Pascalina en nonne maternelle et bienveillante. Il dénonçait à qui voulait l'entendre la dissimulation de Pascalina et sa fausse humilité.

« C'est une honte pour une femme d'avoir de l'autorité dans l'Eglise ! » Elle l'avait un jour entendu dire ces mots à Pie XII. Pascalina savait fort bien que cette adresse lui était destinée, bien qu'elle ne détînt aucun poste officiel dans la hiérarchie du Vatican. Quand elle se plaignit auprès du pape de ces insinuations, ce dernier tenta de l'apaiser en l'assurant que jamais il ne prendrait les paroles de Tisserant au sérieux.

Maintenant, après tant d'années de ressentiment contenu, elle était convaincue que, Pie XII à peine enterré, le prélat français la ferait chasser du Vatican. Elle cesserait du coup de diriger le palais papal, avec ses quelque dix mille pièces et deux cents escaliers. Et s'envolerait en même temps l'image si longtemps entretenue d'une nonne douce et dévote au profit d'une description plus conforme à l'image que se faisait d'elle le doyen des cardinaux.

Ce qui pour Pascalina fut une relation merveilleuse et aimante avec le Saint-Père avait souvent été sali et terni pendant des années par d'extravagants potins murmurés par certains cardinaux. « Il est bien malheureux que la cuisine de Pascalina n'égale pas sa beauté physique », chuchotait-on chez les cardinaux. « Si c'était le cas, Sa Sainteté serait doublement comblée... »

Personne n'osa jamais souffler un mot de suspicion au Saint-Père. Personne non plus ne parla directement à Pascalina des commérages dont elle était la cible. Pie XII était tenu à l'écart de toutes ces rumeurs. Mystique et rêveur, le pape ne soupçonna jamais que quiconque pût mettre en doute sa vie dévote et ascétique.

Pendant les premières années de sa relation avec Pacelli, Pascalina était restée sur son quant-à-soi et faisait preuve d'une grande réserve. Les années s'écoulant et les jalousies dont elle était l'objet s'accumulant finirent par tarir sa tolérance et sa compassion. Elle devint de plus en plus isolée et menacée, mais son autorité et son sang-froid s'affirmèrent au rythme des chausses-trapes et en même temps que les embûches qu'elle devait affronter.

Les cardinaux, quant à eux, pensaient avoir de bonnes raisons de s'opposer à la nonne et d'exiger son renvoi. Au fil des ans, son autorité toute germanique tournait à l'arrogance. Elle était pour eux comme une épine plantée dans leur dignité. Certains cardinaux se plaignaient ouvertement de la présence de Pascalina et stigmatisaient son influence sur le pape. En réalité, les brusques sautes d'humeur de la nonne lui faisaient souvent prendre en grippe n'importe quel cardinal lequel, selon elle, essayait de tirer profit du pape.

L'un d'entre eux, le cardinal Angelo Roncalli, qu'elle tenait pour intellectuellement inférieur à Pie XII, devint sa bête noire. Roncalli avait la fâcheuse habitude de passer au bureau du pape quand l'envie l'en prenait, sans rendez-vous. Dans l'esprit de Pascalina, Roncalli se faisait « humble à l'excès pour me convaincre de le faire passer devant l'habituelle file d'attente de solliciteurs d'une audience privée avec Sa Sainteté ». Pascalina était outrageusement cassante avec Roncalli. Elle suivait en cela l'exemple de l'un de ses plus proches amis, le cardinal Francis Spellman, archevêque de New York, qui méprisait le vieux et gros prélat, n'hésitant pas à le comparer en public à un « simple colporteur de bananes ».

« Cessez d'être importun ! », criait-elle à Roncalli, sans se douter une seconde qu'un jour ce vieil homme succéderait à Pie XII sous le nom de Jean XXIII.

Vers la fin de la vie de Pie XII, la chasse à la nonne était officiellement ouverte chez les cardinaux ; tous ses gestes étaient épiés et ses actions soupesées, dans l'espoir de la piéger et de provoquer son renvoi.

« Le médecin est en route, Votre Sainteté, dit-elle d'un ton rassurant. Il sera là d'un instant à l'autre. »

En fait, Pascalina n'attendait rien du médecin du pape, le professeur Ricardo Galeazzi-Lisi. Selon elle, le médecin n'avait que peu ou rien fait pour soulager l'état de celui-ci. Pour elle,

Galeazzi-Lisi n'était qu'un spécialiste de l'œil et rien de plus. Pascalina avait toujours été furieuse de la façon dont Pie XII avait entrepris de chercher un praticien. Cela lui avait paru inconcevable qu'une personne de l'intelligence et dans la position de Pie XII soit assez naïve pour se faire berner à ce point. Il était sorti un jour pour faire quelques pas et avait aperçu une affiche criarde, avec un énorme œil peint qui pendouillait d'un bâtiment : une publicité pour les services de Galeazzi-Lisi. Pie XII s'était alors rappelé qu'il avait besoin de lunettes et il avait grimpé l'escalier jusqu'au cabinet du médecin.

Le Dr Galeazzi-Lisi fut tout à fait comblé par la visite de cet important et nouveau patient ; et là où sa compétence et son expérience médicale firent défaut, sa flatterie et son bagoût firent merveille. Depuis cette première visite, à chaque fois que la santé de Pie XII nécessitait quelque attention, pour un soin de routine comme pour un traitement sérieux, il envoyait toujours chercher le spécialiste des yeux. « Je ne connais qu'un docteur à Rome, persistait-il à prétendre devant les objections explicites de Pascalina. Allez chercher Galeazzi ! »

L'ophtalmologiste avait quand même eu la prudence, alors que l'on pensait que Pie XII se mourait, de se faire accompagner par deux spécialistes de médecine interne, le Dr Antonio Gasbarrini et le Dr Ermanno Mingazzini. Le temps que l'équipe de médecins arrive, le pape avait à nouveau perdu conscience : il avait eu une deuxième attaque cardiaque.

Quelques heures plus tard, à 3 h 52, le jeudi 9 octobre 1958, deux mois et demi après son arrivée à Castel Gandolfo, Pie XII rendit son dernier souffle.

Le visage ascétique, les yeux perçants, la mince silhouette drapée de blanc immaculé, les mains qui avaient bougé comme des tourterelles quand Pie XII donnait sa bénédiction aux foules enthousiastes — tout maintenant était figé pour l'éternité.

La ville de Castel Gandolfo entendit les cloches de San Sebastiano sonner le glas à 4 h, annonçant le trépas du deux-cent-soixantième successeur de Saint Pierre, chef spirituel de cinq cent millions de catholiques romains de par le monde.

Au nord, les cloches de Rome annoncèrent à la ville encore endormie la triste nouvelle. Plus tard dans la matinée, le révérend Francesco Pellegrino, le présentateur de Radio-Vatican, fit l'annonce officielle : « Le Souverain Pontife, le pape Pie XII, est mort. Pie XII, l'homme le plus estimé et le plus vénéré du monde, l'un des plus grands pontifes du siècle, s'en est allé avec sainteté. »

Au cours des dernières heures du pape, les proches s'étaient rassemblés près de son étroit lit de laiton, recouvert de la traditionnelle soie cramoisie, où il reposait pendant son coma. Sa sœur aînée, Elisabetta, la dernière de ses camarades de jeux, s'effondra en le voyant inconscient et dut être emportée hors de la chambre aux murs blancs. Ses trois neveux, Carlo, Marcantonio et Giulio Pacelli, auxquels le gouvernement italien, sur sollicitation du Souverain Pontife, avait accordé le titre de prince, parlaient à voix basse, partageant leur peine avec de nombreux cardinaux et évêques attachés à la curie, qui se pressaient dans la petite chambre.

Si Pascalina l'avait pu, elle n'aurait laissé aucun d'eux, sauf Elisabetta, assister aux derniers moments. Pour elle, Pie XII avait incarné la noblesse, et elle aurait voulu que la mort de son pape soit empreinte de la même dignité qui avait baigné toute sa vie. Elle ne pouvait tolérer le bavardage oiseux et les faux-semblants de ceux qu'elle estimait être des intrus à une heure si sacrée pour elle. Et eux la dévisageaient avec curiosité, ne comprenant pas son attitude apparemment indifférente et froide, elle qui continuait à se montrer efficace sans verser une seule larme.

Elle assista, impuissante, à la mainmise totale du cardinal Tisserant, en grand protocole. Ce fut pour elle son pire supplice. Selon les formes, Tisserant prit Pie XII dans ses bras, embrassa le corps sans vie et proclama avec force à haute voix : « Le pape est mort ! » Il était de la charge officielle de Tisserant d'attester ainsi la mort du pape, de signer le certificat et d'approuver l'annonce officielle.

Pascalina était encore trop émotionnellement impliquée pour abandonner entièrement sa place si convoitée à Tisserant. Elle insista pour que de très hautes bougies soient allumées aux pieds du lit du pape, comme il l'avait voulu, et elle ordonna à la Garde noble aux képis dorés de se tenir de chaque côté au garde-à-vous, épées dégainées.

Saisie d'un soudain regain d'autorité, Pascalina décida de prendre sur elle de réaliser la dernière cérémonie rituelle auprès du lit : le retrait de la bague du Pêcheur de la main du défunt pape. Mais Tisserant prit cette intention pour un nouveau défi à la tradition de l'Eglise et, avant qu'elle eût pu agir, il la poussa de côté et tomba à genoux. Se saisissant de la main osseuse de Pie XII, il fit glisser la bague et entonna le *De Profundis*.

Tisserant était désormais en place. Pascalina ne comptait plus devant le Sacré Collège des cardinaux, ces hommes en coiffe rouge et en drap pourpre qui l'avaient courtisée à contre-cœur pendant tant d'années. Le Dr Galeazzi-Lisi observant la transmission du pouvoir comprit que l'autorité de la nonne se lézardait. Il ne craignit plus ses objections sur la manière dont il avait prévu d'embaumer le corps du pape selon une méthode inédite. Ne tenant plus aucun compte de ses protestations, Galeazzi-Lisi se prévalut de la permission officielle du Vatican, qu'il tenait du cardinal Tisserant, pour procéder immédiatement à l'embaumement. Il expliqua qu'il n'y avait pas de temps à perdre, pour empêcher une décomposition et une décoloration rapides du corps du défunt.

L'ophtalmologiste détailla comment il avait un jour montré au pape une main humaine tranchée dans un accident, et embaumée selon cette méthode. Il rapporta que Pie XII avait été stupéfié par la souplesse de la main et la conservation des tissus. Le pape était, prétendait-il, convaincu que cette technique conserverait ses restes, « pendant au moins cent ans ». Selon le vœu explicite de Pie XII, disait Galeazzi-Lisi, son corps devait être embaumé comme le recommandait son médecin depuis plus de trente ans.

Pascalina s'interposa et clama que Pie XII n'avait jamais autorisé ce qu'elle appelait « une méthode aussi incongrue ». Galeazzi-Lisi insista pour qu'on recherche la preuve de ce qui avait été décidé, dans le journal intime du pape et dans d'autres papiers personnels.

Le même matin, à dix heures, un peu plus de six heures après la mort de Pie XII, Tisserant ordonna à Pascalina de l'accompagner à l'appartement papal qu'elle partageait avec Pie XII. Tisserant exigea, en tant que doyen des cardinaux, qu'elle lui remette tous les effets personnels du pape, y compris son journal intime.

Ils n'y trouvèrent aucune preuve d'une quelconque autorisation du défunt pour l'embaumement proposé par Galeazzi-Lisi, mais Tisserant passa outre et autorisa officiellement le praticien à procéder. Certains témoins de cet épisode confièrent que Tisserant s'était délibérément rangé du côté du médecin à seule fin de contrer la nonne et de l'humilier.

Cet embaumement s'avéra une catastrophe. L'odeur qui émanait des restes en décomposition du Souverain Pontife était si nauséabonde qu'on dut recouvrir le cercueil d'une épaisse enveloppe de Cellophane...

Au comble de la détresse, Pascalina apprit que Galeazzi-Lisi avait tenu un journal de sa vie privée avec le pape. Le médecin menaçait d'écrire un article, avec des photographies, pour *Paris-Match*. Quand la nouvelle se répandit de l'imminence du scandale les rédactions européennes se livrèrent à une surenchère effrénée pour décrocher le reportage et les photos à sensation. La presse voulait à tout prix avoir les scènes de Pascalina auprès du lit de mort de Pie XII, que le médecin avait photographiées à son insu. Les puissantes relations du Vatican furent promptement mises en branle. Galeazzi-Lisi fut radié par la suite de l'Ordre des médecins et blâmé par l'Eglise.

Le jour de la procession solennelle depuis Castel Gandolfo jusqu'à la place Saint-Pierre, une foule immense s'était rassemblée tout le long de l'ancienne Voie Appienne pour suivre le cortège funèbre et rendre un dernier hommage à Pie XII. Le corps drapé de pourpre fut exposé à la vue de tous dans un corbillard doré et vitré tiré par des chevaux. Une escorte de cent motards ouvrait le passage, et le cortège avançait lentement vers Rome. Un million de personnes adressaient un ultime adieu, nombre d'entre eux étaient à genoux, postés le long des routes, dans les champs, les fossés et sur les toits.

Le cardinal Tisserant n'autorisa Pascalina à occuper aucune place officielle dans la procession et lui intima l'ordre de rester aussi discrète que possible, pendant toutes les cérémonies des funérailles. Tout le monde savait que la nonne était trop entière et trop inflexible pour laisser Tisserant ou quiconque l'empêcher de vivre ces dernières heures auprès de l'homme qu'elle avait servi et aimé pendant tant d'années. Nul ne savait comment elle allait réagir aux injonctions du cardinal.

La fin du cortège arriva à Rome à la nuit tombante. Pascalina était complètement exténuée. C'était la première fois depuis presque trente ans qu'aucune limousine ne l'attendait. Elle avait par chance pu profiter d'une petite voiture complètement bondée où s'entassaient des domestiques du Vatican. Mais ses vrais ennuis commencèrent quand la voiture fut écartée de l'itinéraire de la procession.

Pascalina était dans sa soixante-cinquième année, elle se sentait vieille, fatiguée, environnée d'ennemis. Elle réussit à se frayer un chemin à travers la place Saint-Pierre jusqu'à ses appartements dans le palais papal, mais ce fut pour se heurter à une foule aussi dense. Il y avait là une telle assemblée agenouillée en prière pour le repos de l'âme du Saint-Père qu'il ne lui restait aucune place pour se joindre à eux.

Malgré son chagrin et sa fatigue, Pascalina n'était guère préoccupée de son bien-être. Sa pensée la plus urgente était de contacter le cardinal Spellman. Elle savait qu'il avait pris le premier avion pour Rome en apprenant la mort du pape. Spellman était depuis longtemps l'un des plus proches amis de Pie XII, et également le sien. C'était le seul prélat dans tout le monde catholique en qui le pape et elle avaient assez confiance pour partager avec lui leur intimité. Dès le début de sa relation avec Pacelli, Spellman avait prouvé sa fidélité. Il avait risqué sa réputation auprès du Sacré Collège, en arrachant la nonne à sa maison de repos, en Suisse, pour le palais papal où elle put vivre avec Pacelli, après avoir été nommé secrétaire d'Etat du Vatican.

Pendant que la foule en deuil continuait de psalmodier des prières, tard dans la nuit, place Saint-Pierre, sous les fenêtres été de l'appartement papal, Pascalina envoyait message sur message à Spellman, lui demandant une rencontre immédiate. Aucun de ses messages ne reçut de réponse, pas même le lendemain.

Craignant que ses billets ne fussent interceptés et se défiant du téléphone, elle se précipita à l'appartement privé de Spellman au palais. Elle savait que cette démarche était tout à fait contraire au protocole. Elle connaissait l'attachement de Spellman à Pie XII et elle apportait avec elle quelques effets aimés du pape, dont sa soutane préférée et le *zucchetto* qu'elle avait placé sur la tête de Sa Sainteté après sa mort.

Spellman fut visiblement alarmé par sa présence soudaine et imprévue. « Il n'est pas sage que vous soyez ici, ma sœur », la réprimanda doucement le cardinal après avoir plié et rangé les reliques. Il était très préoccupé par le fait qu'elle pût avoir été vue entrant chez lui. Quant à elle, exténuée, affamée et déchirée comme elle l'était par la mort de Pie XII, elle n'était plus vraiment elle-même.

« Tisserant me fera chasser cette semaine, dit-elle. Il m'a déjà refusé une place aux funérailles. J'ai besoin de votre aide ! »

Spellman était manifestement compatissant, mais tout comme pour elle, le pouvoir qu'il exerçait dans l'Eglise s'était éteint en même temps que Pie XII. Il l'expliqua sans ambages à Pascalina. Spellman, dont l'influence considérable lui avait valu le surnom de « pape américain », se trouvait plongé lui-même dans une situation embarrassante et un environnement hostile. La plupart des cardinaux de la hiérarchie romaine étaient depuis longtemps aussi jaloux de Spellman, le favori de Pie XII, que de Pascalina. Spellman ne pouvait lui offrir rien de mieux que ses prières.

Une foule en deuil de plus de deux millions de personnes défila en lente procession dans la basilique Saint-Pierre, pendant les deux jours et demi pendant lesquels le corps de Pie XII, vicaire du Christ sur la terre, reposa sur l'autel, sous le grand dôme peint par Michel Ange. Certains pleuraient sans honte, mais la plupart priaient en silence. Des dizaines de millions d'autres fidèles honorèrent la mémoire d'Eugenio Maria Giuseppe Giovanni Pacelli partout dans le monde.

Le corps du pape était drapé d'une soutane de soie blanche, recouverte d'une chasuble brillante, rouge et or. Autour de son cou, il y avait un *pallium* en laine d'agneau, symbole de son office suprême et, sur sa tête, une haute mitre blanche et or. Les gardes suisses, dans leurs splendides costumes dessinés par Michel Ange presque quatre siècles auparavant, entouraient le catafalque rouge, où reposait le Souverain Pontife décédé à l'âge de quatre-vingt-deux ans.

Le jour de l'enterrement, la basilique fut strictement réservée aux personnalités. La messe de Requiem commença avec le défilé des archevêques, des patriarches et des évêques qui gagnèrent les places d'honneur. Les quarante cardinaux en robe pourpre se tenaient autour de l'autel, assis sur leurs trônes formant un arc de cercle autour du défunt.

Les drapeaux de cinquante-trois nations furent mis en berne, et des chevaliers de Malte en costumes multicolores et coiffes empanachées escortèrent les délégués de chaque pays représenté à leurs places dans la basilique. Quelques rayons de soleil dorés filtraient des hauts vitraux et brillaient sur les gradins où se tenaient des rois, des membres de l'aristocratie, des ministres étrangers et autres diplomates de haut rang. Les représentants des Etats-Unis furent parmi les premiers installés : le secrétaire d'Etat John Foster Dulles, l'ancien ambassadeur des U.S.A. en Italie Clare Boothe Luce, et le délégué à l'Energie atomique, John A. McCone.

Les neveux de Pie XII, leurs épouses, leurs enfants et sa sœur Elisabetta étaient installés spécialement sur une tribune proche de l'autel principal.

Les serviteurs de Pie XII étaient massés vers l'arrière de l'édifice, dissimulés par les colonnes ; Pascalina était parmi eux. Ce traitement n'aurait pas pu être plus infâmant. Pourtant, elle ne montrait aucun signe d'amertume. Elle se tint à genoux pendant les deux heures de la grand-messe solennelle, ses lèvres murmurant une prière silencieuse. Mais quand le chœur entonna le *In Paradisium,* le cerceuil de bronze disparaissant lentement sous la basilique vers une sépulture de marbre blanc près de celle de Saint Pierre, les yeux de Pascalina se remplirent de larmes.

A la fin des cérémonies, elle se sentait en son for intérieur entièrement vidée. Elle s'en retourna seule à l'appartement papal qu'elle avait partagé avec le défunt pendant toutes ces années. La simplicité de l'agencement de leurs appartements (salle à manger, chambres, salle de bains, bureau et petite chapelle) ne venait pas d'elle, mais procédait du goût pour la sobriété qu'affichait Pie XII, à l'instar de son mode de vie monastique. Les chambres ressemblaient à des cellules de moine meublées d'un simple lit en noyer, d'une petite coiffeuse et d'un miroir. Un simple tapis filé à la main ornait le sol.

La salle à manger par comparaison avec la caractère monacal des chambres semblait luxueuse. Elle était meublée d'une table ronde en ébène recouverte d'un jeté de fine dentelle et ornée d'un vase en cristal rempli de fleurs renouvelées chaque jour par les nonnes. Contre un mur était appuyée une console avec des candélabres en simple laiton, un cabinet de porcelaine trônait entre la porte et l'unique fenêtre de la pièce. Dans un coin un poste de radio était posé sur une table d'ébène. Pascalina l'écoutait rarement, mais Pie XII ne manquait jamais le journal du soir et prenait parfois plaisir à la retransmission de concerts. La seule note fastueuse du décor était représentée par le sol en marbre. Le pape aimait la simplicité de cet intérieur. « La beauté est partout ! », s'exclamait-il parfois à dessein quand elle lui suggérait quelque changement.

Motif de dispute, s'il en fut entre eux, les pépiements et gazouillis des oiseaux de Pie XII. Le pape les laissait voleter dans l'appartement depuis les nombreuses cages qu'il accrochait lui-même dans presque toutes les pièces, sauf la chambre de Pascalina. Le pape insistait toujours pour que cette dernière laisse les cages ouvertes, surtout pour Gretel, son chardonneret préféré. La nonne déplorait cette habitude et ne parvenait pas à réprimer un mouvement d'humeur quand Gretel s'envolait en gazouillant derrière lui. L'oiseau servait au Souverain Pontife de réveil-matin et se perchait sur son épaule quand il se rasait. « C'est le cardinal Spellman qui m'a donné ce rasoir électrique », confiait-il à l'oiseau, et Gretel semblait acquiescer d'une trille perçante.

Le rituel était le même chaque matin, Pascalina entendait Pie XII pédaler sur son vélo de culture physique pendant dix minutes, puis travailler ses haltères et ses câbles de tension en s'aidant de grognements. Parfois, il lui expliquait, l'air quelque peu embarrassé, les raisons de ce programme quotidien d'exercice : « Dieu nous a donné un corps pour réaliser les tâches qu'Il nous a choisies pour chacun d'entre nous. C'est donc un devoir pour tout un chacun que de garder son corps en bonne forme, pour pouvoir les accomplir. » Combien de fois avait-elle entendu cette litanie ! Depuis l'époque de son enfance où les autres garçons le chahutaient pour sa faiblesse et sa maigreur, il se réservait presque chaque jour une demi-heure pour entretenir sa forme.

Vers sept heures et quart, le pape gagnait sa chapelle privée pour célébrer la messe. Elle l'y rejoignait peu après avec un groupe d'autres nonnes de l'ordre allemand de la Sainte-Croix, qui se réunissaient toujours pour les prières et la bénédiction de Pie XII. Ensuite, pendant qu'il allait prendre son bain, Pascalina préparait son petit déjeuner, toujours très simple : des fruits, une tranche de pain, du café et du lait. Elle-même mangeait tout aussi frugalement.

Mais maintenant, tout cela était bien fini. Pie XII s'en était allé, et une directive du Sacré Collège lui enjoignait – le jour même des funérailles – de partir. Sur-le-champ !

« Je fus bouleversée par cet ordre », confiait-elle. Pascalina devait faire ses valises et avoir quitté le Vatican avant la nuit tombée. Après une vie entière passée au service de l'Eglise et du pape, la nonne se retrouvait sur le pavé comme une quelconque petite paysanne montée à la ville. Elle n'avait pour tout bien que ses effets personnels et ses gages du mois, représentant un peu moins de 700 francs. Il lui fallait encore percevoir sa prime de départ au bureau de la curie, somme pour le moins symbolique. Son bannissement était l'œuvre de la hiérarchie romaine dans son ensemble. Mais les paroles glaciales et sans pitié qu'elle entendit à cette occasion furent proférées par Tisserant, le signataire du document qui l'évinçait pour toujours.

La nonne se sentait vaincue. Pour une femme une peu collet monté à l'ancienne comme elle, c'était déjà une humiliation tragique de voir son existence avec Pie XII impitoyablement examinée et dénigrée. Mais d'être reléguée ainsi au rang de nonne en disgrâce et indésirable, c'était plus dégradant que tout ce qu'elle avait pu imaginer. Pour couronner le tout, elle se trouvait dans une situation financière misérable et à bout de forces.

Dans ces heures les plus sombres, elle ne pouvait s'en remettre qu'à elle-même. Elle avait appris à tremper son caractère, pendant toutes ces années de lutte contre l'orthodoxie des cardinaux. Aussi, elle décida d'affronter Tisserant, comme elle s'était déjà opposée à tant d'autres. Il lui importait peu que le cardinal fût alors en charge du Vatican et en puissance de « faiseur de pape », à la veille du conclave.

En chemin pour sa dernière entrevue avec le prélat, elle se résolut à ne pas élever la voix. Elle était trop vieille et trop sagace pour se laisser aller à de tels débordements. Mais elle se savait d'une nature emportée... Et c'était cette émotivité, dont elle n'était pas toujours maîtresse, qu'elle redoutait le plus avant ce face à face avec le doyen des cardinaux.

Ils se rencontrèrent dans le bureau le plus opulent du palais, tout tendu d'un élégant et riche damas cramoisi, aux grandes fenêtres drapées de lourds rideaux de velours. Le cardinal Tisserant, derrière un immense bureau d'ébène, un téléphone blanc et or posé près de son coude, l'étudiait avec une indifférence marquée.

« Vous paraissez tout à fait résignée, mère Pascalina, lui lança brusquement Tisserant sans la saluer. Nul doute que vous vous rendez compte que vous n'êtes plus nécessaire ni désirable au Vatican.

— Je quitterai le palais », répondit Pascalina d'un ton calme et froid. Toute tentative de compromis aurait été alors stérile. Elle était trop forte et trop efficiente pour mendier quelque indulgence. De toute façon, elle méprisait la sensiblerie en pareille circonstance. Et pourtant, elle n'avait nulle part où aller ni personne vers qui se tourner.

« Je demande à votre Eminence qu'on me laisse quelques jours pour m'organiser, poursuivit-elle. Je demande aussi qu'on m'autorise à prendre quelques-uns des effets personnels de Sa Sainteté, auxquels je tiens le plus.

— Vous partirez à la tombée de la nuit comme l'a décrété le Sacré Collège des cardinaux, rétorqua Tisserant, le visage sans expression. Vous pouvez prendre une chose avec vous : ses oiseaux. Nous serons bien débarrassés d'eux, et de vous. »

Pascalina se leva, s'agenouilla, se signa et sortit.

A 19 h, le 14 octobre 1958, le jour même des funérailles de Pie XII, cinq jours après sa mort, mère Pascalina quitta le Vatican. Ses yeux emplis de larmes, elle contempla une dernière fois le palais, son regard s'attarda sur les fenêtres de l'appartement pontifical, puis elle se détourna.

Enfin, un vieux taxi arriva, elle s'y engouffra avec ses bagages, sans la moindre aide. Direction : la gare, pour un voyage qui l'emporterait loin de Rome. A ses côtés, sur la banquette, deux petites valises et deux cages où s'égosillaient des oiseaux effrayés.

II

Pascalina vit le jour le 25 août 1894, dans une petite ferme d'Ebersberg en Bavière. Ses parents, George et Maria Lehnert, habitaient une bourgade de campagne d'un peu moins de deux mille âmes, situé à quelque quarante kilomètres au sud-est de Munich. On la prénomma Joséfine.

Elle était aussi blonde et les yeux bleus que ses douze frères et sœurs aînés étaient bruns. On se souvenait d'elle comme d'une enfant toujours affairée : courant avec les chiens, se balançant éperdument sur une balançoire pendue à un arbre du jardin, dévalant la colline sur un traîneau de fortune, plongeant tête la première dans un bras de rivière qui passait non loin de la ferme et nageant d'une traite jusqu'à l'autre rive.

Selon sa mère, Joséphine fut la seule de ses six filles et six garçons à avoir délibérément sauté l'âge de l'enfance. « Joséphine devint une femme à l'âge de sept ans, lorsqu'elle reçut sa première communion. »

« Non ! » fut la première parole de Joséfine, annonciatrice du code qui allait gouverner toute sa vie. Elle disait non à tout ce qu'elle tenait pour stupide ou faux. Dès sa prime enfance, elle commença à vouloir tout régenter au point que la famille la surnomma « la Mère Supérieure »...

A cette époque, la Bavière était encore une monarchie, une

contrée attardée et captive dans les chaînes d'une lignée de ducs et de rois de la maison des Witteslbach, depuis plus de sept siècles. Très tôt, Joséfine aima la beauté de la campagne bavaroise, pays presque rêvé, aux châteaux fantastiques et aux lacs bleutés, encadré de montagnes recouvertes de neige et d'épaisses forêts de sapins. Devenue une vieille femme, ses souvenirs les plus chers restaient ces dimanches matin à Ebersberg, quand les collines et les vallées se renvoyaient sans fin les échos des cloches de l'église, appelant les paroissiens à venir prier Dieu dans leur église consacrée à saint Sébastien.

Tout comme leurs voisins à des kilomètres à la ronde, aux ancêtres enracinés depuis des siècles, les Lehnert étaient de simples paysans à l'existence difficile et austère. Levés avant l'aube, ils travaillaient dans leurs champs et dans leurs granges douze à quinze heures par jour.

George Lehnert était fils unique ; il avait rêvé, enfant, de partir en mer. Mais la tuberculose emporta ses parents avant qu'ils aient atteint la quarantaine. Tout ce qu'ils laissèrent à leur fils de dix-sept ans, ce fut leur ferme, laissée à l'abandon par leur maladie et criblée de dettes.

Il avait connu Maria, la mère de Joséfine, sur les bancs de l'école paroissiale de Saint-Sébastien. Ils se marièrent quelques semaines après avoir réussi leur examen à l'école catholique supérieure. Il avait à peine dix-huit ans et elle en avait dix-sept.

Leur maison gothique, avec son inhabituel toit d'étain rouge, située près d'un chemin de terre, était vieille de deux siècles et était dans la famille de George depuis des générations. Quand Joséfine naquit, la maison avait encore grand besoin de réparations à l'intérieur comme à l'extérieur. Il y avait six petites chambres à coucher au premier étage, qui ne suffirent bientôt plus à loger convenablement la famille qui s'agrandissait. Quand les enfants étaient encore petits, certains gamins dormaient dans les mêmes chambres que leurs sœurs, mais, par la suite, Maria — modèle de conservatisme et de respectabilité — insista pour que garçons et filles dorment à part.

En bons catholiques pratiquants, les Lehnert entamaient toujours leur journée par une prière. Toute la famille s'agenouillait dans la cuisine, à côté du gros poêle, sur le plancher en bois. Plus de quatre-vingts ans après, Pascalina se rappelait encore les planches du sol entre lesquelles on pouvait voir la terre.

« C'était une pièce vraiment spartiate, se souvenait-elle avec un sourire chaleureux, mais c'était la seule dans la maison où nous pouvions tenir à quatorze en même temps. » Le père – Allemand d'âge mûr, solide et trapu – se tenait à genoux au centre du large cercle formé par les membres de la famille, dirigeant la récitation du rosaire. A l'âge de quatre ans, Joséfine venait déjà s'agenouiller à côté de lui. Egrenant son chapelet dans ses petites mains, elle conduisait les prières avec lui, et les autres répondaient.

A l'âge de cinq ans, le goût de Joséfine pour la religion était si prononcé qu'elle n'eut aucun mal, par son entrain et sa constance, à convaincre sa famille d'augmenter encore leurs dévotions. « Pourrions-nous dire notre propre neuvaine à la Sainte Mère de Dieu ?, demanda-t-elle un jour, à la fin de la prière. Pouvons-nous dire le *Memorare* et d'autres prières chaque jour dix minutes après l'Angelus de midi ? » Ses parents et ses aînés étaient ravis de la voir aussi sage et dévote. Mais ils n'avaient pas plus tôt accepté ses requêtes qu'elle repartait en campagne pour une demi-heure de lecture des Evangiles supplémentaire chaque soir.

A sept ans, Joséfine demanda qu'on l'autorise à aider au travail des champs. C'était à l'époque une requête bien singulière de la part d'une fille.

« Ce sera si amusant pour moi ! », déclara-t-elle un soir à sa famille. Tous étaient réunis autour de la longue table de salle à manger et achevaient le dîner. Joséfine ne vit jamais son père reposer aussi promptement sa chope de bière ; il n'avait pas pris le temps d'essuyer la mousse qui barrait son épaisse moustache noire, affichant un air complètement bouleversé. Ses frères et sœurs étaient non moins étonnés que lui. Les garçons détestaient se lever chaque jour à quatre heures et demie pour aller aux champs. Quant à ses sœurs, l'idée même ne leur serait jamais venue. C'était le devoir des femmes que de s'occuper de la maison : cuisiner, coudre, nettoyer, laver, mais jamais au grand jamais travailler aux champs.

Sa mère réagit la première, horrifiée. « Non, Joséfine ! Certainement pas ! »

Le sujet était clos, mais c'était mal connaître l'entêtement de Joséfine que de croire qu'elle en resterait là...

Quelques soirs plus tard, Joséfine alla trouver sa mère dans sa chambre, alors que celle-ci s'apprêtait à se mettre au lit. « Je peux te parler, s'il te plaît, Maman ? », lui demanda la fillette d'un ton calme. Maria acquiesça, et Joséfine s'approcha, tout sourire. Elle prit la main de sa mère et la porta à ses lèvres. Elle embrassa les dures lignes creuses et les callosités dues aux durs travaux plus qu'à l'âge.

« Maman, qu'y a-t-il de mal pour une fille à travailler dans les champs ? », demanda-t-elle d'une voix douce. Avant que Maria puisse lui répondre, elle reprit : « Quand est-ce que Jésus a dit que les femmes et les filles n'ont pas leur place aux champs ? »

Maria était bien trop épuisée par sa journée passée à frotter et à nettoyer pour trouver des réponses. La lassitude et le découragement se lisaient sur son visage. Comment allait-elle s'y prendre avec une enfant aussi raisonneuse ? Finalement, levant les bras au ciel, elle sortit en larmes de la chambre.

Plusieurs semaines passèrent encore avant que Joséfine ne rassemble assez de volonté pour aborder le sujet à nouveau. La scène se répéta, sa mère était seule dans sa chambre à coucher. Assise devant son miroir, elle retirait les épingles qui tenaient serré son chignon. Joséfine pointa un timide bout de nez dans la pièce, et quand Maria lui sourit, elle accourut, le visage rayonnant en jetant ses bras autour du cou de Maria.

« Je t'aime tant, Maman ! », et elle s'assit auprès d'elle et se mit à caresser les boucles longues et ondulantes de la chevelure défaite de sa mère. « Tu as de si beaux cheveux dorés ! Pourquoi est-ce que tu ne nous les montres pas plus souvent ? » Ses paroles étaient si chaleureuses que Maria ne put se retenir de couvrir la fillette de baisers. « Tu es si bonne, Maman, mais j'aimerais tant que tu ne sois pas si vieux jeu ! »

Maria ne répondit rien. Joséfine vit la lueur familière de tristesse revenir dans les yeux de sa mère. « Papa ne t'en voudrait pas, Maman, si tu t'exprimais un peu pour toi-même... »

« Trouves-tu que je te prive, Joséfine, quand je te dis de ne pas aller travailler aux champs ? demanda doucement Maria.

— Oui, Maman, répondit-elle d'un air sincère. S'il te plaît, je ne veux pas être triste. Est-ce mal de ma part que de désirer faire des choses différentes ? »

Il y eut un long silence ; sa mère réfléchissait intensément. Enfin, Maria quitta son air lointain et regarda sa fille. Son visage exprimait une compréhension nouvelle.

« Ma chère petite fille, si travailler aux champs compte autant pour toi, alors, que le cher Jésus hâte ton bonheur. Je parlerai à ton père et j'aurai sa permission. » Maria eut un large sourire. « Mais je te préviens, dit-elle d'un air entendu, tu te fatigueras vite de cette bêtise ! »

A quatre heures et demie, le lendemain matin, Joséfine était déjà sortie aux champs pour ramasser de la nourriture pour la basse-cour. Cela terminé, elle observa avec fascination l'un de ses frères qui trayait une vache. Après quelques minutes, elle se persuada que, même deux fois plus jeune que lui, elle s'y prendrait mieux.

« Johann, tu fais mal à cette vache ! s'exclama-t-elle. Et puis tu remplis trop ce seau de lait. Il va se renverser ! »

Elle exprimait là un trait de caractère qu'elle conserverait pendant toute son existence : apprécier la meilleure façon d'agir. Et le faire savoir...

Dès son deuxième jour aux champs, elle arriva dans l'étable avant tout le monde, trayant les vaches comme une fermière confirmée. Quand papa Lehnert et ses grands frères arrivèrent, ils découvrirent la petite Joséfine assise sur un seau renversé, s'affairant au pis d'une vache, la plus grosse, tout en chantonnant. Elle les étonna encore plus par sa tenue que par son talent avéré de fermière. Elle portait une blouse blanche amidonnée et une jupe plissée à carreaux qu'elle avait repassée elle-même, la veille au soir, avec le fer en métal de sa mère, qu'elle avait mis à chauffer sur des braises de charbon. Elle avait transporté des seaux de lait depuis l'étable crasseuse jusqu'à la maison, et pourtant son habit était immaculé.

« Je ne vois pas pourquoi les gens qui travaillent dur ne pourraient pas s'habiller de façon propre et nette, fit-elle remarquer, des années plus tard. Si on apprend à se plier à une discipline dès l'enfance, tout est possible. Je voulais avoir l'air propre et plaisante, alors je me suis dicté cette conduite. »

Certes, elle aimait le travail à la dure, mais personne n'eût songé à la traiter en garçon manqué, tant elle était féminine. Elle avait autant d'entrain et de talent à la cuisine qu'aux champs et à l'étable. Elle adorait coudre pendant des heures, et ses grands frères, qui sortaient en ville le samedi soir, avaient recours à ses dons de couturière. « A chaque fois que l'un d'entre vous sort avec une nouvelle fille, je le sais rien qu'en reprisant et en repassant ses affaires », leur disait-elle.

Mais, malgré tout ce qu'elle faisait pour la famille, ses frères auraient parfois souhaité qu'elle disparaisse dans la nature pendant quelques temps. Ils se plaignaient de son esprit par trop scrupuleux, de son attitude perfectionniste et de sa nature pointilleuse.

« Je déteste la pagaille ! », dit-elle un jour, l'œil furieux, au milieu des vêtements de ses frères éparpillés partout. Leurs parents étaient partis à Munich dans la voiture à chevaux de la famille, laissant Joséfine surveiller tout, comme à leur habitude quand ils s'absentaient.

« J'en ai assez de tout ramasser derrière vous, les garçons ! criait-elle, feignant la colère. Alors, maintenant, Johann, tu viens ici et tu ranges toutes tes affaires, ou bien je te ferai la guerre ! » Johann avait seize ans, plus de deux fois l'âge de Joséfine, mais, dès lors, il apprit à se plier à ses quatre volontés.

« On peut mieux s'arranger avec maman et papa qu'avec cette Mère Supérieure !, se plaignit-il à ses frères. Quelle enquiquineuse ! »

A neuf ans, elle avait accru son autorité sur la maison. « Maman, je n'aime pas que les garçons prennent leurs bains dans la cuisine devant tout le monde ! lança-t-elle, un jour. Ce n'est pas bien ! » Sa mère en convint, mais que devaient-ils faire ? Ils n'avaient que des barriques en bois pour se baigner, et tout le monde — les voisins aussi — se lavait toujours comme ça, le samedi soir. « Mais, moi, je me baigne en privé dans l'étable, protesta-t-elle. Ils n'auront qu'à en faire autant ! »

Elle amena toute la famille dans l'étable à une stalle restée vide au fond. « Voyez ! » dit-elle, tout excitée, en montrant l'endroit qu'elle avait installé pour que tout le monde puisse s'y baigner. C'était un bain plutôt simple, avec une seule barrique, mais elle avait dressé des étagères le long des murs pour les serviettes, et l'endroit était d'une propreté irréprochable. A l'entrée, elle avait cloué un rideau de toile, pour plus d'intimité.

« Quelle bêtise ! dit son père, dégoûté, en s'en retournant à la maison. Je me suis baigné à la cuisine pendant cinquante ans. Ce n'est pas aujourd'hui que je vais changer ! Ce n'est pas un de mes enfants qui me dira ce que je dois faire ! »

« Maman, dis-lui de se laver ici ! », insista Joséfine, les mains sur les hanches, l'air résolu. Maria Lehnert n'avait jamais tenu tête à son mari et ne sut quoi dire sur le moment. La jeune fille comprit l'embarras de sa mère. Mais elle n'allait quand même pas en rester là. Courant à sa poursuite, elle tourbillonna devant lui, lui attrapa les deux bras et l'arrêta net.

« Papa, à quel point aimes-tu mes tartes à la myrtille ? demanda-t-elle, hors d'haleine.

– J'les adore ! », répondit-il.

(Elle était passée maître dans l'art de la pâtisserie, et la tarte à la myrtille de Joséfine était devenue légendaire dans tout le voisinage.)

« Je fais un marché avec toi, continua-t-elle. Je t'en ferai autant que tu veux si tu te laves dans l'étable. Mais plus de tartes pour toi ni pour personne, si vous refusez de vous y baigner ! » Puis elle s'en alla se promener dans les champs, laissant pantois tout son petit monde.

Personne au foyer Lehnert n'avait jamais auparavant pris position contre papa Lehnert, aussi on ne savait comment ce chef de famille fier et autoritaire réagirait. Pendant des jours, il se consuma dans une colère réprimée, et on s'attendait à une explosion imminente contre Joséfine. Mais le samedi soir venu, il se calma quelque peu quand Joséfine découpa une portion de tarte à la myrtille inhabituellement grosse et vint la lui porter.

Après dîner, elle le prit par le bras et dit : « Papa, allons nous promener tous les deux. »

Il ne répondit pas tout de suite, mais souffla une bouffée de son cigare en réfléchissant profondément. Son orgueil blessé soupesait le pour et le contre. Enfin, il dit : « D'accord, ma fille ». Son esprit de famille l'emportait sur son amour-propre. Elle l'emmena à l'étable, une serviette propre sous le bras.

« Tu as aimé la tarte, papa ? lui demanda-t-elle d'un air timide, en lui tenant la main.

— Adoré ! répondit-il avec enthousiasme.

— Je suis si contente, dit-elle. Maintenant, c'est à toi de me satisfaire. Elle lui tendit la serviette. Papa, s'il te plaît, prends maintenant tes bains ici. J'ai installé l'endroit exprès pour toi.

— Ma fille, dit-il, en la regardant avec un grand sourire, je me demande s'il y a plus de diable en toi que de bien. » Il entra à l'intérieur, et referma le rideau de toile derrière lui. Elle l'entendit qui grommelait : « C'est Dieu qui l'a faite ainsi, c'est sûr, mais pour être comme elle est, il a fallu un peu du diable aussi. »

Ses professeurs avaient la même opinion que papa Lehnert sur cette jeune et brillante élève à la fois sérieuse et assurée.

A l'école, elle était considérée comme une fille solitaire, car elle parcourait tous les jours à pied, toute seule, les kilomètres qui séparaient la ferme de la ville. Même en plein hiver, elle se frayait un chemin dans les amas de neige, et occupait souvent ce temps à réviser tout haut son français ou son italien. Elle ressentait le besoin de fuir la frivolité des enfants de son âge. « S'il ne se trouvait personne à l'entour pour captiver son esprit, elle préférait rester seule avec ses propres pensées plutôt que de s'ennuyer », rapportait un ami d'enfance.

Et pourtant, Joséfine n'était pas du tout isolée dans la classe. Elle avait une place aussi prépondérante à l'école catholique que chez elle. Les nonnes n'avaient pas besoin de la menacer pour qu'elle fasse ses devoirs, car elle prenait autant de plaisir à étudier qu'à travailler à la ferme ou à tricoter une couverture de laine pour le lit de ses parents. Elle abordait l'histoire ou les langues vivantes avec autant d'intérêt et de facilité que les autres filles découvraient la polka et les amoureux. Mais ce qu'elle aimait par-dessus tout, c'était la lecture. Les biographies et les documents avaient sa préférence. L'écriture était aussi l'une de ses distractions favorites. Sa petite main griffonnait les souvenirs de sa jeune existence, elle tenait déjà un journal. Elle avait des notes excellentes, aussi bien au lycée qu'à l'école supérieure, et ne manqua que onze jours pendant toute sa scolarité. Elle était cependant mal comprise par ses professeurs. Pour preuve, cet épisode :

Un jour qu'on s'attendait à de violentes chutes de neige, sa classe fut renvoyée plus tôt que prévu. Elle leva la main pour rappeler à son professeur de leur donner des devoirs. La nonne, furieuse, pensa que l'enfant essayait de propos délibéré de souligner son laxisme.

« Petite insolente ! cria la sœur. Cesse de me dire comment il faut que je fasse ma classe ! »

Joséfine rougit, tout embarrassée. « Mais, ma sœur, protesta-t-elle, vous nous avez dit hier que vous nous donneriez du catéchisme à travailler ce soir. Ai-je eu tort de vouloir étudier les enseignements du Christ ? Pardon, si je vous ai offensée.

– Tu es impossible ! rétorqua la nonne. Tu fais toujours sentir que tu as toujours raison et que les autres ont toujours tort. Je rendrai grâce à Dieu quand tu passeras dans la classe supérieure. »

Atteignant l'adolescence, les conflits d'enfance qui l'avaient opposée à son frère Johann s'estompèrent. Il avait vingt et un ans et pouvait maintenant mesurer pleinement l'amour et le dévouement hors du commun de la fillette pour les siens. Mais il fallut qu'il se produise une chose tout à fait étonnante dans la vie plutôt terne des Lehnert, pour que Johann et Joséfine se rapprochent l'un de l'autre. Cet événement heureux se produisit un jour que le jeune homme s'en revenait plus tôt que d'ordinaire de Munich, où il travaillait comme mécanicien.

« Il arriva sur la pelouse devant la maison chevauchant une moto rugissante, avec un visage rayonnant de joie », se souvenait-elle en riant, après plusieurs décennies. La nonne levait au ciel ses mains jointes et les secouait de joie à l'évocation de ce souvenir émouvant. « Personne d'entre nous n'avait jamais vu de motocyclette avant ce jour, et nous étions tous bouche bée sur la véranda. Nous avions une peur mortelle de monter sur un véhicule aussi bizarre. Mais je bondissais d'excitation et je suppliais Johann de m'emmener faire un tour. Il me fit monter derrière tandis que maman lui hurlait de n'en rien faire. Je me souviendrai toujours de ce tour dans les collines ; j'avais le souffle coupé chaque fois que nous passions sur les ornières profondes qui coupent ces terribles et vertigineux chemins de montagne. »

De ce jour, elle gardait la sensation du souffle du vent sur son visage. Et tout en restant conventionnelle à l'extrême dans ses habitudes, elle ne put plus mettre le pied dans un véhicule sans ordonner aussitôt au chauffeur d'écraser le champignon.

A quatorze ans, Joséfine ne partageait en rien les idéaux des filles ou des garçons de son âge. Les garçons empressés lisaient dans ses yeux bleus turbulents une soif de vivre et un défi perpétuel à leurs passions. Son teint de pêche, ses lèvres pleines et expressives, la vitalité et la passion qu'elle mettait dans toutes ses actions semblaient contredire au plus haut point ses manières convenables.

Les garçons se succédaient pour la raccompagner sur le chemin de retour de l'école à la maison, persuadés toujours qu'ils seraient le premier amour de Joséfine. Un jeune garçon de sa classe arriva par un bel après-midi d'octobre en voiture à cheval et l'invita à y monter. Elle y grimpa sans hésitation, ils n'avaient pas parcouru un kilomètre qu'il arrêta la voiture. Passant son bras autour de sa taille, le garçon s'enhardit : « Un jour, Joséfine, je t'épouserai ! »

Elle le regarda très calmement, avec un air plus attristé que surpris. Le garçon, à peine aussi grand qu'elle avec son visage poupin, lui avait toujours paru un enfant. Elle manqua d'éclater de rire, mais réussit à se contenir.

« Neil, répondit-elle, c'est si gentil de ta part. »

Un autre prétendant, attiré par la silhouette élancée et la blondeur de la jeune fille, fut dissuadé d'une tout autre façon. Elle était allée à Munich avec ses parents. Un étranger s'approcha d'elle dans un débit de bière et lui demanda de danser une polka. C'était sa première visite dans un tel endroit. Son père avait décidé que la « meilleure auxiliaire de la maison », âgée de quinze ans, était désormais assez vieille pour voir « autre chose dans la vie ».

Dès la première danse, les mains de l'homme se laissèrent aller à quelques privautés sur son corps. « Je me revois le frapper avec presque autant de force que j'ai frappé le cardinal Tisserant bien des années plus tard, se rappelait la nonne. Papa fut si content, surtout quand il aperçut l'homme décamper en tenant un mouchoir sur son nez. Papa dit qu'il ne s'inquiéterait jamais de ma capacité à me défendre par moi-même. »

En grandissant, Joséfine supportait moins bien les difficultés et les privations de leur vie paysanne. Elle détestait devoir faire sa toilette dans une dépendance. S'occuper des bêtes et travailler aux champs avant et après l'école ne la satisfaisait plus. Elle en voulait parfois à son père d'être si fier de leur existence ennuyeuse et asservie ; elle avait pitié de sa mère qui endurait ce mode de vie depuis si longtemps. Elle était angoissée de voir ses parents vieillis et usés avant l'âge.

Elle tenta de dissimuler le refus de cette vie qu'elle sentait naître en elle. La guerre, les défaites qui avaient suivi, la misère offraient peu d'espoir de s'en sortir à ces paysans bavarois.

La seule distraction, pour Joséfine Lehnert âgée de quinze ans et vivant en 1909 en Bavière, résidait dans le festival Mozart qui se tenait, l'été, à Augsbourg, à une cinquantaine de kilomètres de son village. Elle ne jouait d'aucun instrument, mais son amour de la musique était si grand que son père se débrouillait toujours pour emmener pour une journée sa fille au festival.

Tous les ans, Joséfine menaçait de ne pas y aller. « Ce serait égoïste de ma part », s'écriait-elle en soulignant qu'il y avait quatorze bouches à nourrir. Son père avait dû prendre un second emploi, celui de postier, et il économisait sur ses maigres revenus. Il travaillait sans relâche et s'épuisait littéralement à la tâche, entre la tenue de la ferme et ses tournées de distribution du courrier, qui lui faisaient parcourir un circuit de cinquante kilomètres dans sa voiture à cheval. Pourtant, il ne manquait jamais d'exiger qu'elle assiste au festival. Il frappait sur la table et criait de sa grosse voix que sa fille méritait bien une journée de sortie par an, pour récompense du travail qu'elle accomplissait à la maison et à la ferme.

Plus petite, il montrait la même détermination à l'emmener au spectacle pour enfants à Dinkelsbühl, un endroit de rêve qui remplissait sa jeune imagination. Plus tard, en grandissant, sa distraction favorite devint l'Oktoberfest à Munich, l'ancienne capitale bien-aimée de la Bavière. Elle aimait particulièrement cette fête, disait-elle, car sa mère, d'habitude si triste, s'y amusait et dansait et riait de bon cœur. Pendant l'Oktoberfest, Munich faisait couler des flots de vin bavarois et de bière blonde, effluves de jours de fête auxquels se mêlait l'odeur croustillante de saucisses grillées. Pour Joséfine, rien ne semblait plus merveilleux.

A quinze ans révolus, elle ne voulait plus y penser, et ces excursions lointaines n'étaient plus que de fugitifs désirs, soigneusement cadenassés au fond de son esprit.

Au premier abord, rien chez Joséfine adolescente ne laissait soupçonner qu'elle deviendrait nonne. Personne, pas même sa mère qui était pourtant proche d'elle, ne pouvait imaginer l'adolescente si volontaire et si têtue vivant une vie d'humilité dans un ordre religieux strict, soumise à des vœux de pauvreté, de chasteté et d'obéissance, s'offrant d'elle-même à une existence encore plus rude que le monde où elle était née.

Mais, au plus profond d'elle-même, bien au-delà de sa nature rebelle, se forgeait sa détermination à réussir dans un monde choisi d'elle seule. Si sa famille avait su discerner dans sa psychologie profonde, elle aurait pu déceler plus tôt ce à quoi Joséfine se destinait. Elle passait son temps à méditer et à prier dans sa chambre, une pièce minuscule qu'elle s'était aménagée de ses propres mains au grenier. Elle avait recouvert les planches nues avec des morceaux de toile cousus et avait accroché là toutes les représentations de Jésus, de la Sainte-Vierge et de tous les saints qu'elle avait pu trouver.

Sa couche était un matelas de paille qu'elle avait ramené de la grange. Les seuls rayons de soleil qui entraient venaient des fissures et des écarts des planches de bois, travaillées par le temps. Ses quelques vêtements étaient soigneusement empilés dans un coin, et son chapelet, son bien le plus précieux, était accroché à un long clou près de l'entrée, recouvert d'un linge pendant la journée. La nuit, elle tenait le chapelet près de son cœur. Elle aurait aimé pouvoir faire brûler des veilleuses à toute heure, mais, par crainte de l'incendie, les petites bougies restaient éteintes.

Depuis l'âge de neuf ans, Joséfine songeait à devenir religieuse. Ce ne fut qu'à l'âge de quinze ans qu'elle perçut pleinement les signes de sa vocation. Elle prit sa résolution en 1910, après avoir assisté au mystère de la Passion à Oberammergau. Le spectacle de la souffrance du Christ, son appel à ses apôtres, la convainquirent sur-le-champ dans sa voie et son destin.

Elle redoutait de faire part de ses intentions à sa famille et la colère paternelle. Elle craignait aussi l'influence de ses frères aînés, qui, elle le savait, feraient tout pour la garder à la maison. Pis encore, elle ne pourrait supporter de lire la tristesse et l'angoisse dans les yeux de sa mère.

Mais l'appel de sa vocation était devenu si fort qu'elle ne pouvait différer plus longtemps l'annonce de son choix.

Elle rassembla assez de courage pour parler seule à sa mère. Les Lehnert, comme les deux tiers des neuf millions de Bavarois, étaient certes des catholiques croyants et pratiquants, mais Maria refusa obstinément d'écouter plus avant les prières de sa fille.

« Non, tu ne partiras pas !, cria-t-elle, des larmes de colère dans les yeux. Je le dirai à ton père et il ne te laissera jamais partir ! » Sur ce, Maria tourna les talons.

La réaction de papa Lehnert fut terrible. Déboulant tout à coup dans l'embrasure de la porte, les mâchoires crispées de rage et les poings serrés, il était encore plus furieux que tout ce que Joséfine avait pu imaginer.

La jeune fille comprit alors que ce serait pure folie que de s'opposer à son autorité. Elle rassembla tout son calme.

« Père, c'est ton tour, dit-elle d'une voix douce. Je suis ta fille et me plie à ta volonté. Quand tu seras calmé, j'aimerais te parler. » Elle se faufila devant lui et monta directement à sa chambre du grenier.

Mais elle n'eut jamais l'occasion de discuter avec lui. A aucun moment, il ne voulut l'écouter. Après des jours de tentatives infructueuses pour lui parler, elle se résolut à se passer de la permission paternelle.

Et c'est ainsi que Joséfine quitta sa maison à quinze ans, sans un sou et sans un adieu. Elle savait que le chagrin endurcirait sa volonté, qu'une fois partie elle n'aurait jamais plus le droit de revenir.

Au début du XXe siècle, à une époque qui n'avait pas encore entendu parler des droits de la femme, la vie de couvent se révéla pour Joséfine plus contraignante que tout ce qu'elle aurait pu imaginer. Présentée par son pasteur, qu'elle connaissait depuis l'enfance, elle fut reçue dans l'ordre des sœurs enseignantes de la Sainte-Croix à Altötting, non loin de Munich. Là, la mère supérieure, une grosse femme d'âge mûr, dirigeait avec une autorité sans partage une troupe de jeunes postulantes timides et apeurées. Une stricte adhésion à l'obéissance et à la privation constituait la tradition de l'ordre.

Quand elle arriva à la maison mère, un couvent et un centre d'apprentissage pour nonnes où l'on trouvait toujours à employer les novices, on montra aussitôt sa cellule à Joséfine. C'était une sorte de petite boîte, qui ressemblait plus à une stalle d'écurie avec son sol couvert de paille pour dormir qu'à une chambre. Des dizaines de cellules identiques étaient alignées de part et d'autre des couloirs et logeaient chaque membre de la communauté, depuis la mère supérieure jusqu'à la plus petite nonne.

Joséfine fut aussitôt présentée à la maîtresse des novices, sous la garde de laquelle elle devait rester les six premiers mois. L'exigeante et sévère nonne vêtue de bure noire, un chapelet pendu à sa ceinture de cuir, prit en main sur-le-champ Joséfine et ne la laissa pas changer d'avis. La vieille femme lui déclara que Joséfine appartenait désormais au couvent, pour toujours. Plus encore que les vœux de pauvreté, chasteté et obéissance, les paroles de la nonne terrifièrent la jeune fille.

Mais, en dépit de ses peurs et de la coercition qui s'exerçait sur elle, Joséfine gardait la tête froide. Elle était trop intelligente et trop volontaire pour se laisser guider vers une vie dont elle n'aurait pas voulu et qu'elle n'aurait pu supporter. Elle était tout à fait consciente des règles strictes de la vie religieuse qu'elle avait choisie, faite de privations et d'épreuves. Aussi sa décision de rentrer au couvent et de rompre avec son passé procédait bien de sa décision à elle, et non de quelque influence que ce soit.

Dans les premiers temps, elle ne fut autorisée à voir personne sauf la maîtresse des novices. Elle compara plus tard cette période à l'épreuve de la quarantaine. Elle n'avait que rarement le droit de parler et devait donc comprendre du premier coup ce qu'on lui enseignait.

« Nous marchons les yeux baissés et les mains cachées », ordonna la vieille nonne. Une tape de la main de la nonne faisait se lever Joséfine. Deux tapes, et elle se retournait. Ce langage de signes, que les nonnes employaient pendant les périodes de silence, était ce qu'elle trouvait le plus difficile à suivre. Une main levée avec un doigt qui s'agitait signifiait qu'elle avait soif. Un geste avec le dos d'une main sur la paume de l'autre signifiait qu'elle voulait un morceau de pain. Deux tapes sur la poitrine signifiaient : « Excusez-moi. » L'index et le majeur repliés voulaient dire : « Une fourchette, s'il vous plaît. »

Pour la plupart des novices, la pire des règles était le réveil quotidien à quatre heures et demie, au son impitoyable des clochettes. Mais ce son ne dérangeait pas particulièrement Joséfine. Avec sa vie passée à la ferme, elle avait l'habitude de se lever tôt, dans le vacarme de ses frères qui se préparaient à aller travailler.

Ce qui la choquait le plus était le sifflet criard de la mère supérieure, et ce qu'il commandait : on devait interrompre à la seconde même ce qu'on faisait ou disait pour écouter la vieille nonne. Si Joséfine était en train de parler, il lui fallait couper une syllabe en deux, si elle était en train d'écrire, elle s'arrêtait au milieu d'un mot, si elle était en train de manger, elle devait avaler d'un coup sa dernière bouchée. Ce n'est qu'en se soumettant aux actes les plus simples d'obéissance, avait averti la mère supérieure, que l'on atteignait le but suprême, l'obéissance totale à la volonté de Dieu.

Ces épreuves incessantes exercées sur sa mémoire, son obéissance et sa volonté lui paraissaient très dures. Elle passait des nuits blanches à se demander si elle parviendrait à les surmonter.

Mais bientôt, elle reçut une petite cape noire, qui s'attachait autour du cou, et tombait en s'évasant jusqu'au milieu des avant-bras, ainsi qu'un voile noir à épingler sur ses cheveux. Ses habits temporaires, enfin ! Mais il lui restait encore six longs mois d'épreuves avant de recevoir son habit de novice, stade intermédiaire dans cette société toute d'humilité, avant que d'être autorisée à prononcer ses vœux.

Chaque jour semblait apporter son fardeau de sacrifices. Elle se vit avec horreur tondre comme un mouton. Ses magnifiques boucles blondes, qu'elle portait jusqu'aux épaules depuis l'enfance, étaient son atour préféré. Elle en prenait tendrement soin, protégeant sa chevelure des rayons du soleil. Devoir rester à peu près chauve toute sa vie de nonne lui paraissait une blessure qui ne guérirait pas avant des années. « Tout pour Jésus », se répétait-elle en secret, tout le temps que dura son désarroi.

Puis vint l'épreuve du jeûne. Elle dut se passer de nourriture, en signe de saint sacrifice, ne s'alimentant que de pain et d'eau pendant des jours, jusqu'à ce que la mère supérieure décide que Joséfine avait fait montre d'assez de dévotion et de force d'âme pour servir l'ordre religieux.

Elle endura l'humiliation de devoir tenir un registre quotidien de tout ce qu'elle faisait de mal, comme un petit enfant rapporterait ses plus petites fautes à son professeur : « J'ai laissé claquer la porte derrière moi, dut-elle noter. J'ai couru dans le couloir au lieu de marcher... J'ai parlé à une sœur après la cloche... J'ai oublié d'employer le langage des signes... J'ai désiré un verre de bière. » Les fautes vénielles se succédaient. Il lui semblait que plus elle faisait d'efforts, et plus il lui était facile de succomber.

Ses humiliations étaient sévères. Pour chaque offense, la mère supérieure énonçait : « A abusé de la patience de l'ordre. » Un jour, Joséfine arriva en retard à la chapelle. Elle dut se coucher au pied de l'autel et rester prosternée là devant tout le monde pendant la messe. Une autre fois, elle dut se courber pour embrasser les pieds nus de toutes les vieilles sœurs, après avoir brûlé la coiffe d'une sœur en la repassant.

Une autre fois encore, elle oublia d'éteindre les bougies de sa cellule, après qu'eut retenti la cloche d'extinction des feux de vingt et une heures. Le lendemain, elle fut contrainte de se rendre au réfectoire avec un bol vide, pour mendier à genoux une cuillerée de soupe de toutes les autres nonnes.

Comme toutes les postulantes et novices, Joséfine ne sortit pas de la maison mère pendant les quatre ans de son apprentissage et ne put contacter sa famille ou ses amis. Mais malgré toutes les privations et les contraintes, elle connut bien plus de moments heureux que de tristes, durant ces cinquante mois d'épreuves qui la menaient vers ses vœux éternels. Elle aimait la méditation quotidienne, la prière en silence pendant des heures, les chants de la chorale, et surtout la Sainte Messe.

Elle était d'ordinaire pleine d'entrain. « Tout pour Jésus », se répétait-elle sans cesse. A l'âge de dix-neuf ans, Joséfine s'était forgée selon l'idéal de la mère supérieure, en une sainte nonne. On lui avait appris toute ce qu'une infirmière doit savoir et réappris ce qu'elle connaissait déjà à la maison, à cuisiner, servir à table, laver, repasser, repriser et accomplir avec grâce toute corvée susceptible d'être exigée d'une servante.

« C'était alors bien plus facile pour moi de comprendre la mère supérieure, dit-elle. Lors de mes premiers jours au couvent, je ressentais toutes les contraintes, et je la croyais dépourvue de compréhension et de compassion. Mais en prononçant mes vœux définitifs, j'ai clairement compris la sagesse de ses paroles et de ses actions. Son insistance sur ce qui était le bien, sa fermeté et sa détermination pour que chacune d'entre nous acquière sa pleine mesure de patience et d'endurance — pour ces raisons, et pour bien d'autres, je voulais lui ressembler. »

C'est en toute sérénité que Joséfine prononça ses vœux éternels de pauvreté, de chasteté et d'obéissance, revêtant son habit de nonne, avec un brillant crucifix tout neuf pendu sur sa poitrine. Bien sûr, elle gardait une plaie au cœur : l'absence de sa famille pendant la cérémonie. La rupture entre elle et ceux qu'elle chérissait le plus était désormais consommée.

Son habit symbolisait son union au Christ. Une grossière robe de laine noire, faite de deux larges pans qui la recouvraient des épaules aux pieds et traînaient sur tous les sols où elle passait. Une cape avec des plis, tissée dans la même matière, lui arrivait à la taille et était tenue en son milieu par une large ceinture en cuir, fermée par une grande boucle métallique. Une impressionnante coiffe noire lourdement amidonnée avec une grosse doublure blanche, lui couvrait la tête, et encadrait largement son visage, lui barrant la vue de côté, avec son drap qui retombait sur les épaules. Sa large guimpe blanche, tout aussi amidonnée que sa coiffe, lui entourait le cou et plissait aux épaules. Les premiers jours, Joséfine se sentit curieusement entravée et mal à l'aise. Sa tête, maintenue bien droite par un harnachement aussi rigide, ne manquait certes pas de dignité, quand elle tournait le cou de côté, simplement pour pouvoir voir. Avec son beau scapulaire noir et sa nouvelle croix toute brillante, la jeune nonne avait fière allure.

Lors de la cérémonie des vœux, elle reçut le nom de Pascalina, en l'honneur de la fête de Pâques qui célèbre la Résurrection du Christ et symbolise une nouvelle vie. Quelques jours plus tard, elle fut désignée pour aller servir dans la maison de repos de Stella Maris, à Rorschach dans les Alpes suisses, qui accueillait les membres du clergé romain en convalescence.

Pendant quatre ans, elle se dévoua à soigner des prêtres. Levée chaque matin à cinq heures, même le dimanche, on la voyait sans cesse parcourir la maison de retraite pour prendre la température, la tension, apporter des plateaux de repas et vider les bassins de lit. Comme si elle n'avait pas déjà suffisamment à faire, de nombreux vieux ecclésiastiques lui demandaient de leur faire la lecture ou d'écrire leur courrier.

Elle n'avait jamais une minute à elle entre le moment où elle se levait et l'heure où elle tombait sans force sur son lit, bien après minuit. Parfois, elle était si épuisée qu'elle ne parvenait plus à trouver le sommeil.

Un jour de 1917, Pascalina n'avait pas encore vingt-trois ans, la maison de repos accueillit un prélat à l'état de santé plutôt préoccupant. C'était un Italien assez froid et peu communicatif, du nom d'Eugenio Pacelli, un mystique aux yeux noirs perçants et aux traits émaciés. Toutes les nonnes craignaient ce Pacelli, car on le disait fort bien introduit dans la hiérarchie du Vatican et même proche du pape. Cet ecclésiastique était si respecté à Rome qu'il était déjà archevêque à quarante et un ans. Il n'était pas encore secrétaire d'Etat, mais dirigeait officiellement les affaires étrangères du Vatican.

Malgré sa jeunesse, Pascalina avait semblé la plus qualifiée pour s'occuper de ce patient de renom. Elle comprit de suite que son nouveau malade, ce célèbre diplomate du Vatican, avait la santé et l'esprit tout aussi ruinés. Il avait pris part à toutes les négociations internationales depuis la déclaration de la Première Guerre mondiale, trois ans auparavant, et les pressions politiques incessantes et quotidiennes avaient eu raison de son corps fragile et de son esprit.

Le pape Benoît XV avait choisi Pacelli pour cette tâche éprouvante, en raison de divers facteurs politiques : le prélat était issu d'une longue lignée d'aristocrates d'Eglise, et ses ancêtres appartenaient à la « noblesse noire », au début du XIXe siècle, qui devait vassalité à la papauté *. Son grand-père, Marcantonio Pacelli, avait été un membre éminent de cette caste, il avait servi comme sous-secrétaire aux affaires intérieures et fondé *L'Osservatore Romano,* journal officiel du Vatican, dont il était resté le directeur jusqu'à sa mort en 1902. Le père d'Eugenio Pacelli, Filippo Pacelli, joua un rôle tout aussi actif dans la haute politique papale et fut nommé doyen des avocats du Vatican. Sa mère, Virginia Graziosi Pacelli, était marquise de la plus ancienne aristocratie de la papauté.

Par ses propres mérites, Pacelli se montrait tout à fait digne de l'héritage familial qui lui permettait de se mouvoir à son aise dans l'entourage du pape. Il avait encore la trentaine quand il

---

* Quand les Etats du pape furent saisis par le gouvernement italien en 1870, le Souverain Pontife s'enferma au Vatican pendant les cinquante-neuf années suivantes. Des membres de la riche aristocratie italienne, qui devaient leurs titres au Saint-Siège, gardèrent leurs portes closes en signe de deuil et de solidarité avec le Saint-Père. C'est pourquoi on les surnomma : « noblesse noire ».

fut choisi, pratiquement du jour au lendemain, par le pape, pour être l'émissaire du Vatican à la Cour de Saint-James, où les membres de la famille royale rendirent hommage à sa grâce et à ses manières.

Pour la jeune Pascalina, Pacelli n'avait rien de commun avec le tout-venant des prêtres italiens, qui venaient en convalescence dans les Alpes suisses.

Il se montra froid et hautain avec elle, au début, mais elle se mit en devoir de briser ce qu'elle percevait comme une façade chez lui. Parfois, Pacelli était contrariant ou manquait de patience, mais elle attribuait ces sautes d'humeur au dur labeur qui avait été le sien pendant toutes ces années. Sa tâche principale avait été la rédaction d'un plan de paix et il s'était épuisé à essayer de le faire accepter à des dirigeants « égoïstes et impossibles » des nations alliées et de l'Axe *. Au moment même où tous ses efforts semblaient devoir échouer, son père, qu'il adorait, mourut soudainement lors d'une mission diplomatique qui avait conduit le prélat à Munich. C'était plus qu'il n'en pouvait supporter.

Pascalina, avec toute sa volonté d'Allemande et un sentiment maternel qu'elle se découvrait pour lui, était bien décidée à lui rendre la santé et le courage. Depuis son arrivée à la maison de repos de Stella Maris, elle se tenait constamment à son côté avec des médicaments et de la nourriture et refusait de quitter son chevet avant qu'il n'ait tout absorbé. Elle veillait soigneusement à ce qu'il aille se coucher à l'heure et elle s'échinait à faire toutes ses lessives et son repassage, tenant ses vêtements et son ménage dans un ordre parfait. Même pendant son sommeil, la nonne veillait sur lui, s'assurant qu'il ne manquait de rien.

En deux mois, ses soins et son dévouement firent merveille. Pacelli se trouvait parfaitement rétabli. Pour la première fois,

* Le plan de paix qu'Eugenio Pacelli proposait préfigurait les « Quatorze points » du président Woodrow Wilson, qui furent acceptés comme base pour la paix par tous les belligérants à la fin de la guerre. Le pacte de Wilson devint la pierre angulaire de la Ligue des Nations, mais plus d'un million de morts furent déplorés entre la proposition du plan papal et la rédaction du plan de Wilson.

elle put voir un sourire s'esquisser sur son visage de pierre et elle l'entendit même rire.

Pascalina avait appris à connaître Pacelli. Elle n'en craignait que plus qu'il n'abuse de cette bonne santé fraîchement recouvrée. Elle savait qu'il avait enduré plusieurs accès de tuberculose dans sa jeunesse et avait même failli en mourir. Aussi était-elle bien résolue à ne pas le laisser enfreindre ses recommandations.

Le premier éclat survint à quelques jours du départ du prélat. Elle entra un jour dans la cuisine et le surprit debout près des fourneaux, se préparant une tasse de cappuccino.

« Votre Excellence ! s'écria-t-elle, stupéfaite. Ses yeux lançaient des éclairs. Vous êtes à peine remis sur pieds, et vous revoilà encore avec cette vieille manie ! » Sa courte silhouette en était toute tremblante de colère. Elle attrapa la tasse de café et jeta son contenu dans l'évier.

Pacelli, que personne n'avait jamais ainsi provoqué, en rougit de colère et d'indignation. Mais elle, en le menaçant du doigt comme un garnement, le désarma par son sourire. Ils finirent par rire tous deux de bon cœur, et s'en fut fini pour longtemps du goût impérieux de Pacelli pour le café.

Le week-end suivant, il partit tôt le matin, sans un merci ni un adieu pour elle, ni d'ailleurs pour aucune autre nonne, sauf la mère supérieure et la prieure. Pacelli était éduqué selon le système de castes du Vatican. Il trouvait tout à fait normal que les petites gens, surtout les humbles nonnes, se perdent en courbettes devant un représentant de la hiérarchie, aristocrate de surcroît, et rendent grâce à Dieu de l'honneur qui leur était fait de le servir. Malgré son éducation d'humilité et d'obéissance, Pascalina en fut profondément blessée.

Mais Pacelli n'était pas aussi ingrat et indifférent qu'il y paraissait. Il avait été dès cette époque sensible à sa personne, touché par sa chaleureuse attention, sa considération et son aide infatigable, frappé aussi par sa beauté et la qualité de ses manières.

Pascalina passait devant le bureau de la prieure, exactement trois mois plus tard, quand elle entendit la voix si reconnaissable de Pacelli. Elle ne pouvait pas le voir et prit bien soin de n'être pas vue elle-même.

« Auriez-vous une nonne capable de tenir ma maison à Munich ? entendit-elle Pacelli demander à la prieure.

– Je pourrais vous donner sœur Pascalina, répondit la prieure. Elle a reçu une formation d'infirmière et d'enseignante et elle est très compétente. Peut-être voudriez-vous lui faire faire un essai, Votre Excellence ?

– Puisque vous me recommandez ainsi la bonne sœur, j'en serai ravi », fit le prélat.

Pacelli et la prieure continuaient de parler de Pascalina comme si lui ne la connaissait pas, mais le prélat et la vieille religieuse se comprenaient à demi-mot. Tous deux étaient parfaitement rompus à l'art de la litote en faveur dans les allées du Vatican. Un message du pape était parvenu à la maison de repos un peu plus tôt dans la semaine autorisant le transfert de Pascalina à la résidence de Pacelli à Munich, où elle lui servirait de gouvernante. Pascalina comprit plus tard que Pacelli avait usé de son influence auprès du pape Benoît XV et de sa position de directeur des affaires étrangères pour lui obtenir cet insigne privilège.

Après le départ de Pacelli, Pascalina fut appelée dans le bureau de la prieure pour y apprendre son transfert. La jeune nonne n'exprima aucune émotion et donna son accord. Son apprentissage du silence au couvent lui fut bien utile en l'occurrence.

Le soir même, Pascalina prenait la route avec son maigre bagage, elle était folle de joie ; c'était le plus beau jour de sa vie.

Munich, la capitale bavaroise que Pascalina aimait tant, avec ses chefs-d'œuvre inestimables et ses musées plus nombreux que partout ailleurs, était alors une ville en état de siège, en proie aux effets dévastateurs de la guerre. Quand Pascalina arriva à la nonciature en décembre 1917, la guerre semblait déjà tourner à la défaveur des puissances de l'Axe, et Munich, autrefois le centre culturel d'Europe le plus vivant après Paris, n'en finissait plus de pleurer ses milliers de jeunes gens qui, jamais, ne reviendraient des champs de bataille. La monnaie bavaroise ne valait plus rien, la misère et la famine frappaient déjà aux portes de la cité.

Avant son arrivée à Munich, la guerre avait paru fort lointaine à Pascalina, enfermée qu'elle était dans la maison de repos. En tant que gouvernante de la résidence de Pacelli, elle essaya de ne pas penser aux horreurs de la guerre, estimant que son premier devoir était de prendre en main son ménage. Son dur apprentissage au couvent et sa volonté lui donnèrent toute la force nécessaire à ce travail et le courage d'affronter ce que la guerre pouvait lui réserver.

La nonciature était installée dans une digne villa en briques de trois étages de dix-sept pièces aux plafonds hauts et décorées avec goût. Mais pour l'œil acéré de Pascalina, elle avait grand besoin de ménage et de rangement. Ce n'était pas rien pour une jeune fille de vingt-trois ans que de prendre les commandes d'une maison remplie de domestiques, sans goût ni ardeur. La plupart affichaient un caractère aussi affirmé que le sien ; ils étaient tous plus âgés qu'elle et confortablement installés dans leur routine.

Pacelli avait augmenté les effectifs du personnel, bien au-delà de ce que Pascalina jugeait utile. Il s'était entouré d'un assistant, d'un valet, d'un cuisinier, d'un maître d'hôtel, d'un chauffeur et de deux vieilles nonnes qui faisaient le ménage. Lorsqu'il était en déplacement, il y avait si peu à faire que Pascalina ne comprenait pas qu'il ait besoin de qui que ce soit d'autre qu'elle-même.

Elle estimait qu'il y avait déjà eu trop d'oisiveté et de chamailleries avant son arrivée, et elle était résolue, en tant que maîtresse de maison, à mettre tout le monde au pas, y compris ceux qui avaient la faveur du nonce.

Personne n'y prêta guère attention. Pour tous, Pascalina était bien trop jeune et néophyte pour être prise au sérieux. Aussi tous les domestiques, y compris les vieilles nonnes, continuèrent-ils simplement à faire comme d'habitude ce que bon leur semblait, en l'ignorant totalement et en passant outre à toutes ses directives. De son côté, Pascalina sentait monter en elle une froide rancœur, devant ce qu'elle appelait « leurs façons honteuses et sans cœur », mais elle ne se mit jamais en colère, attendant son heure.

La guerre faisait rage, et Pascalina savait que Pacelli avait bien trop à faire, à jongler avec les plans de paix entre nations belligérantes, pour l'ennuyer avec ces questions subalternes d'intendance. Bientôt, le personnel adopta envers elle une attitude radicale. Pacelli revint un jour d'un voyage à Berlin, pour se retrouver entouré du personnel au grand complet.

« Votre Excellence, c'est elle ou nous ! » osa l'une des nonnes, d'une voix tremblante d'émotion, en se faisant la porte-parole de la maisonnée.

Le prélat était trop préoccupé pour laisser se prolonger un tel désordre. « Je parlerai à sœur Pascalina, et tout s'arrangera », promit-il, en essayant de calmer tout le monde. Il les bénit d'un signe de croix. « Allez en paix à vos postes », dit-il, sous-entendant que tout se réglerait s'ils retournaient à leurs travaux.

Mais Pascalina, qui avait écouté la conversation, n'avait aucune intention de faire la paix avec le personnel, bien que tous aient obéi à Pacelli et s'en soient retournés à leur besogne. Ils avaient voulu l'épreuve de force, maintenant elle allait leur montrer qui était la maîtresse de maison. Elle annonça au prélat qu'elle quitterait la maison pour de bon plutôt que de les laisser continuer à pantoufler...

« Votre Excellence, on m'a appris l'efficacité, commença-t-elle. Soit je peux vivre en conformité avec ce que j'ai appris, soit je m'en retourne à la maison mère. »

Il se montra bouleversé et atterré devant une telle détermination. Aussitôt elle offrit un compromis :

« Je supplie Votre Excellence de me laisser faire tous leurs travaux. Laissons les oisifs jusqu'à ce qu'ils n'en puissent plus de honte ! »

Pacelli secoua la tête, en signe de refus. Mais incapable d'en entendre plus, il finit par céder à contre-cœur.

Pendant les quelques semaines suivantes, Pascalina se transforma en esclave. Cuisinant tous les mets, lavant la verrerie et les centaines de plats, frottant les planchers de toute la nonciature sur les genoux, cirant les meubles, lavant tout le linge de

Pacelli sur la planche à frotter, nettoyant et repassant une foule de chasubles, de surplis et tous ses habits ecclésiastiques qui s'empilaient dans les armoires. Elle trima jour et nuit, presque jusqu'à l'épuisement, retournant sens dessus dessous toute la maisonnée, la transformant en la gracieuse demeure qu'elle n'aurait jamais dû cesser d'être.

Pacelli était resté absent de Munich pendant presque tout ce temps ; il négociait avec chacune des nations en guerre l'échange de prisonniers de guerre. Il y était parvenu, et près de 65 000 prisonniers des deux côtés, souvent gravement blessés, avaient pu regagner leurs foyers. Mais il était complètement épuisé par l'effort qu'avait représenté ce marathon de négociations ininterrompues.

En retrouvant sa nonciature de Munich, il fut stupéfié par sa métamorphose. Tout était propre et rangé. Cette maison était enfin tenue ainsi que son rang de prélat et d'aristocrate l'exigeait.

Il ne la remercia jamais ni ne laissa entendre qu'il savait qu'elle seule avait tout fait. Mais sa froideur envers le personnel, qui les glaçait tous, même après qu'ils eurent repris le travail en se surpassant, fit clairement comprendre à Pascalina que lui savait... Chaque fois qu'il la croisait dans l'escalier, il lui souriait d'un air entendu ; ce message silencieux venant d'un homme si avare de paroles la consacrait, *urbi et orbi,* comme la maîtresse sans partage de la maison.

Vers l'été 1918, la guerre était devenue d'autant plus insoutenable pour Pascalina qu'elle minait la santé mentale et physique de Pacelli, lui arrachant ses dernières forces. Il était de nouveau aussi émacié que le jour où elle l'avait vu pour la première fois dans la maison de repos. Plus nerveux que jamais, il rembarrait tout le monde pour un rien. Il faisait des cauchemars, délirait souvent pendant de longs moments et hurlait dans son sommeil son horreur de la guerre.

Une nuit, en passant devant son appartement privé, elle ne put plus supporter de l'entendre crier et se précipita dans sa chambre pour interrompre son cauchemar. Il fut surpris par sa présence, puis gêné. Il semblait cependant soulagé d'avoir été réveillé, mais il ne lui adressa pas la parole. Il indiqua seulement par son air irrité qu'il voulait qu'elle sorte de suite. Ce qu'elle fit sans un mot.

Sur le front, les choses allaient de mal en pis. Avec une économie dévastée, l'Allemagne continuait de mener désespérément une guerre perdue d'avance. Les Alliés, qui s'attendaient à une fin rapide des hostilités, imposèrent un blocus impitoyable sur les vivres et les médicaments. La famine et la mort étaient derrière toutes les portes à Munich.

Pacelli était absent de Munich, plaidant au nom du Vatican, avec la Croix-Rouge et la Suisse restée neutre, en faveur d'un approvisionnement d'urgence en nourriture et médicaments. Il dénonça le blocus allié comme criminel, déclarant que les populations civiles d'Allemagne et de Bavière étaient menacées d'anéantissement et que des milliers de femmes, d'enfants et de vieillards tombaient dans les rues chaque semaine, morts de faim.

Alors que le prélat était en discussions officielles à Rome et à Genève, la nonne restait seule, pour donner à manger et prodiguer des soins aux malheureux qui venaient mendier aux portes de la nonciature. Elle ne cessait de distribuer des colis de nourriture ou de denrées rares, même si ses bras lui faisaient mal et si son dos semblait se rompre d'épuisement. Mais elle gardait le sourire, essayant d'inspirer de l'espoir et du courage au flot continu de gens qui venaient à elle.

Mais malgré son inquiétude profonde pour les nécessiteux, c'était pour Pacelli qu'elle tremblait le plus. Il avait l'air plus mal en point que jamais. Elle finit par insister lors de son retour à Munich pour qu'il prenne quelques jours de repos complet. Le prélat ne voulut pas en entendre parler et lui reprocha de trop le dorloter. Elle tint bon, néanmoins, contre toutes ses dénégations jusqu'à ce qu'il cède enfin. Tout son corps n'aspirait qu'au repos.

Elle lui ordonna de garder le lit pendant trois jours et ne lui donna à manger que les mets les plus nourrissants qu'elle cuisinait elle-même. Elle savait comme il était difficile, aussi restait-elle auprès de lui jusqu'à ce qu'il ait avalé la dernière bouchée. Pacelli se plaignait, mais elle savait qu'en son for intérieur, il lui était reconnaissant de ses efforts pour restaurer sa santé.

Le kaiser s'enfuit aux Pays-Bas pendant l'automne 1918, et les canons se turent enfin le 11 novembre. Mais en Allemagne, le pire était encore à venir. Des millions de soldats allemands rentrèrent chez eux dans la boue et les pluies, aigris par la trahison du kaiser et par la défaite. Le froid s'intensifia, la privation et la misère s'aggravèrent, amplifiées par une économie chaotique et par le refus des Alliés de lever le blocus sur le pays affamé. Le climat semblait mûr pour une révolution.

Pascalina, prenant exemple sur Pacelli, était devenue une lectrice assidue de la presse peu après avoir rejoint la nonciature munichoise. Comme tous les Bavarois, elle suivait avec inquiétude la montée des corps francs qui étaient constitués par de jeunes activistes, qui ne songeaient qu'à s'emparer du pouvoir laissé vacant par les autorités allemandes. La plupart d'entre eux faisaient partie de l'ancienne bourgeoisie. Ils s'étaient formés avant guerre et ils se faisaient entendre maintenant à Munich et dans toute la Bavière. Ils affichaient leur mépris de la société bourgeoise libérale dont ils étaient issus et voulaient instituer une culture de la jeunesse, pour combattre la trinité bourgeoise : l'école, la famille et l'église.

La guerre n'avait fait que les rapprocher. Quatre ans à tuer et à voir les leurs massacrés au champ d'honneur et dans les tranchées avaient forgé entre eux une impitoyable fraternité pétrie de haine et de violence. Ils étaient revenus du front pour trouver le chaos, la faim et le chômage et ils ne pouvaient supporter la honte de la déroute de l'Allemagne. Ils étaient plus résolus que jamais à faire prévaloir le bien-fondé de leurs convictions.

Pour ajouter encore à leur frustration, un journaliste berlinois, Kurst Eisner, un révolutionnaire, accéda au pouvoir en renversant sept cents ans de dynastie Wittelsbach. Même si Eisner instaura la première république parlementaire de l'histoire de la Bavière, il déçut amèrement les jeunes militants antisémites, de plus en plus nombreux, des corps francs. Pour eux, Eisner, qui prit le pouvoir le 8 novembre 1918, trois jours avant l'armistice, n'était pas un socialiste comme il le prétendait, mais un juif ambitieux, qui proposait une forme radicale de démocratie et ne satisfaisait en rien leurs ambitions.

Moins de quatre mois après s'être installé aux affaires, le régime d'Eisner fut battu aux élections, et lui-même assassiné le 21 février 1919.

Pendant ce temps, la propagande bolchevique essaimait à travers l'Europe affamée. Fin février 1919, Munich compta les morts par milliers ; des foules communistes brandissant des drapeaux rouges prirent la ville d'assaut. Après six semaines d'émeutes, les Rouges s'emparèrent du contrôle de la cité et proclamèrent la nouvelle République soviétique communiste de Bavière.

Les diplomates en poste à Munich s'enfuirent pour se réfugier la plupart à Berlin, ou encore dans leur pays d'origine. Seul Pacelli resta ; il n'était nullement d'humeur à bouger. Le prélat ordonna à sa maisonnée de quitter la ville, mais Pascalina refusa, ainsi que le secrétaire de Pacelli, son valet et son chauffeur *.

Malgré les menaces qui pesaient sur sa vie, sourd aux supplications de Pascalina qui s'inquiétait pour sa sécurité, Pacelli continuait ses livraisons miséricordieuses. Il traversait la ville en tous sens, souvent à pied, arborant une croix sur la poitrine par-dessus son manteau, et dirigeait la distribution des colis de première nécessité. Les Rouges redoutaient la présence de Pacelli, symbole à leurs yeux d'une opposition défiant le communisme athée. Ils étaient particulièrement préoccupés par l'influence qu'il commençait à exercer sur la population munichoise, de plus en plus reconnaissante. Pour contrer l'œuvre de Pacelli, les bolcheviques montèrent une campagne contre lui en avril 1919, tant et si bien qu'un jour ils ordonnèrent à un groupe d'hommes de main de se saisir de la nonciature.

Pascalina était seule au rez-de-chaussée, quand la troupe s'empara de la résidence à coups de fusils. Les fenêtres volèrent en éclats dans toute la nonciature, sous le feu nourri des balles. La nonne eut le réflexe de se mettre à couvert. Mais quand Pacelli jaillit en haut de l'escalier pour faire face aux assaillants, qui étaient maintenant en train de défoncer la porte et de

* Le révérend Robert Leiber, jésuite allemand, historien et professeur, demeura secrétaire de Pacelli, jusqu'à la mort de ce dernier en 1958.

s'introduire par les fenêtres, elle accourut à son côté. Malgré les couteaux de boucher et les Luger automatiques pointés sur eux, le prélat et la nonne ne cédèrent pas d'un pouce.

« Sortez d'ici immédiatement ! » ordonna Pacelli d'un ton calme. Il se tenait droit et fier, sa mince silhouette noire sanglée dans une large ceinture violette, une croix autour du cou. « Cette demeure n'appartient pas au gouvernement bavarois, mais au Saint-Siège. Elle est inviolable selon la législation internationale. »

« Tu sais ce qu'on lui dit au Saint-Siège ? cria leur chef. On partira quand tu nous auras montré où tu caches ton argent et ta nourriture.

— Je n'ai ni argent ni nourriture, répondit Pacelli. Vous savez très bien que j'ai tout donné aux pauvres de la ville.

— Tu mens ! cria le communiste.

— C'est la vérité ! » répondit Pascalina d'un ton provocant. Le chef dévisagea la nonne, puis lança violemment son lourd automatique sur Pacelli, frappant le prélat à la poitrine, cabossant sa croix pectorale. Pacelli posa d'instinct la main sur sa poitrine, mais il tint bon.

Bouleversée et indignée, Pascalina hurla : « Sortez ! » Son mépris était explicite, mais elle gardait un complet sang-froid. « Sortez d'ici immédiatement ! Sortez tous ! »

Il y eut un silence embarrassé. Puis, après un long moment d'hésitation, le chef avec un air étrange où se lisaient honte et amertume, battit le rappel de ses hommes. « Partons ! » Le groupe se mit à refluer vers la porte. Quand ils furent partis, Pascalina sentit alors sur son épaule le bras de Pacelli qui se retenait à elle.

Le gouvernement bolchevique en place, qui avait pris le nom de Soviet central de Munich, irrité par ce qu'il considérait comme une attitude de défi de Pacelli, se résolut à expulser le prélat et à fermer la nonciature. On intensifia la propagande anticléricale, et Pacelli et Pascalina furent l'objet de menaces de plus en plus violentes.

Quelques jours plus tard, Pacelli et Pascalina furent de nouveau agressés par une foule déchaînée. Ils revenaient à la nonciature, après avoir livré de la nourriture et des médicaments de première nécessité à un hospice pour enfants. Tout à coup, un groupe hurlant des menaces et des blasphèmes s'en prit à leur voiture et tenta de la renverser.

Pacelli ordonna au chauffeur d'arrêter le véhicule et d'abaisser le toit décapotable.

« *Nein ! Nein !* criait le conducteur terrorisé.

— Faites ce que je vous dis ! insista le prélat. Abaissez-le ! »

Pascalina se signa et se mit à prier. Pacelli se mit debout dans la voiture ouverte, avec sa grande robe pourpre qui faisait de lui une cible facile pour cette troupe armée. Il leva la croix bien haut au-dessus de sa tête pour que tous puissent la voir. D'un geste inspiré, il distribua sa bénédiction à la foule. « Au nom du Père et du Fils et du Saint-Esprit... »

La foule se tut. Le prélat prit la parole d'une voix forte et claire. « Ma mission, c'est la paix, s'écria-t-il. Notre seule arme, c'est cette sainte croix. Nous ne vous faisons aucun mal, mais seulement du bien. Pourquoi nous attaquer ? »

Il se tint au-dessus d'eux en silence, soutenant les regards. La foule se mit peu à peu à ouvrir un passage pour la voiture. Le prélat se rassit et ils poursuivirent leur chemin sans dommage.

Quelques jours après l'attaque communiste contre Pacelli et Pascalina, la contre-révolution éclata. Les corps francs et leurs alliés sillonnèrent la ville armés de baïonnettes, de fusils et de munitions ramenés de la guerre et se mirent à massacrer tous les gens soupçonnés de communisme. Le 3 mai, l'éphémère gouvernement rouge était dissous, ses partisans étaient soit tués, soit expulsés de Bavière, soit passés à la clandestinité. Les rues de Munich étaient sous le contrôle des rebelles antisémites.

Avec l'aide des corps francs, un gouvernement provisoire fut immédiatement mis en place. Le général Erich Ludendorff, chef des armées allemandes pendant la Grande Guerre, fut nommé à sa tête. L'une des premières choses que fit Ludendorff fut d'aller voir Pacelli sans crier gare, pour exiger l'aide du prélat dans la chasse aux clandestins communistes. Pacelli refusa, malgré toute la violence que ces derniers avaient déchaînée contre Pascalina et lui. Il rétorqua au général qu'il croyait en une stricte neutralité de l'Eglise en matière politique.

Ludendorff, furieux, lui dit : « Vous n'avez pas un comportement chrétien ! Ce n'est qu'un coup bas ! * », et il sortit en claquant la porte.

Pendant ce temps, un homme ambitieux attendait son heure en coulisses et observait l'extension de la révolution, évaluant avec intérêt les desseins et la force du mouvement nationaliste grandissant. Après la signature du traité de Versailles, le 28 juin 1919, l'humiliation allemande fut portée à son comble. Les Alliés avaient contraint l'Allemagne à endosser seule l'entière responsabilité de la guerre. D'énormes pans de territoires furent arrachés au Reich, ses colonies furent confisquées. La puissance navale et militaire allemande fut démantelée.

Avec une Bavière et une Allemagne au ban des nations, un peuple à genoux économiquement et politiquement, Adolf Hitler comprit l'utilité immédiate qu'il pouvait tirer des corps francs et de la Bavière. Même ceux qui s'opposaient par leur morale et par leur esprit à la violence et à la guerre, même ceux qui n'étaient membres d'aucun parti politique, étaient désormais mûrs pour prêter une oreille complaisante aux slogans promettant le renouveau national. Ils étaient prêts à se raccrocher à n'importe quoi, et Hitler guettait ces proies faciles.

C'est là, à Munich, au beau milieu de la misère et de l'agitation héritées de la guerre, que naquit en 1919 le nationalisme hitlérien. Dès lors, la Bavière devint le foyer du Führer et de ses légions de partisans.

Ainsi, à Munich, où l'effervescence populaire et le désespoir culminaient, Hitler se rendit un soir à la résidence de l'archevêque Eugenio Pacelli. Toute la maisonnée était alors endormie, sauf Pascalina. La nonne fit entrer Hitler et le fit patienter dans le salon en attendant l'arrivée de Pacelli. Elle n'avait jamais vu Hitler auparavant, ni même jamais entendu parler de lui.

---

* Ludendorff, qui soutint Hitler dans le putsch manqué du Führer à Munich le 8 novembre 1923, ravala ensuite ses paroles quand Pacelli intervint en sa faveur devant une juridiction alliée, sauvant le général d'un procès pour crimes de guerre.

Pacelli, non plus. Le visiteur présentait une lettre d'introduction du général Ludendorff, qui exaltait sa bravoure comme caporal ayant servi sous ses ordres.

Hitler déclara à Pacelli qu'il avait pour mission d'empêcher l'extension du communisme athée dans Munich et ailleurs. A travers la porte, qui était restée entrouverte, Pascalina entendit le prélat répondre : « Munich a été bonne avec moi, et l'Allemagne aussi. Je prie Dieu Tout-Puissant pour que ce pays demeure un pays saint, entre les mains de Notre Seigneur, et libéré du communisme. »

Pascalina savait que Pacelli avait une peur viscérale du communisme athée et de son but avoué d'anéantir le catholicisme. C'est pourquoi, malgré le parti pris historique de neutralité de l'Eglise, le prélat s'était donné pour mission la destruction complète de cette « nouvelle menace insidieuse pesant sur la liberté du monde et sur l'amour fraternel ».

Elle ne fut donc nullement surprise de voir le prélat faire don à Hitler d'une grosse somme d'argent pour aider le combat des contre-révolutionnaires et à l'organisation de son petit groupe de lutte anticommuniste.

« Allez, écrasez les œuvres du diable, dit Pacelli à Hitler. Aidez à répandre l'amour de Dieu Tout-Puissant ! »

« Pour l'amour de Dieu Tout-Puissant ! » entendit-elle proférer en écho l'ancien caporal.

III

Pascalina se tenait sur ses skis, un peu tremblante. Pacelli aussi. Ils étaient tous deux accroupis, par un froid glacial, dans la neige profonde, au sommet d'une pente terriblement abrupte dans les Alpes suisses.

1921. La guerre était bien loin, et ils n'auraient raté pour rien au monde cette nouvelle mode du ski alpin. Bâtons de ski en mains, elle en robes de nonne et lui en soutane, ils se signèrent, murmurèrent une petite prière ensemble : « Au nom du Père, du Fils et du Saint-Esprit » et se laissèrent glisser avec des cris de peur et de plaisir mêlés.

Elle le harcelait depuis des semaines pour qu'ils puissent partir un mois dans la maison de repos de Stella Maris à Rorschach, où ils s'étaient rencontrés quatre ans auparavant. C'étaient leurs premières vacances depuis la fin de la guerre. Ils avaient besoin de temps et d'espace pour prier et méditer en silence. C'était Pascalina qui avait eu l'idée du ski.

Un groupe de skieurs se mit spontanément à applaudir et à encourager la nonne et l'archevêque, qui s'étaient arrêtés pour reprendre leur souffle au bas de la descente, sains et saufs, avec le sentiment, chacun, d'avoir pris les plus gros risques de leur vie. Pacelli se montra un peu embarrassé, mais l'enthousiasme inattendu de ce public impromptu eut le don de le ragaillardir et bientôt Pascalina et lui enchaînèrent virages et schuss, en rayonnant de plaisir.

Elle essayait de le faire profiter au mieux de ce séjour dans les Alpes, car elle pensait sérieusement qu'il était grand temps pour lui de s'occuper un peu de lui-même. Pour une fois, il était loin du labeur inlassable et de ce qu'elle appelait « son horrible manie de s'enterrer dans les dictionnaires durant son peu de temps libre ». Elle ne pouvait décidément comprendre ce passe-temps...

Elle avait essayé pendant des semaines de le convaincre de prendre des leçons de ski et d'opérer une brèche dans leur existence strictement ascétique. Il avait exprimé les plus sérieuses réserves, préoccupé, comme toujours, de son image publique. L'idée d'un prêtre, pis, d'un archevêque passant ses vacances avec une nonne et la crainte du « qu'en dira-t-on » l'inquiétaient. Les gens adorent papoter, lui répétait-il sans cesse.

Apparemment, le prélat pensait que le public ne comprendrait jamais l'esprit de leur relation, si elle venait un jour à être connue ouvertement. Personne ne comprendrait non plus le besoin qu'il ressentait d'être choyé, ni son besoin, à elle, de le materner en retour.

Le prélat était le plus entêté et le plus obstiné des hommes, mais c'était elle d'ordinaire qui l'emportait, quand cela relevait de son domaine. Il finissait toujours par s'en remettre à elle à chaque fois que les règles de l'instinct maternel entraient en ligne de compte. Elle pouvait se montrer, à l'occasion, parfaitement despotique.

« Excellence, il est presque une heure du matin et vous vous levez à cinq heures et demie ! lui criait-elle. Maintenant, allez vous coucher immédiatement ! » S'il n'obtempérait pas, elle se mettait à éteindre et à rallumer sa lampe de bureau jusqu'à ce qu'il batte en retraite.

Pacelli avait besoin d'elle pour le réconforter, l'encourager et l'aider à vivre, mais il avait aussi de plus en plus besoin de son sens pratique et de son jugement. Avec l'intelligence claire qui la caractérisait, elle savait manier au mieux toute situation ou toute personne dont il la chargeait. Elle organisait sa vie, ses documents, ses relations avec ses subalternes avec une précision toute militaire, et supportait en revanche seule ses inévitables critiques. Certains pensaient que sa force venait de son éducation paysanne, d'autres, de son apprentissage au couvent. Pascalina était devenue un chef du personnel idéal pour Pacelli, elle n'essayait jamais de faire exécuter des ordres pour son propre compte, mais veillait toujours scrupuleusement à ce que les intérêts et exigences du prélat soient respectés.

Il ne faisait plus guère de doute, à cette période de leurs vies, que Pascalina exerçait une influence profonde sur Pacelli en tant qu'homme, et de plus en plus sur sa carrière dans l'Eglise. Grâce à elle, il commençait à sortir de sa coquille et à faire oublier l'image de « fils à sa maman », qu'il avait eue jusque-là.

Quant à Pascalina, il était indéniable qu'elle savait apprécier une attitude proprement masculine, mais ce qu'elle admirait le plus chez un homme, c'étaient ses qualités intellectuelles, qualités dont Pacelli était doté à profusion. Elle comprenait ses manières plutôt délicates, que certains trouvaient efféminées. Elle qui avait grandi dans une famille de rudes fermiers pouvait facilement discerner à quel point certains dans le clergé comme chez les laïcs pouvaient se tromper sur l'apparence fragile et pieuse de Pacelli.

Mais elle n'en critiquait pas moins sa mère de l'avoir trop étouffé. « La mère du père Pacelli avait trop tendance à le cajoler, dira Pascalina, des années plus tard. En conséquence, il en devint profondément introverti et excessivement inquiet de sa santé. Parfois, quand nous étions alors jeunes tous deux, j'aurais voulu avoir le courage de lui dire, “Excellence, vous n'êtes pas en verre, vous savez ! Ne vous inquiétez donc pas tant de votre état physique !”. »

Elle critiquait aussi la papauté pour ses bizarreries, car elle l'avait laissé vivre chez lui avec sa mère jusqu'à l'âge de trente-huit ans. Le pape Léon XIII était particulièrement fautif, selon elle. Ce dernier avait autorisé cette situation inhabituelle, à cause de la fragile santé du père Pacelli. C'était un fait tout à fait sans précédent qu'un ecclésiastique puisse travailler et dormir dans sa famille, et cela ne laissa d'occasionner bavardages et jalousies au Vatican. Mais le très influent grand-père de

Pacelli, Marcantonio Pacelli, fondateur et éditorialiste de *L'Osservatore Romano,* fit instamment comprendre au Souverain Pontife que seule la mère du jeune prêtre saurait prodiguer les soins attentionnés que requérait la santé fragile de son petit-fils. Le pape Léon XIII était bien conscient du pouvoir de la plume de l'éditorialiste, mais il fut influencé plus encore par la haute naissance et la richesse de cette famille ; aussi accorda-t-il ce passe-droit inédit.

« Si Pacelli avait quitté son foyer familial encore jeune homme, au lieu d'y rester à se faire cajoler par sa mère, il se serait adapté beaucoup plus facilement au monde », disait Pascalina. Elle qui avait quitté d'elle-même sa maison à l'âge de quinze ans pour entrer au couvent, répétait toujours que cela lui avait fait des « tonnes de bien ».

Un changement notable se produisit chez Pacelli pendant leurs brèves vacances dans les Alpes, et il devint encore plus manifeste, aux yeux de Pascalina, après leur retour à la nonciature de Munich. Elle n'avait désormais plus besoin de l'assister comme elle le faisait auparavant quand il s'adonnait à un sport. La motocyclette commençait à faire des ravages, dans l'Europe d'après-guerre, et plusieurs motifs expliquent la soudaine attirance de Pacelli pour les « vélos à moteur », comme il les appelait. Il s'était pris à aimer le ski pendant son séjour dans les Alpes, et il ne décollait plus des pistes. Pour lui, il existait un rapport entre le ski et la moto, ne serait-ce que par la vitesse et par l'esprit de compétition. Sa santé et son état nerveux s'étaient si spectaculairement améliorés qu'il semblait désormais un autre homme. L'esprit pratique de Pacelli considérait, au-delà de l'amusement et des sensations fortes, les avantages de la moto. Les militaires avaient employé ce véhicule en maintes occasions pendant la guerre, les deux-roues avaient fait leurs preuves. Il pensait déjà que les prêtres placés sous son autorité pourraient utiliser ce mode de locomotion pour visiter les malades et les mourants, et pour vaquer aux charges de leur ministère.

Il est possible aussi qu'il ait été tenté de capturer une dernière fois un moment de cette jeunesse qu'il n'avait jamais vécue. Sur ce point comme sur bien d'autres, Pacelli céda une fois de plus aux souhaits de Pascalina et commanda une moto équipée d'un side-car.

Quand Pacelli demanda à la nonne de lui trouver un professeur de conduite, elle le laissa pantois en rétorquant qu'elle s'y connaissait mieux que tous les instructeurs. Son frère aîné, Johann, lui avait appris à piloter quand elle avait quatorze ans, affirma-t-elle, et à peu près rien de la mécanique ni de la conduite de ces véhicules ne lui était étranger.

Mais il fallut encore plusieurs jours au prélat pour la prendre au mot. Quand il se décida, il était déjà tard, et Munich était profondément endormie. Il n'y avait personne à l'entour pour les surprendre, mais en s'asseyant précautionneusement dans le side-car, son cœur battit la chamade, et ses mains se couvrirent de sueur. La nonne vêtue de robes flottantes se tenait déjà derrière le guidon, nullement impressionnée.

Le moteur rugit, il y eut une secousse vers l'arrière, et l'on « décolla ». Pascalina, en pleine extase, hurlait à pleins poumons : « Vous voyez, je vous l'avais bien dit. Je sais conduire ces engins ! »

Le cours de ces jours heureux fut tranché net par la mort de la mère de Pacelli, Virginia. Bien avant le décès de la vieille femme survenu en 1921, Pascalina s'était préparée aux ravages que cette mort occasionnerait chez son fils. La nouvelle le plongea dans une profonde claustration. Il se laissa dépérir pendant des jours, incapable de manger ou de dormir. La nonne s'échina à lui redonner goût à la vie, se substituant en tous points à la mère qu'il venait de perdre.

Un autre drame le frappa peu après : la disparition en janvier 1922 de son mentor bien-aimé, le pape Benoît XV. A nouveau, il dut s'aliter des semaines durant. Sa dépression l'inhibait au point qu'il ne pouvait plus accomplir les devoirs de sa charge. Heureusement, ce fut un autre de ses amis, le cardinal Achille Ratti, ancien bibliothécaire du Vatican, qui fut élu pape. Le premier message que signa Ratti, devenu Pie XI, était destiné au nonce de Munich, dans lequel il lui souhaitait un prompt rétablissement.

Pascalina déboula dans la chambre de Pacelli, en agitant la missive papale au-dessus de sa tête. « Excellence, le Saint-Père vous adore ! » criait-elle. On vous adore tous ! Alors montrez-nous votre amour en éclairant le monde pour nous. Enfin, Excellence, sortez du lit, redevenez vous-même. »

Dix ans de résistible ascension les attendaient, lui et elle. Dans ces années 20, la nonne accrut son rôle déjà prépondérant sur Pacelli et favorisa la mutation d'un homme introverti et diminué en un chef religieux resté jusqu'à ce jour le plus puissant des temps modernes. C'est Pascalina, dans le double rôle d'infirmière et de mère adoptive, qui l'aida à conjurer ses accès de mélancolie, encouragea son rôle dans les affaires politiques et nourrit son envol jusqu'à la papauté.

En 1925, le Vatican muta Pacelli à Berlin. La nonciature ressemblait à un palais, entourée d'un parc superbe, au centre de la capitale. Pascalina régnait désormais sur une majestueuse demeure où chefs d'Etat et haute société se succédaient sans désemparer. Que de chemin parcouru depuis sa fuite loin de la ferme familiale ! A trente et un ans, elle se trouvait plongée dans un monde de splendeurs qu'elle n'avait jamais osé imaginer.

Le Vatican avait choisi Pacelli, l'un de ses plus brillants diplomates, pour gagner les faveurs de l'Allemagne. Pacelli, qui avait tant œuvré pour soulager les Allemands affamés après guerre, fut nommé, deux ans plus tard, premier nonce apostolique auprès du Reich allemand, titre inusité jusqu'alors et qui conférait à la nouvelle république un statut d'exception aux yeux du Vatican. L'Allemagne, nation essentiellement protestante, était censée rendre la politesse en accordant à l'Eglise d'importantes concessions. Le Saint-Siège cherchait en effet à obtenir le droit d'ouvrir des écoles paroissiales sans intervention de l'Etat et la permission pour son clergé d'accomplir ses devoirs sans en référer aux autorités du pays. L'Eglise tentait aussi d'obtenir le droit d'établir de nouveaux diocèses et d'élire librement ses évêques. Pacelli avait déjà conclu par le passé un concordat avec la Bavière, qui accordait à l'Eglise d'importants droits et privilèges qui lui avaient été refusés pendant des siècles par l'ancienne monarchie. Le Vatican escomptait que son fin diplomate réussirait de même avec le gouvernement allemand.

Pacelli, convaincu qu'une bataille de chancelleries se gagne autant par le feu des apparences que par le jeu des arguments avait choisi avec un soin extrême la splendide demeure du 21 Rauchstrasse comme lieu de résidence.

Pascalina se fit très vite dans cette demeure magique à cette nouvelle vie qui, pour elle, recoupait trois mondes. En tant que nonne, il y avait d'abord une vie faite de prières et de méditation. Comme maîtresse de maison elle devait prévoir le moindre des besoins de Pacelli et lui ôter tout souci d'intendance. Enfin, comme cuisinière en chef, elle préparait personnellement chacun de ses repas, sept jours sur sept. Elle faisait aussi office de valet, elle prenait un soin méticuleux de ses vêtements, veillant scrupuleusement à ce que ses chasubles soient toujours irréprochables. Elle en devenait presque fanatique, exigeant que ses manchettes détachables, si facilement maculées d'encre lors de ses longues séances d'écriture, soient changées plusieurs fois par jour. Elle tenait toujours ses papiers rangés dans un ordre parfait, et il ne put jamais la prendre en défaut, ne serait-ce que une fois, pour avoir laissé sécher l'un de ses nombreux stylos à plume.

Pascalina était si attentive dans les soins qu'elle prodiguait à Pacelli que l'on murmurait dans l'entourage du nonce qu'elle le traitait plus comme un dieu que comme un prêtre. Elle accourait après chaque audience qu'il accordait pour désinfecter sa main et l'anneau épiscopal, maintes fois baisés. Elle ne s'offusquait nullement qu'il trouvât toute cette dévotion absolument normale et ne s'inquiétait pas que, la plupart du temps, il ne se rendît même pas compte de sa présence. En fait, elle était fière de pouvoir entrer et sortir de son bureau à tout instant, preuve éclatante de l'intimité qu'elle partageait avec lui.

« Nous étions tellement habitués aux habitudes et aux pensées l'un de l'autre, confiait-elle, que, pendant le travail, nous n'échangions guère que quelques mots. Nous savions, en quelque sorte, communiquer en silence. »

Le flot continu des réceptions mondaines qu'offrait Pacelli ajoutaient à sa vie trépidante un surcroît de labeur, mais il lui apportait aussi une dimension féerique à laquelle elle ne pouvait s'empêcher d'être sensible.

Les réceptions de Pacelli étaient connues du tout-Berlin ; elles dispensaient leur éclat avec goût, dans la plus stricte étiquette européenne, comblant les caprices du snobisme diplomatique.

Pascalina surveillait tout, telle une mère poule, supervisant en personne chaque plat. La nonne devint si exigeante qu'il devenait difficile de garder le personnel. Quel que soit le nombre des invités, elle veillait à ce que le temps imparti au dîner ne soit pas dépassé. En effet, à dix heures, les musiciens choisis par Pascalina attaquaient leur première valse. On dansait tous les soirs à la nonciature...

Le plus difficile, c'était le service auprès de Pacelli lui-même. Au milieu de ses invités, celui-ci se montrait plein d'entrain. Le dernier invité parti, Pacelli rentrait dans sa coquille froide et dure, s'enfermant dans un mutisme hautain. Pascalina veillait alors à préserver sa tranquillité chérie, en érigeant un mur de silence entre lui et le monde.

« L'archevêque Pacelli avait l'esprit d'un mystique, il tirait sa force de la prière et la méditation, expliquait-elle. Il lui était indispensable de pouvoir goûter un peu de solitude chaque jour. Il n'était vraiment heureux qu'en communion solitaire avec Jésus. S'il avait pu, il se serait retiré dans un monde d'ascétisme, loin du siècle. »

Pacelli se retranchait si souvent au fond de lui-même que Pascalina voulut qu'il installe ses appartements au deuxième étage, loin du personnel et du petit cénacle de prêtres qui vivaient et travaillaient à la nonciature. Il était si sensible au bruit qu'elle demandait à tout le monde, y compris aux prêtres, de parler à voix basse et de marcher dans la maison en chaussons de feutre. La nonne donnait toujours ses ordres avec tact, mais quiconque les oubliait, ne serait-ce qu'une fois, devait subir son regard lourd et son silence méprisant, plus effrayants que la réprimande la mieux assénée.

Au cours des premiers mois de la mission de Pacelli à Berlin, elle put observer des changements notables dans sa façon d'être en public. Il avait pris de l'assurance et se trouvait désormais de plain-pied avec ses interlocuteurs. Il ne donnait plus cette impression indéfinissable d'être ailleurs. Il était considéré comme l'un des membres les plus influents du corps diplomatique. Dorothy Thompson le décrivait comme le « diplomate le mieux informé d'Allemagne ».

Pascalina ne vivait que pour les instants où ils se retrouvaient seuls. Pacelli ressentit ce besoin et prit l'habitude de l'appeler dans son bureau, les soirs où il n'y avait pas de réception dans la résidence, d'abord pour réciter le rosaire ensemble, puis pour discuter librement. Leurs oraisons comme leurs conversations étaient menées en allemand, langue de prédilection de Pacelli. L'ordinaire de leurs apartés portait sur l'Eglise. Parfois, il lui révélait des petits secrets. Cela la surprenait toujours, car il répugnait à se confier et tenait ses secrets profondément enfouis dans sa conscience. Mais cette règle cessa vite de s'appliquer à Pascalina tant il la considérait comme proche de lui. Pascalina se souvenait de la première fois où le prélat enfreignit son code du silence. Cet épisode marquait un tournant décisif dans leurs relations : Pascalina devenait sa confidente et le resterait jusqu'à sa mort.

S'adressant à elle sous le sceau du secret, Pacelli lui révéla que le Vatican avait de gros ennuis financiers et se trouvait au bord de la banqueroute...

A l'en croire, depuis des décennies, la sainte Eglise catholique et romaine était en butte en Italie « à la haine » de certaines fractions anticatholiques. « Ces ennemis de Dieu Tout-Puissant ont été inspirés par le diable et se sont mis en guerre contre notre mère l'Eglise en vidant la force et les réserves que le cher Jésus avait mis entre les mains de chaque Saint-Père. »

Les cinq papes qui endurèrent toutes « les peines et les souffrances avaient décidé dans leur grande sagesse, de se retirer du mal de la guerre », et de choisir l'exil à l'intérieur du Vatican. Cet état de choses durait depuis 1870 et continuerait d'exister jusqu'à ce que « le peuple d'Italie, autrefois bon catholique, et ses chefs tristement égarés retrouvent leur bon sens et reviennent à l'Eglise ».

Entre-temps, « cet homme terrible, Benito Mussolini », nouveau dictateur de l'Italie, « né bon catholique », s'était détourné de l'Eglise pour verser dans l'athéisme. Lui et les « pécheurs fascistes qui le suivaient » n'avaient de cesse, selon Pacelli, de harceler notre sainte mère l'Eglise, répandant « toutes sortes de mensonges et accusant les bons cardinaux, les évêques et les prêtres, de tous les péchés ». Cette haine et cette violence s'étaient poursuivies pendant tant de générations, s'attaquant à « notre cher Saint-Père et à la pauvre hiérarchie », qu'il ne restait plus grand-chose du pouvoir temporel du Vatican. Son trésor avait fondu comme neige au soleil ; aujourd'hui, les caisses étaient vides...

Pascalina pouvait à peine en croire ses oreilles. Il lui paraissait impensable que l'Eglise la plus puissante du monde, vieille de presque deux mille ans, et pourvue de plus de trois cents millions de fidèles, puisse se retrouver dans une situation aussi précaire. Seuls quelques collaborateurs parmi les plus proches du pape, dont Pacelli, connaissaient l'état exact des finances vaticanes et s'inquiétaient de l'imminence du désastre.

Le Vatican avait absolument besoin de fonds pour éviter la banqueroute, et avait ordonné à certains cardinaux de faire pression sur leurs relations dans le monde des affaires et de la banque. Le cardinal George Mundelein, archevêque de Chicago, était parvenu à lancer un emprunt de un million et demi de dollars, mais avait dû mettre en hypothèque des biens diocésains. Les sommes ainsi réunies de par le monde restaient insuffisantes pour éviter à l'Eglise la faillite qui la menaçait.

Depuis 1849, la violence contre la papauté n'avait pratiquement pas cessé de s'exprimer en Italie, à l'instigation des gouvernements qui se succédaient à la tête du pays. Des siècles de révolutions, d'occupations étrangères et de guerres sanglantes avaient plusieurs fois ravagé Rome et sérieusement affaibli le Vatican. La corruption papale avait suscité l'anticléricalisme des plus pauvres.

Depuis septembre 1870, lorsque le roi Victor-Emmanuel II avait saisi les Etats pontificaux, tous les papes — Pie IX, Léon XIII, Benoît XV et Pie XI — avaient choisi de s'enfermer dans la cité du Vatican.

Victor-Emmanuel avait proposé que le Vatican se place sous la protection du royaume. Le pape opposa un refus catégorique, en arguant que cela reviendrait à abdiquer toute souveraineté.

En 1925, une nouvelle menace, encore plus grave, pesait sur l'Eglise. Benito Mussolini prenait le pouvoir, appelé officiellement par le roi Victor-Emmanuel III.

Pie XI ne cachait pas son mépris pour le nouveau chef de gouvernement et redoutait ses légions, les « Chemises noires ».

Le *duce* nourrissait un fort sentiment anticlérical depuis son plus jeune âge. Il ne cessait d'accabler de critiques l'Eglise « subversive » et « bonne-à-rien ». Il prenait à témoin les paysans et les miséreux en détaillant à l'envi les dépenses somptuaires du Vatican. Auprès des électeurs, il accusait les groupes activistes catholiques d'actions politiques subversives. Selon lui, le clergé exerçait une emprise indue sur la politique du pays. Auprès des catholiques du monde entier, il affirmait que l'Eglise et la Mafia marchaient main dans la main. Il était allé en Sicile comme journaliste et affirmait avoir vu des prêtres catholiques et des moines commettre toutes sortes de crimes. En 1909 Mussolini, jeune révolutionnaire, avait fait scandale en faisant paraître un roman satirique, *La maîtresse du Cardinal,* qui décrivait l'immoralité sévissant au Vatican.

Devant des millions de catholiques italiens déçus qui se détournaient de l'Eglise pour soutenir le régime fasciste, la situation du Vatican devenait de jour en jour plus alarmante.

C'est à cette même époque que Pacelli en vint à considérer son propre destin de prélat. Il était convaincu d'avoir l'intelligence et la clairvoyance nécessaires pour endiguer le péril. Mais c'était encore à Pascalina qu'incombait la tâche d'enhardir Pacelli. Elle exhorta le prélat à relever le défi du duce en postulant à la fonction de secrétaire d'Etat du Vatican. « Pour le salut de l'Eglise ! ». Elle n'en démordait pas.

Pascalina connaissait les points faibles de l'homme auquel elle s'était vouée ; ils avaient trait à sa nature émotionnelle. Il était par trop silencieux, voire absent, quand il n'avait pas de mission importante à accomplir. Dans ces moments de latence, ces défauts avaient tendance à s'accentuer. Il ne tenait guère compte des gens sans importance, mais, en revanche, se montrait empressé devant les puissants et les nobles qui pouvaient lui être utiles dans l'Eglise. Pascalina considérait avec indulgence ce travers qui signait, selon elle, la marque des grands diplomates. Elle ne cessa de lui représenter qu'il avait une grande responsabilité vis-à-vis de l'Eglise, dans ces heures sombres. Elle insistait tant qu'un jour Pacelli lui lança : « Je deviendrai secrétaire d'Etat. »

Quelques temps après, la nonne aurait l'occasion de s'inquiéter des conséquences de cette décision : elle se sentirait délaissée, sinon abandonnée par le diplomate, tout tendu qu'il était vers le seul pouvoir.

La gloire personnelle ne signifiait rien pour lui, il s'en expliquait longuement devant elle comme pour se justifier. S'il réussissait à obtenir cet office élevé, qui le plaçait juste au-dessous du pape, il ne se contenterait pas de renflouer les coffres du Vatican. Son but suprême restait inchangé : arrêter l'essor du communisme athée, même s'il devait, pour ce faire, contracter alliance, fût-elle contre nature, avec un autre ennemi juré : Mussolini. Il estimait que le Saint-Siège pourrait d'une façon ou d'une autre contenir les fascistes, alors qu'avec les rouges et leur intention déclarée de détruire totalement le catholicisme, aucun espoir de compromis ne semblait permis. Pacelli soulignait l'anticommunisme convaincu du duce. Il rappela à Pascalina que l'une des toutes premières actions du dictateur, en accédant au pouvoir, avait été de pourchasser les communistes dans toute l'Italie. « Le feu combat le feu ! » aimait à répéter le prélat à la nonne.

Le secrétaire d'Etat en place, le cardinal Pietro Gasparri, âgé de soixante-dix ans, n'aspirait plus qu'à la retraite. Il pressentit Pacelli pour le seconder et en faire son dauphin. Le pape Pie XI, quant à lui, qualifiait Pacelli d'indispensable. Mais les arcanes du pouvoir au Vatican étaient à ce point complexes que Pacelli pouvait légitimement espérer réaliser ses ambitions sans pour autant concevoir de certitudes là dessus.

Dès lors Pacelli se tourna vers les nouveaux maîtres de l'Allemagne, qui revêtaient une importance capitale aux yeux du Vatican, pour leur demander leur soutien. L'Allemagne aimait Pacelli et lui était reconnaissante pour tout ce qu'il avait fait pour venir en aide aux miséreux après la guerre. Et lui, en retour, s'accordait à trouver chez les Allemands les plus grandes qualités d'ingéniosité et d'entreprise. L'admiration qu'il portait aux aptitudes séculières de ce peuple convenait plus au jugement d'un homme d'affaires ou d'un politicien qu'à celui d'un homme d'Eglise.

Au printemps 1926, Pascalina n'était pas absente des prises de décision de Pacelli. Celui-ci exerçait alors le rôle nouveau d'arbitre entre le Vatican et Mussolini. Certes la participation de Pascalina n'était pas officielle ni reconnue, mais elle se voyait offrir la chance, inouïe pour une femme dans l'histoire de l'Eglise, d'approcher au plus près le sérail de l'autorité vaticane. Le seul fait qu'une simple nonne fût consultée un tant soit peu sur une question d'Eglise aussi importante suffisait à son bonheur. « J'étais ravie, je me sentais tellement honorée. »

La papauté et le gouvernement fasciste italien avaient alors décidé, pour leurs intérêts mutuels bien compris, de se rapprocher. Mussolini avait répandu publiquement tant de propagande anticléricale, souvent fondée sur des faits véridiques, que le pape craignait fort qu'elle ne s'amplifie. Mais le duce se montrait tout aussi réaliste que Pie XI et ne trouvait que des avantages à mettre l'Eglise de son côté.

Des manœuvres subtiles furent engagées des deux côtés pour conclure un traité dès la mi-janvier. Le Souverain Pontife dépêcha aussitôt à Mussolini Francesco, le frère de Pacelli, un avocat considéré par le Vatican comme aussi habile et dévoué qu'Eugenio, son cadet.

Francesco avait toute latitude pour choisir les membres de la délégation qui représenterait auprès du duce les intérêts de l'Eglise. Il fit appel tout naturellement à son frère. Ce dernier désigna Pascalina pour le seconder. L'enjeu était d'importance pour celui qui fut le premier nonce apostolique en Allemagne ; la réussite de cette négociation, il le savait, ferait de lui un secrétaire d'Etat. L'échec anéantirait toutes ses ambitions.

Les exigences de l'Eglise étaient exorbitantes. Le Vatican posait comme préalable que les autorités légales italiennes cessent toute attaque contre l'Eglise. A raison de quoi le catholicisme romain serait proclamé religion officielle en Italie. Tous les mariages seraient célébrés à l'Eglise et le divorce interdit. Une exemption fiscale affecterait tous les biens d'Eglise et des subsides seraient alloués à l'entretien de ses palais, basiliques et autres institutions. L'instruction religieuse serait rendue obligatoire et enseignée par des professeurs appointés par l'Eglise, dans toutes les écoles publiques. Revendication fondamentale : le Vatican serait reconnu comme un Etat souverain, et le pape considéré comme chef d'Etat. Le Vatican recevrait en dédommagement de ses biens saisis en 1870 une réparation d'un montant d'au moins cent millions de dollars US de l'époque. L'Eglise avait pris grand soin de cacher que sa survie dépendait désormais de l'argent fasciste.

Mussolini ne demandait en échange que la bienveillance du pape et la paix avec le Vatican. Le dictateur expliquait son soudain revirement par un souci philanthropique, qui lui avait fait imaginer une politique nouvelle pour attirer chaque année des millions de visiteurs à Rome. Il s'agissait de promouvoir la ville éternelle comme centre du monde catholique, une capitale de paix, d'amour et de sainteté. Mussolini représentait à ses interlocuteurs que, désormais, grâce à cet accord, le Vatican et Rome allaient connaître une prospérité sans précédent.

Pacelli, comme d'autres, n'était guère enclin à croire en l'altruisme du duce. Le dictateur jurait qu'il s'était détourné de l'athéisme, qu'il s'en retournait vers Dieu et n'aurait de cesse de faire le bien...

Pascalina, aussi inexpérimentée fût-elle, affichait encore plus de scepticisme que quiconque. Elle mettait en garde Pacelli : « On ne peut en aucun cas faire confiance à un homme comme Mussolini ! Pourquoi un ennemi comme il l'a été pour l'Eglise donnerait-il autant et exigerait si peu en retour ?

— Mussolini a imploré la clémence et le pardon de Dieu, répondait Pacelli. Jésus a dit que personne d'entre nous n'a le droit de faire la sourde oreille devant même le plus mauvais des hommes. Nous donnerons donc sa chance à Mussolini, mais rien ne nous interdit de garder l'œil ouvert sur lui. »

Vint ainsi le jour où l'Eglise romaine organisa un spectacle extravagant par sa pompe, pour annoncer sa victoire triomphante au monde, le pacte signé avec Mussolini et l'Etat italien. L'Eglise était désormais un état indépendant et souverain, connu sous le nom d'Etat de la cité du Vatican, avec à sa tête le pape, reconnu comme son chef incontesté. Toutes les demandes formulées par la délégation conduite par Francesco Pacelli étaient accordées. Les juifs italiens protestèrent vivement contre l'omission délibérée de budgets pour l'éducation judaïque, l'un de leurs porte-parole allant jusqu'à qualifier l'accord de l'Eglise et des fascistes de « pogrom moral ».

Pour célébrer cette signature, une grande cérémonie fut organisée sous les lambris du palais historique du Latran au Vatican, le 11 février 1929, trois ans après le début des négociations. Les Accords du Latran furent présentés comme l'événement le plus important de l'histoire moderne de l'Eglise. Le secrétaire d'Etat, le cardinal Gasparri, en grand apparat, apposa sa signature et son sceau sur le document au nom de Sa Sainteté. Benito Mussolini, claquant des talons, en grand uniforme militaire, harnaché de médailles, signa, tout sourire, au nom du Royaume d'Italie.

Le Vatican pouvait désormais battre monnaie, avoir sa propre police, délivrer ses passeports, entretenir sa petite armée et hisser son propre drapeau aux couleurs jaune et blanc.

Après la signature du traité, la nonne hésita pendant des jours avant de rassembler son courage pour poser à Pacelli les angoissantes questions qu'elle tournait et retournait dans sa tête. Elle était dans le secret des dieux et avait lu des notes on ne peut plus confidentielles et des documents qui ne laissaient pas de l'inquiéter.

« Je veux pleurer », dit-elle à Pacelli. Il était assis à son bureau et la dévisageait avec étonnement.

Elle s'était endurcie depuis toutes ces années et elle exigeait des réponses franches. Elle espérait de toutes ses forces qu'il ne s'apercevrait pas à quel point elle était troublée en lui tendant les documents révélateurs et même accablants.

Il était clair que, dans son acharnement à éviter une banqueroute, le Vatican avait vendu son honneur à Mussolini pour 92,1 millions de dollars. L'Eglise avait affirmé au monde que cet argent venait en dédommagements des terrains saisis par l'Etat. En un sens, cette version n'était pas inadéquate, mais le Vatican omettait de révéler qu'il avait accordé au gouvernement fasciste de Mussolini un droit de regard sur l'Eglise. En effet, les ecclésiastiques étaient désormais tenus par la loi de prêter serment de loyauté au gouvernement fasciste. Les prêtres qui refuseraient d'obéir à Mussolini seraient mis à l'amende et jetés en prison. Autre assujettissement : le Vatican ne pourrait plus nommer de prêtres, d'évêques ou de cardinaux en Italie, sans l'approbation de Mussolini. Ce n'étaient là que quelques concessions dans un ensemble qui liait pieds et poings l'Eglise au nouveau régime.

« Y a-t-il une explication ? » demanda Pascalina, agrippant des deux mains le bureau.

Il détourna les yeux, un instant, puis lui répondit :

« Les concordats ont généralement pour conséquence l'abandon de certains privilèges d'Eglise. En retour, notre sainte mère l'Eglise a obtenu la permission de poursuivre ses missions évangéliques et d'éduquer les jeunes selon les principes chrétiens. Pour cela, il n'existe pas de sacrifice trop lourd. Le Saint-Père lui-même a dit qu'il irait négocier avec le diable, si le bien des âmes l'exigeait. »

On ne pouvait être plus clair, et Pascalina sortit sans un mot. Pour la première fois de sa vie, elle se heurtait à la raison d'Etat et à sa logique, qui ne s'embarrasse pas de la morale des hommes, même d'Eglise. Elle se sentait glacée au plus profond d'elle-même, et souillée.

La présence de Pascalina auprès de Pacelli devait tôt ou tard constituer une menace pour sa carrière. Dans le monde des prélats aux convenances rigides, le célibat était une bombe à retardement, prête à exploser au moindre soupçon d'ambiguïté. A Berlin, il se trouvait déjà de bonnes âmes pour s'étonner qu'une jeune nonne fût en charge d'une nonciature. Qu'en serait-il alors à Rome au milieu des cabales et des intrigues ?

Ils ne parlaient jamais de leur avenir commun, bien qu'il apparaissait à l'évidence que, tôt ou tard, Pacelli serait appelé à Rome. Maintenant, à voir la satisfaction qu'affichait le Vatican après la signature du traité du Latran, Pascalina s'attendait à cette nomination à tout instant.

Le téléphone sonna à la nonciature, un soir de 1929, à

22 heures, une heure inaccoutumée, pour un appel provenant du Vatican. Pascalina décrocha le combiné, c'était le secrétaire d'Etat, le cardinal Gasparri. Pendant toute la conversation, la nonne observa une expression étrange, mêlée d'appréhension et de joie sur le visage de Pacelli pendant qu'il écoutait Gasparri. Elle ne lui avait jamais vu cet air-là : « C'était comme si on avait tout à coup demandé à un saint de venir s'asseoir à la droite de Dieu ! »

« Je suis muté à Rome. Le Saint-Père a besoin de moi », s'exclama Pacelli, transfiguré.

Naturellement, Pascalina s'attendait à le suivre comme gouvernante de sa maison. Quand elle lui demanda ses intentions, il lui répondit par un laconique : « Non, pas pour le moment ! » Il irait vivre dans la demeure de sa famille et il n'y avait pas de place pour elle là-bas. Sa sœur Elisabetta s'occuperait de lui.

Pascalina sentit la rage l'envahir devant ce qu'elle ressentait légitimement comme de l'ingratitude de la part de l'homme qu'elle servait depuis douze années. En réfléchissant, elle comprit que c'était bien dans sa façon d'obéir aux ordres, de se plier ainsi à la lettre au protocole et de taire en lui toutes considérations personnelles. Il avait été éduqué ainsi ; il ne lui serait jamais venu à l'esprit de se conduire autrement.

« Quand trouvera-t-on une place pour moi ? implora-t-elle. Vous avez besoin de tout ce que je fais pour vous !

– Je ne sais pas ! répliqua-t-il d'un ton sévère. Ce ne peut pas être maintenant. Le Vatican n'est pas Munich ni Berlin. N'ajoutez pas un mot. Tout le personnel reste ici ! »

Mais ce n'était pas dans la nature de Pascalina de lui laisser le dernier mot : « Vous aurez besoin de moi pourtant ! Vous verrez ! »

Elle jeta ces dernières paroles, en quittant la pièce, humiliée et meurtrie.

Pascalina voulait continuer à croire en Pacelli. Elle essayait de se persuader qu'il ne pourrait pas se passer de ses services et qu'il reviendrait bientôt sur sa décision.

Après son départ, Berlin n'offrait plus aucun attrait pour Pascalina. La grande demeure était comme morte, vide de gens et d'esprit. Elle déployait une activité folle, essayant d'oublier sa peine dans le travail et quand elle lâchait son balai, c'était pour réciter rosaire sur rosaire.

Pacelli lui écrivait de temps en temps, sans jamais lui demander de le rejoindre. On allait lui faire une place au palais pontifical et il résiderait auprès du pape. C'était merveilleux pour Pacelli, mais sans espoir pour Pascalina. Aucune femme n'avait jamais partagé l'appartement d'un prélat dans l'enceinte du Vatican.

Puis il se produisit un retournement complet de situation. A la fin de l'automne 1929, Pacelli lui téléphona à l'improviste : il était épuisé par ses nouvelles responsabilités et voulait prendre un peu de repos en sa compagnie dans leur vieille maison de vacances en Suisse. On était presque en décembre, et les Alpes étaient recouvertes d'une neige épaisse. Ils n'avaient pas plutôt chaussé leurs skis qu'un message du Vatican rappelait Pacelli de toute urgence.

Elle aurait voulu s'interposer, le retenir un peu plus auprès d'elle, mais l'ordre émanait du pape en personne. D'une petite voix, elle émit une suggestion : « Croyez-vous que le Saint-Père vous autoriserait à rester quelques jours, si vous disiez que cela vous ferait le plus grand bien pour votre santé ? »

Mais Pacelli ne l'écoutait déjà plus, car ce message lui annonçait qu'il allait être nommé cardinal...

L'Allemagne se montra tout aussi affligée du départ de Pacelli que Pascalina. Lors de son dernier séjour à Berlin, des dizaines de milliers d'Allemands, protestants et catholiques confondus, se massèrent devant la nonciature pour l'ovationner et lui rendre un hommage, en reconnaissance de ce qu'il avait fait pour eux depuis la guerre.

Les années que Pacelli avait passées aux affaires à Berlin, les centaines de réceptions qu'il avait données, ses voyages à travers la nation entière, ses apparitions personnelles et ses discours avaient magnifiquement porté leurs fruits. Dans ce pays à majorité luthérienne, où l'anticatholicisme et l'athéisme connaissaient un rapide essor, il avait fallu l'incroyable adresse diplomatique de Pacelli pour mener à bien l'« Entente solennelle », qui scellait un accord nouveau entre le Vatican et le gouvernement allemand.

Pour la dernière soirée à Berlin avant qu'il ne parte à Rome recevoir sa calotte rouge des mains du pape, le maréchal Paul von Hindenburg, président de la République allemande, avait organisé un dîner en son honneur et lui porta un toast dans lequel il se fit le porte-parole de la dévotion de l'Allemagne à son égard : « Je peux vous assurer que nous ne vous oublierons jamais, ni votre travail ici. » Le vieil homme d'Etat savait-il qu'il prophétisait ainsi les polémiques qui ne manqueraient pas un jour d'éclater sur les relations allemandes de Pacelli ?

Plus tard, dans la nuit, Pascalina se tenait discrètement dans l'embrasure d'une fenêtre de la façade, s'efforçant de retenir ses larmes. Malgré l'hiver, le prélat se tenait debout dans sa limousine décapotée, en bénissant la foule de dizaines de milliers de Berlinois venus l'acclamer, dont beaucoup brandissaient des torches allumées. Cette marée humaine ressemblait à un océan de flammes.

A Noël, il lui envoya une photo le représentant dans son nouvel apparat de prince de l'Eglise. C'est tout ce qu'elle vit du grand consistoire chamarré du Vatican, qui rassembla, le 19 décembre 1929, les cardinaux venus du monde entier entourant Eugenio Pacelli dans la chapelle Sixtine pour sa prise de coiffe cardinalice. A la façon dont le pape salua Pacelli et dont la presse l'encensa, il était clair aux yeux de tous que l'ancien nonce de Berlin était voué aux plus hautes destinées à Rome.

Moins de deux mois plus tard, le 10 février 1930, le cardinal Eugenio Pacelli était nommé secrétaire d'Etat du Vatican, en remplacement du vieux cardinal Gasparri ; il se trouvait désormais juste au-dessous du pape dans la hiérarchie vaticane*.

---

* Le cardinal secrétaire d'Etat fait office de premier ministre du pape. Il dirige la Curie romaine qui a la tutelle de toutes les administrations du Vatican.

IV

Au début des années 30, le monde était en proie à des convulsions économiques et sociales. La dépression mondiale paralysait les Etats-Unis, la Grande-Bretagne, l'Italie et l'Allemagne. A l'apogée de la crise, les Etats-Unis recensaient treize millions de chômeurs, soit plus d'un quart de la population active du pays ; en Grande-Bretagne, quelque deux millions de personnes battaient désespérément le pavé sans pouvoir trouver de travail. La situation en Italie était plus grave encore.

En Allemagne, nation vaincue où la rancune fermentait contre l'iniquité du traité de Versailles et des lourdes réparations imposées par les Alliés, la crise prenait des proportions catastrophiques. Avec un tiers de ses travailleurs au chômage, l'industrie allemande était frappée de plein fouet. Le trésor fédéral était vide, le gouvernement refusa d'honorer plus avant les réparations de guerre. La France et l'Angleterre, quant à elles, ne pouvaient plus rembourser la dette contractée envers les Etats-Unis. Le cardinal Pacelli, s'adressant à des pèlerins, déclarait : « L'esprit humain dans le monde entier est enchaîné. Le monde est prisonnier financièrement, politiquement et spirituellement. »

L'agitation économique et sociale en Europe était devenue le moteur même de l'ascension des totalitarismes hitlérien et mussolinien. Le nationalisme prospérait, tandis que l'antisémitisme se répandait, durant ces années décisives où l'Allemagne et l'Italie se languissaient dans la pauvreté et les humiliations de la Première Guerre mondiale. Le feu couvait, qui incendierait le monde ; Hitler l'attisait avec un art consommé.

Devant tous ces dangers qui s'amoncelaient à l'horizon, Pascalina se sentait désemparée, seule à Berlin dans un pays exsangue. Mais elle se raccrochait à l'idée que l'Eglise, dans cette tempête qu'elle voyait se dessiner, ne trouverait son salut et celui du monde que par l'action et le charisme d'un homme de la trempe de son cher Pacelli.

La nonne ne décolérait plus depuis que lui avaient été rapportés les ragots circulant sur l'usage qui avait été fait de près de 100 millions de dollars que l'Eglise avait reçus aux termes du traité du Latran. Il s'avérait qu'un « mystérieux individu », un banquier italien, Bernardino Nogara, avait été chargé par les plus hautes autorités de l'Eglise de gérer cette fortune. Il lui importait peu que Nogara fût considéré comme l'un des financiers les plus adroits d'Europe. Un prêtre bien informé de la nonciature berlinoise lui avait tenu que ce banquier manipulait comme bon lui semblait l'argent de l'Eglise, investissant et spéculant selon des normes de profit, en ne tenant aucun compte du tour immoral et scandaleux de ses opérations.

Aucun officiel du Vatican ni même le pape ne pouvaient exercer de droit de veto sur les décisions de Nogara. Le banquier avait fait valoir qu'il ne laisserait aucune considération religieuse ou doctrinaire lui barrer la route. La papauté obéissait à un seul désir : celui de faire fructifier l'argent et d'empêcher que le trésor ne se vide à nouveau.

Pascalina était horrifiée par ce qu'elle entendait : Nogara avait acquis pour le compte du Vatican la majorité des actions d'un laboratoire pharmaceutique, l'Instituto Farmacologico Serono di Roma, premier producteur italien de produits contraceptifs.

Nogara spéculait sur les devises étrangères et sur le cours de l'or, mais surtout il investissait avec prédilection dans les industries d'armements.

Elle voulait croire que Pacelli n'était en rien dans la nomination d'un tel fieffé coquin et, même, qu'il lui était farouchement opposé.

« Vous me manquez et j'espère sincèrement que vous avez besoin de moi », griffonna-t-elle un jour, en désespoir de cause. Elle demanda une place au côté de Pacelli. Une chambre pour elle au Vatican, même n'importe où, suggérait-elle. « Je serai heureuse même à la cave. »

Pacelli lui répondit de sa propre main, sur un parchemin magnifique, richement gravé à ses armoiries rouge et or : il la refusait. Mais il ajoutait un post-scriptum chaleureux où il avouait que sa compagnie et son intelligence lui manquaient. Mais que sa réussite était aussi l'artisan de leur châtiment. La moindre proposition indélicate de sa part scandaliserait l'Eglise.

A la lecture de cette lettre, elle eut l'impression fulgurante qu'il s'adressait à elle comme un pape et que peut-être Dieu ou Pacelli, ou tous les deux, avaient déjà décidé qu'il siégerait sur le trône de saint Pierre.

Le cardinal Pacelli était pour l'heure fort occupé à constituer un paradis terrestre pour la papauté et pour lui-même. Pacelli avait exigé que l'Italie rende Castel Gandolfo au Vatican, c'était l'une des clauses du traité du Latran. Ce lieu de villégiature de la papauté, depuis 1623, avait été saisi en 1870 en même temps que les autres biens de l'Eglise.

Pacelli était à peine arrivé à son poste à la droite du pape quand le gouvernement italien rendit le fabuleux domaine au Vatican. Il abritait un luxueux palais avec sa chapelle, ainsi qu'une théorie de somptueuses villas dispersées sur les trente hectares de parc surplombant la ville romantique de Castel Gandolfo nichée au sommet des collines d'Albe, au pied desquelles s'alanguissait le lac d'Albano.

Pacelli se montrait enchanté par la coopération des fascistes, mais Pie XI demeurait ostensiblement froid et distant à leur égard, ne remerciant ni Mussolini ni le roi. Il estimait que l'Italie aurait dû rendre Castel Gandolfo depuis belle lurette. Pacelli adopta une attitude opposée. Le secrétaire d'Etat, bien trop opportuniste, ne trouvait aucun avantage à s'en tenir à un passé malheureux. Il soufflait le chaud quand le pape soufflait le froid.

Il s'employait à charmer Mussolini et à cultiver ses bonnes dispositions envers l'Eglise.

A l'occasion de la réouverture de la résidence d'été, il lançait une nouvelle saison, la « saison Pacelli », qui lui permettrait, il en était convaincu, de renouer avec ses brillants succès à la nonciature de Berlin. Avec la grâce, la bénédiction et, accessoirement, la présence du pape, ces soirées, dont il avait le secret, où se presseraient les puissants et les riches du monde entier invités selon son bon plaisir, favoriseraient la réalisation de ses projets. Il ne fallut pas longtemps à Pacelli pour convaincre le pape de rénover entièrement la résidence de Castel Gandolfo. L'aménagement paysager à lui seul coûta des millions : le résultat fut fabuleux. Le rêve du prélat d'une harmonie sylvestre régnant sur des collines et des jardins, parsemée de chênes sacrés, de cyprès, de lauriers, d'oliviers, de vignes et de pelouses soigneusement tondues, se découvrait maintenant à perte de vue, après quatre ans de travaux.

On en était à l'aube de l'âge d'or du catholicisme, Eugenio Pacelli préparait déjà activement l'avenir et la restauration de la puissance de l'Eglise. En moins de quatre décennies, les actifs du Saint-Siège allaient être estimés à un montant supérieur aux réserves d'or de la Grande-Bretagne et de la France réunies. En 1952, le *United Nations World Magazine* annonçait que les seules réserves d'or du Vatican s'élevaient à plusieurs milliards de dollars et qu'elles étaient déposées à la Banque Centrale des Etats-Unis ainsi qu'en Grande-Bretagne et en Suisse. Le *Wall Street Journal* révélait que le Vatican spéculait sur l'or, chaque opération portant sur des millions de dollars. (Bien que l'Eglise maintienne un strict secret sur ses affaires financières, on estimait ses actifs, en 1972, rien qu'aux Etats-Unis et au Canada à près de 82 milliards de dollars...)

En 1930, Pascalina était si éloignée de la vie du secrétaire d'Etat qu'elle ne sut pas qu'une menace nouvelle pesait sur l'avenir de ses relations avec Pacelli. Elle avait un rival dans la lointaine Rome, passé maître dans l'art de capter les attentions du cardinal et d'en recevoir les bienfaits. Francis J. Spellman, un prêtre américain, habile et entreprenant, avait compris tout l'avantage qu'il pouvait retirer en faisant sa cour au prélat. Premier citoyen des Etats-Unis à être nommé à la curie résolument italienne, Spellman résidait dans la Ville éternelle depuis cinq ans. En 1925, à son arrivée à Rome, Spellman trouva le clergé romain xénophobe et peu amène à l'égard des prêtres venus d'ailleurs. Spellman était l'une de leurs cibles favorites ; on l'accusait de traiter d'affaires louches au nez et à la barbe de tous et, raison aggravante, de les conclure toutes avec succès... Spellman n'en avait cure, car il jouissait des plus hautes protections. Le « Gros bonnet de Boston », comme l'appelaient les ecclésiastiques jaloux de son ascension, avait su captiver l'esprit du pape Pie XI et le cœur du cardinal secrétaire d'Etat Pacelli. Spellman était déjà bon artisan en manipulation des hautes commandes papales. Il s'était attiré des amis et des faveurs, grâce aux somptueux cadeaux qu'il dispensait, comme la luxueuse limousine spécialement aménagée pour Pie XI, que Spellman, l'esprit vif et le sourire enjôleur, avait obtenue dans son pays natal, sans que cela lui coûtât un liard. Le prélat américain se faisait fort d'obtenir un véhicule non moins luxueux pour le transport de Pacelli. Après tout, son prédécesseur, le cardinal Gasparri, avait bénéficié des mêmes gracieusetés, assurait Spellman. Mais Pacelli ne se sentait pas encore suffisamment assuré à son nouveau poste pour risquer de froisser le pape en roulant en si bel équipage. La nature incroyablement complexe de Pie XI était absolument impossible à sonder. Son comportement variait souvent, à la vitesse de l'éclair, de la bonhommie la plus franche à la tyrannie la plus insupportable. Pacelli n'aurait certainement pas osé échauffer la bile du vieil homme. La voiture fut remisée en attendant une heure plus propice pour l'exhiber. Pour l'heure, Pacelli avait d'autres vues sur Spellman.

Aucun secrétaire d'Etat du Vatican ne s'était déplacé hors du Vatican, depuis plus d'un demi-siècle. Pour des raisons toutes personnelles, Pacelli avait l'intention de rompre avec cette longue tradition. L'été s'annonçait, bientôt ce seraient les vacances qu'il passait depuis douze ans dans les Alpes suisses en compagnie de Pascalina. Pour éviter les ragots, il choisit de se faire accompagner par Spellman, qui ferait office de chaperon.

« C'est une chose merveilleuse que d'être le compagnon de voyage du cardinal secrétaire d'Etat, dont presque tout le monde dit qu'il sera le prochain Saint-Père », écrivait Spellman chez lui, dès que Pacelli lui eut apprit la nouvelle.

La joie de Pascalina de retrouver son cher Pacelli ne fut pas complète. La pourpre cardinalice lui donnait un air royal, mais plus raide et plus lointain que jamais. Pis encore, elle s'offusquait de la présence perpétuelle de Spellman, toujours au côté de Pacelli, ne cessant d'exprimer son admiration, à coups de sourires béats et de ris d'angelot.

Ils étaient tous réunis dans les Alpes suisses, dans la maison de repos de Stella Maris, tenue par l'ordre religieux de Pascalina, celui des sœurs de la Sainte-Croix. Pascalina prit instantanément l'Américain en grippe. Elle avait eu exactement la même réaction hostile à son endroit, quand le prêtre américain était venu à Berlin apporter la nomination officielle de Pacelli au poste de secrétaire d'Etat. Il lui aurait paru inconcevable alors d'imaginer que Spellman deviendrait un jour son ami, l'homme avec ses manières doucereuses, ses paroles sucrées et la mine chafouine lui déplaisant en tout.

La froideur troublante que manifesta Pascalina à son encontre quand ils arrivèrent à la maison de repos ne laissa aucun doute dans l'esprit de quiconque : Spellman serait illico presto renvoyé et tenu à l'écart, jusqu'au retour de Pacelli à la frontière italienne. L'Américain s'en montrait ravi. Le premier soir dans la maison de repos, il écrivit à sa famille un éloge empreint d'humour et de sarcasme de l'étrange endroit, laissant entendre qu'il serait fort heureux de se trouver ailleurs.

« Je suis logé dans un collège de jeunes filles... commençait Spellman, avec ironie. C'est un drôle d'endroit pour passer des vacances... C'est comme dormir dans le Grand Army Hall à Whitman (sa ville d'origine dans le Massachusetts). Il y a dix ou douze fenêtres dans ma chambre, un tableau noir, des chaises et des tables, le bureau du maître, un lit et un lavabo. Il y a tout, sauf un piano. »

Tôt le matin suivant, Pascalina proposa tout de go à Pacelli que le prêtre, qui était à portée de voix, soit autorisé à aller assister à la représentation de la Passion à Oberammergau. C'est par cette pièce que la vocation s'était imposée à elle. A l'en croire, Spellman devait gagner la Bavière sur-le-champ. Pacelli y consentit à contrecœur. « Il ne pouvait pas dire non », notait Spellman dans une lettre à sa famille avant que de s'en aller.

Depuis qu'il avait mis le pied dans la maison de repos, Pacelli devinait chez Pascalina une rage contenue, aux motifs bien plus sérieux que la présence inattendue de Spellman. Bientôt, elle explosa : « Eminence, quelle sorte de secrétaire d'Etat êtes-vous en train de devenir ? ». Le prélat en resta pantois. « Avez-vous, avec le Saint-Père, perdu l'esprit ? reprit-elle. Comment pouvez-vous laisser un homme, presque un étranger, pis, un proche ami de Mussolini, en user à sa guise avec le trésor de notre sainte mère l'Eglise ! J'ai entendu dire que Nogara seul a son mot à dire, sans aucun contrôle, sur la façon de gérer l'argent. Est-ce vrai ? »

Pacelli ne répondit rien mais se dirigea vers la fenêtre et se mit à contempler les Alpes, au loin. Le mutisme du prélat ne pouvait que confirmer les craintes de la nonne. Son silence ne fit qu'exacerber la diatribe de Pascalina : « Est-ce vrai que Pie XI et la hiérarchie du Vatican ont accepté toutes les conditions extrêmes de Nogara ? La papauté s'estime-t-elle aussi ignorante en matière financière pour croire que ce banquier sait tout ? »

Le prélat avait bien vite retrouvé ses esprits. Il lui répondit posément, d'un air détaché qui la choqua. Il souligna que Nogara faisait beaucoup d'argent pour l'Eglise. Il cita les paroles d'un ami cardinal sur le banquier, qui reflétaient un sentiment semblait-il généralement partagé dans la papauté : « Il est la meilleure chose qui soit arrivée au Vatican depuis notre Seigneur Jésus-Christ. » Dans l'esprit de Pacelli, le débat était clos. Durant les presque trente années que Nogara garda la haute main sur le trésor du Vatican, l'Eglise, à deux doigts de la banqueroute à son arrivée, se transforma en puissance financière, forte des milliards de dollars investis dans des multinationales et dans des banques, aux quatre coins du monde. La liste apparemment sans fin comprend aujourd'hui : la Chase Manhattan Bank, la Morgan Guaranty, le Bankers Trust, General Motors, Bethlehem Steel, General Electric, TWA, IBM, Shell, Goodyear, Anaconda Copper, Celanese, Firestone, les films Paramount, Edison et la Bank of America, que le Saint-Siège a contribué à fonder.

Pacelli, devenu pape, poursuivit la politique de restauration de Nogara et nomma son neveu, Giulio Pacelli, président du conseil d'administration du laboratoire pharmaceutique, spécialisé en produits anticonceptionnels, dont le Vatican détenait la majorité des actions.

Pascalina se voyait en grand danger de perdre toute influence sur Pacelli. C'était une éventualité effrayante pour elle, surtout après s'être préparée à le revoir après huit mois d'absence. Elle n'avait personne vers qui se tourner. Elle avait négligé sa famille, ses amis, pour se consacrer exclusivement à lui. « Si je n'avais pas eu ma foi en Jésus, rien n'aurait pu me faire continuer », devait-elle confesser plus tard.

Pacelli marqua son impatience de revoir Spellman après trois jours d'absence à peine. Elle fut blessée, mais nullement surprise, le quatrième jour, quand elle entendit Pacelli au téléphone, qui ordonnait au prêtre de rentrer à la maison de repos.

« Je fus confondu et ému à mon retour d'Oberammergau de voir Son Eminence debout, seul, sur le quai à Rorschach, qui attendait la fin de mes formalités de transit du lac de Constance », écrivit Spellman dans son journal intime.

Au fil des jours Pascalina se surprit à prendre goût au commerce de Spellman. Il était allé à elle, « comme un camarade bon, gai et plein d'entrain, il avait le chic pour savoir pincer exactement la bonne corde » avec Pacelli, surtout quand le prélat se montrait déprimé et bougon. Le prêtre américain se révélait un parfait compagnon de vacances et un amuseur de talent car il se montrait enjoué et parfois très drôle.

Spellman, qui ne supportait plus la maison de repos, proposa de la quitter pour voyager à travers l'Europe et faire quelques randonnées en montagnes, ici ou là. C'était exactement ce que Pascalina et Pacelli avaient envie d'entendre. Tous deux bondirent sur l'idée.

« Spelly, vous ressemblez tellement à notre chère sœur

Pascalina, pour ce qui est de l'audace », s'exclama Pacelli, subitement de très bonne humeur. Le cardinal passa ses bras autour des épaules de ses deux amis et les serra sur son cœur. « La sœur m'a poussé à faire du ski et de la moto. Maintenant, ça va être l'alpinisme, poursuivit-il, en leur décochant un clin d'œil. Est-ce que vous espérez me transformer en sportif, Spelly, avec vos idées d'escalade en montagne ? fit Pacelli en éclatant de rire. Vous savez quoi ? s'écria-t-il, de plus en plus enthousiasme, ces prochaines semaines, faisons toutes les bêtises comme si nous étions encore des enfants ! »

Pascalina n'en revenait pas, après l'avoir vu plus tôt si distant. Quant à Spellman, il était l'ahurissement personnifié.

« Quittez cet air d'ébahissement stupide, monseigneur Spellman ! ordonna Pacelli d'un ton clair. Nous ne sommes plus au Vatican avec le Saint-Père surveillant chaque mouvement. »

Le rebelle dans Pacelli ne se montrait jamais au grand jour. Tout le monde le croyait fanatiquement dévoué à la personne du pape, épris de ses responsabilités et hanté par la perfection. Avec les années, Pascalina lui avait communiqué le désir de se détendre. Elle priait maintenant que dans les semaines à venir leur intimité à la gaieté insouciante lui rende l'esprit et le cœur du prélat.

Sans l'extérioriser, Spellman était fou de joie de voir Pacelli au naturel. « ... Il [Pacelli] n'était pas pressé de rentrer, écrivait Spellman, car il disait que là on pouvait respirer tout son saoûl, alors qu'à Rome, à nouveau avec les visites et les lettres, nous serions massacrés. »

Partir à la conquête des cîmes représentait pour les deux ecclésiastiques une aventure qu'ils tentaient pour la première fois. Mais le risque était accru pour Pascalina, qui n'avait pas plus d'expérience qu'eux dans ce domaine, et le port de sa robe de nonne donnait à l'expédition l'allure d'une gageure.

Pacelli, alors âgé de cinquante-quatre ans, était le doyen du groupe. (Pascalina n'avait pas trente-six ans, et Spellman à peine quarante et un.) Et pourtant, c'était le cardinal qui les menait bon train, leur rappelant que Pie XI avait été un alpiniste émérite avant de devenir pape et qu'ils leur fallait donc suivre les traces du Saint-Père sans aucune crainte. Selon Pacelli, prière, courage et foi en Dieu Tout-Puissant en y joignant pour chacun une corde et un piolet, constituaient l'équipement nécessaire et amplement suffisant.

La suggestion de Pascalina qu'un guide les accompagnât fut aussitôt écartée par le prélat. Que le « vice-pape » – comme certains le surnommaient – soit vu par des laïcs en train de faire de l'alpinisme flanqué d'une nonne et d'un prêtre, voilà qui donnerait pâture à la curiosité de la presse internationale et nourrirait les ragots des gens pour les siècles des siècles...

Après trois jours de fous rires et d'encouragements réciproques, mais ayant parcouru bien peu du rude parcours, ils abandonnèrent. Mais, malgré cet échec, tous trois se sentaient de la meilleure humeur. Pascalina était au comble du bonheur. Spellman put écrire dans son journal, la veille de leur retour : « Le cardinal est ravi de tout. »

La suite des vacances fut plus réaliste et connut un succès plus tangible. Avec Spellman comme chauffeur, Pacelli et Pascalina passèrent le mois suivant à voyager à loisir, en Suisse, en Autriche et en Allemagne. Le soir, ils s'arrêtaient dans des monastères, des couvents ou des presbytères.

Pour Pacelli, ce voyage scella sa récente promotion ; il put mesurer le chemin parcouru depuis la nonciature de Munich à l'aune du respect et de l'empressement dont faisaient preuve autour de lui nonnes et prêtres. Un prêtre new-yorkais de passage en Allemagne compara Spellman à un caniche de luxe, promené par son maître sur la Cinquième Avenue.

Tous trois parlaient couramment l'allemand, le français, l'italien et le latin, mais ils conversaient surtout en allemand, langue natale de Pascalina et de prédilection pour Pacelli. Pendant les trajets, Pacelli demanda à Spellman qu'il leur apprenne des rudiments d'anglais. Pascalina se montra plutôt réfractaire et Pacelli très doué. Spellman s'en extasiait et en conçut un motif de fierté pour lui-même et d'admiration, comme il se devait, pour son cardinal d'élève.

L'été passait au rythme des ballades et des cérémonies en grande pompe en l'honneur du secrétaire d'Etat. La nonne et son cher cardinal s'étaient retrouvés et se sentaient à nouveau unis comme par le passé.

« Tout ce temps, vous m'avez manqué et je vous ai souhaitée près de moi. Mais mes mains sont liées », lui confia-t-il, dans un murmure. Elle ne doutait plus qu'il désirât sincèrement l'avoir auprès de lui au Vatican, mais qu'il lui faudrait simplement attendre maintenant que l'esprit de Pacelli s'accorde avec son cœur. Le temps était proche où elle le rejoindrait.

Ce fut Spellman, et non Pacelli, qui lui écrivit le premier de Rome, après son retour dans la nonciature de Berlin. Elle sut ainsi les précautions infinies que Pacelli avait prises pour tenter de rentrer incognito au Vatican. Il avait été informé, le matin de leur départ, que deux douzaines de reporters et photographes étaient à la Stazione Termini, la gare principale de Rome, pour guetter leur arrivée. Il se vêtit d'un habit de simple prêtre et chaussa des lunettes de soleil, et Spellman, quant à lui, s'habilla en civil. « Bien que les tickets de train fussent à mon nom, écrivit Spellman à Pascalina, le cardinal fut tout de suite reconnu, et, en cinq minutes, nous nous retrouvâmes entourés... »

Mais tout s'était bien passé, la rassura-t-il, ajoutant que Pacelli était d'humeur si joyeuse après leurs vacances, qu'il faudrait maintenant bien plus qu'un peu de publicité dans les journaux, pour le froisser ou l'inquiéter.

Pascalina avait trouvé en Spellman un véritable ami et un puissant allié ; elle ne doutait pas qu'il travaillait pour elle au Vatican. Elle n'était certes pas dupe qu'ainsi il agissait au mieux de ses intérêts. L'homme savait prévoir l'avenir. Il lui écrivait souvent, racontant par le menu toutes ses démarches pour obtenir du cardinal qu'il la fasse venir.

L'appel tant attendu arriva ; il émanait de Pacelli lui-même. C'est Spellman qui avait tout fait, reconnaissait-il. L'Américain s'était attiré la reconnaissance du pape : ne lui avait-il pas obtenu un train spécial, trois voitures neuves de marque Graham Paige, et un don de 45 000 dollars du philanthrope John J. Raskob ? La liste n'était pas exhaustive.

Dans une lettre à ses parents, Spellman rapportait : « Ces cadeaux ont certainement produit leur effet et, pour le moment, je suis en fort bonne posture, contre quiconque voudrait me nuire. » Il ajouta que le Saint-Père l'avait rebaptisé « Monseigneur Précieux »... Ce fut pour lui un jeu d'enfant que de demander le transfert d'une simple nonne de Berlin au Vatican.

Peu avant Noël 1930, sœur Pascalina, pilotée par Mgr Francis J. Spellman au volant d'une vieille voiture – il était venu en Suisse la chercher – fit son entrée au Vatican. Spellman la conduisit directement au quartier réservé aux domestiques à l'intérieur du palais papal.

Pascalina renouait avec l'ordinaire qui avait été le sien, treize ans auparavant, quand elle avait rejoint Pacelli à la nonciature de Munich : laver, coudre, cuisiner, faire le ménage. A trente-six ans, elle redevenait bonne à tout faire ; mais cela lui était égal, car, désormais, elle était près de Pacelli.

V

En ce Noël 1930, Pascalina gardait encore sa vision romantique du Vatican. Cela n'allait pas durer.

La nonne était consciente qu'elle devait rester à sa place avec les domestiques pour éviter tout ennui à Pacelli. « Pour empêcher toute mauvaise impression de se répandre », dira-t-elle plus tard.

Pendant que les puissants traitaient des affaires de l'Eglise, elle s'activait en cuisine debout pendant des heures. Après le travail, Pascalina se cloîtrait dans sa chambre minuscule. Au fil des semaines, elle découvrit une société qui affichait un goût immodéré pour les valeurs temporelles, arborant des tenues somptueuses. La hiérarchie de l'Eglise lui apparaissait ne partager en rien sa vie de pauvreté, de chasteté et de stricte obéissance. La vie dure qu'elle avait menée à la ferme était encore très présente à son esprit, et, en comparaison, le Vatican paraissait pétri d'or massif plus que de l'enseignement du Christ. Elle se fit la remarque, après quelques jours d'observation, qu'il n'était pas étonnant que Mussolini se soit associé à un partenaire aussi proche de lui.

Les prélats qui résidaient dans le palais se montraient délibérément distants à son égard. Elle était prise d'incessantes inquiétudes. Le Vatican était un univers solidement constitué sur la base de la suprématie et des préjugés masculins. Elle se demandait si on pourrait jamais la tolérer et si elle-même pourrait supporter longtemps cette société de prêtres et de prélats, dans laquelle, de toute évidence, elle n'avait pas sa place.

Ses craintes étaient plus que fondées. Quelques semaines seulement après son arrivée, elle se glissa pour quelques instants hors de la cuisine du palais, pour admirer un chef-d'œuvre de Raphaël, accroché non loin de là dans un couloir peu fréquenté. Un groupe de cardinaux vint à passer ; devant la violence de leur réaction de la voir là hors de ses quartiers, elle dut littéralement s'enfuir.

Pacelli ne lui était alors que d'un piètre réconfort. Secrétaire d'Etat, le prélat était excessivement préoccupé de son image et se tenait très à distance de Pascalina. C'était à Spellman qu'il incombait de veiller sur elle. Il se montra un ami secourable pendant cette passe difficile. Le prêtre de Boston s'activait à insuffler dans la routine de la curie un dynamisme typiquement américain. D'après le biographe de Spellman, le père Robert I. Gannon, « les hommes à l'abri des vieilles murailles du Vatican n'étaient guère habitués aux qualités nouvelles et entreprenantes du jeune prêtre du Nouveau Monde. Mais ce qu'ils voyaient commençait à les intriguer de plus en plus. Son zèle, son soin et sa compétence, sa grâce en société lui avaient attiré l'attention des plus hautes sphères. »

L'étoile montante de Spellman atteignait les cimes de la hiérarchie, sans qu'il cherchât à en tirer quelque avantage. « Il n'était ni agressif, ni ne se mettait en avant, il attendait qu'on le demande, notait Gannon. Mais quand on le questionnait, il donnait son avis avec un franc-parler pétri de bon sens. Il ouvrait tout simplement la bouche au bon moment. »

Ce fut Spellman qui suggéra à Pacelli d'utiliser les qualités de Pascalina autrement que dans l'art de l'épluchage des pommes de terre.

A l'époque, l'Américain dirigeait le service de presse du Vatican. Il était entré au service des relations publiques de l'Eglise, six ans auparavant, et s'était tout de suite rendu compte à quel point son organisation était dépassée. « Il n'y avait aucun professionnel, dit-il à Pascalina. Juste quelques vieux grincheux de prêtres, qui chapitraient dûment les journalistes, pour les empêcher d'écrire quoi que ce soit, en bien ou en mal sur l'Eglise. »

Depuis toujours, le Vatican gardait de prudentes distances vis-à-vis de la presse professionnelle. On appliquait la plus stricte prudence. Toute information susceptible d'intéresser la presse, avant l'arrivée de Spellman, était soumise à la censure de la curie. Les correspondants étrangers étaient réduits à s'informer en pêchant entre les lignes de *L'Osservatore Romano*. Dans l'esprit du jeune prêtre, fraîchement débarqué à la curie, un service de presse professionnel s'avérait indispensable. Et, qui plus est, il s'était résolu à le diriger. C'est ce qu'il fit.

A chaque fois que l'occasion s'en présentait, Spellman proposait des changements dans le système de diffusion des informations. Il le faisait toujours avec beaucoup de tact, car le prêtre était trop soucieux de politique pour ne pas risquer de choquer ses supérieurs. Il faisait valoir son expérience comme journaliste et éditorialiste au journal catholique de Boston *The Pilot* ; il rappelait aussi qu'il avait été reporter local — encore lycéen — pour le *Brockton Entreprise* et le *Whitman Times*. Spellman avait obtenu de ses supérieurs de rédiger lui-même les communiqués de presse. Les correspondants étrangers qui « couvraient » la Ville sainte au milieu des années 20 furent tout ébaubis de voir un prêtre rédiger et distribuer lui-même des communiqués.

Spellman assura Pascalina qu'elle trouverait tout à fait sa place dans son service à la curie. Mais cette dernière hésitait à accepter la proposition de ce dernier.

« Je ne sais pas taper à la machine, je n'ai jamais travaillé dans un bureau.

— Je vous apprendrai », répondit-il, dans un éclat de rire.

Elle s'interrogeait aussi par égard pour Pacelli. Nul n'ignorait ici qu'elle avait été sa gouvernante à Berlin. Elle serait donc épiée par tous ceux qui jalousaient son ascension. Si elle s'avérait incompétente dans ses nouvelles fonctions, l'opprobre dont elle serait alors l'objet rejaillirait sur le secrétaire d'Etat.

Ces doutes l'honoraient mais n'étaient pas fondés. Au printemps, elle se partageait entre ses travaux à la cuisine et le secrétariat de Spellman. Elle tirait des copies propres et nettes des communiqués sur la polycopieuse et les distribuait aux journalistes. A l'occasion, elle leur servait du café pour tromper leur attente. Elle fut émue au plus haut point quand, un jour, Son Eminence le cardinal Pacelli surgit dans son bureau à l'improviste et devant les journalistes lui lança « Bravo » pour l'activité qu'elle déployait. Mais elle se sentait très seule, les employés des autres services ne se départissant pas de froideur à son encontre.

Depuis le début, la plupart des prêtres semblaient ignorer son existence. Tout ce qu'elle pouvait espérer comme signe de reconnaissance de ces prélats soucieux de leur rang et de leurs privilèges, c'était au mieux un léger signe de tête condescendant. Spellman lui recommanda de leur parler aussi peu que possible. « Le silence sur les affaires de la curie est la première règle », l'avertit-il. Il lui montra du doigt un gros poisson empaillé, accroché au mur au-dessus de son bureau ; sur une étiquette, on pouvait lire : « Si j'avais gardé ma bouche fermée, je ne serais pas ici. » Le visage rose et avenant de Spellman se mit à pétiller d'amusement devant son trait d'esprit, mais la nonne ne goûta pas ses conseils de discrétion. « Si les ecclésiastiques étaient aussi économes de leurs langues que les bonnes sœurs, le monde serait plus facile. L'une des règles tacites de mon ordre, dit-elle, est de tout observer et de ne rien répéter. »

Sa connaissance de la nature humaine et sa parfaite maîtrise de l'italien l'aidèrent vite à rompre les barrières de la curie. Elle s'attacha à calmer les jalousies et à apaiser les tensions. On la voyait souvent se porter volontaire pour achever le travail d'un tel. Spellman goûtait le tact et l'intelligence dont faisait preuve la nonne, qualités qu'il exerça lui-même à son avantage pendant toute sa vie. « Qui pourrait haïr quelqu'un qui va vous aider dans vos tâches ennuyeuses de copie ou de frappe, de tirage de discours inutiles, de traduction d'encycliques interminables, entre autres documents ? », confiait-il un jour qu'il était en veine de confidences.

Certains ecclésiastiques adoucirent leur sévérité à l'égard de Pascalina ; d'autres, au contraire, affichèrent un dédain marqué à son endroit. Elle ressentit le mépris particulier de Mgr Giovanni Montini, un employé subalterne, dactylographe et archiviste, qui lui fit clairement savoir, dès le début, qu'il ne voulait rien avoir à faire avec elle. Montini, qui travaillait dans un bureau à côté d'elle, continuait d'être le factotum aigri et déçu, préposé à de menus travaux, alors qu'on proposait à Pascalina des tâches de plus en plus intéressantes et des responsabilités croissantes.

La nonne répondait à la froideur de Montini par une attitude encore plus glaciale. Plus tard, quand l'austère et besogneux Montini en viendrait à apprécier Pascalina au point de vanter ses mérites à Spellman, elle ne se départirait jamais de sa réserve.

Pascalina se montrait cyclothymique ; elle était avenante avec tous, puis, subitement, à la moindre contrariété, dressait un mur infranchissable entre elle et les autres quand elle ne déchaînait pas sa colère contre celui qui avait eu le malheur de lui déplaire.

Elle devait un jour regretter amèrement son attitude envers Montini, quelque trente ans plus tard, quand celui-ci deviendrait pape sous le nom de Paul VI.

Ce ne fut que plusieurs mois après son arrivée au Vatican que Pascalina eut l'occasion de se retrouver seule avec Pacelli. C'était au printemps de 1931 dans l'enceinte des jardins pontificaux situés discrètement à l'arrière du palais. Le secrétaire d'Etat était en proie à une agitation inhabituelle et n'avait aucun regard pour la symphonie multicolore qui se déployait autour d'eux. Pie XI était déterminé à croiser le fer avec Mussolini. Le traité du Latran n'était vieux que de deux ans, le duce exigeait que ses amis fascistes accèdent à des positions élevées dans l'Eglise et qu'il soit mis un terme aux carrières de nombre de prélats qui avaient déplu au duce.

Pacelli reconnaissait devant Pascalina les erreurs commises au cours des négociations du traité.

« Le Saint-Père et vous-même, Eminence, étiez si préoccupés par la situation financière du Saint-Siège, que vous n'avez pas voulu prendre en considération les conséquences lointaines, lui rappela-t-elle. Je comprends bien que des mesures spéciales devaient être prises pour éviter une banqueroute. Mais, comme je l'ai déjà dit et le répète, quand on marchande avec un dictateur, on doit s'attendre au pire. Avoir accordé à Mussolini le droit de dire qui doit et ne doit pas être évêque de notre sainte mère l'Eglise a été une faute grave ! Vous, l'un des architectes principaux du traité du Latran, de même que le cardinal Gasparri et le Saint-Père lui-même, devez en supporter le blâme. »

Pacelli ne songeait pas à récuser ces accusations : elle faisait trop écho à ses propres préoccupations. Mussolini contrevenait gravement aux termes du concordat ; il persistait en effet dans son refus de lever son opposition à l'enseignement religieux dans les écoles. Il s'en tenait à une éducation publique, prérogative unique de l'Etat fasciste, gardée en dehors de la sphère d'influence de l'Eglise.

Pour sa part, le duce estimait que la papauté avait résilié le traité de son propre fait : de nombreux prêtres s'obstinaient en leur activisme politique contre le régime, pendant que des groupes d'action catholique scandaient dans les rues des slogans hostiles à Mussolini. Fait aggravant, dans l'esprit de ce dernier, l'Eglise ne faisait rien pour endiguer ce mouvement contestataire.

Le pape avait violemment démenti les accusations du duce. Pie XI avait souligné avec force que son Eglise n'autorisait aucune remise en cause dans ses rangs du gouvernement fasciste. Le secrétaire d'Etat rapportait à Pascalina que le Saint-Père était dans un tel état d'exaspération contre le dictateur qu'il agitait ses mains au-dessus de sa tête. Pie XI était convaincu que le dictateur utilisait « toutes sortes de coups politiques » pour satisfaire des fascistes en nombre croissant, qui estimaient le traité par trop favorable à l'Eglise.

A ses réunions de cabinet à Rome, le dictateur se plaignait de s'être laissé complètement berner par le Saint-Siège. D'avoir tout accordé à l'Eglise et d'avoir lui-même, athée convaincu, repris le chemin du confessionnal sans que le pape n'ait jamais voulu le rencontrer ni exprimer quelque signe de gratitude.

« Il semble qu'il puisse y avoir bientôt guerre ouverte entre les fascistes et notre sainte mère l'Eglise », fit tristement Pacelli.

En la quittant, il lui demanda son conseil, elle vit sa grande silhouette pourpre gagner la sortie des jardins, la tête inclinée pensivement. Dans les moments troublés, il s'en remettait toujours à elle, et cela, depuis treize ans. Il était parvenu à lui faire entièrement confiance. Elle ne lui avait jamais donné de raisons de mettre en doute ni son habileté, ni son honnêteté, ni sa sincérité.

« Parfois, il m'est très difficile, même gênant d'entendre vos dures paroles, lui confia-t-il un jour timidement. Mais après que mon sang bouillant s'est refroidi, je reconnais toujours combien vous aviez raison. »

Pacelli avait-il désormais compris l'importance que revêtait Pascalina pour lui et pour l'Eglise ? Allait-il définitivement l'associer à son histoire, sinon à son destin ?

Elle prit plusieurs jours avant de lui répondre. Son conseil devait horrifier le diplomate qui jamais ne sommeillait en Pacelli : « Notre sainte mère l'Eglise ne doit jamais céder à aucun mal, commença-t-elle. Le Saint-Siège doit rester libre ! Libre de nommer ses propres évêques, libre de répandre les préceptes du Christ. Le clergé doit être politiquement libre. Mieux vaut pour notre sainte mère l'Eglise retourner à Mussolini tout l'argent reçu du traité du Latran que de sacrifier ses libertés. Faites front contre cet intriguant de dictateur ! »

Pris de court, le secrétaire d'Etat tourna brusquement les talons et partit sans un mot.

Quand le cardinal rencontra le pape, il ne fit aucune allusion à la position extrême que lui avait recommandée Pascalina. Comme il le faisait souvent, Pacelli s'en tint à une ligne traditionnelle et modérée : « Votre Sainteté, peut-être devrions-nous rencontrer Mussolini et chercher à le calmer ? » proposa-t-il.

Pie XI refusa tout net. Le verbe haut, martelant son bureau du poing, il jura de prendre l'offensive et de déconsidérer Mussolini aux yeux du monde. « Nous ne céderons pas à ce diable de Mussolini ! Nous montrerons au monde ce qu'il est vraiment ! »

Pendant les mois qui suivirent, plus d'un million d'Italiens, membres de la Fédération des hommes catholiques, l'Union des femmes catholiques et les Scouts exprimèrent leur opposition ouverte à Mussolini. Ils prirent le nom de Groupes d'action catholique et défilèrent par dizaines de milliers dans les rues, aux cris de « A bas Mussolini ! »

Le duce ordonna à sa milice de les contrer à coups de matraque et d'employer toute la force nécessaire pour réprimer tout autre soulèvement.

Quand le portrait du pape fut brûlé dans les rues par les fascistes et que des photos du Saint-Père furent accrochées dans les toilettes publiques de Rome et couvertes d'obscénités, Pacelli comprit que Pascalina avait eu raison sur toute la ligne. Dans une parfaite volte-face dont il avait le secret, le secrétaire d'Etat adopta la position de la nonne. Il alimenta dès lors la rage du Souverain Pontife contre Mussolini, et cessa de contenir le pape comme il le faisait par le passé.

Dans un effort désespéré pour sauvegarder l'honneur et la fierté de l'Eglise, Pascalina proposa à Pacelli la rédaction d'une encyclique papale dénonçant les actions de Mussolini. Elle estimait qu'une telle bulle devait être diffusée hors d'Italie, puisque le duce contrôlait tous les moyens de communication. Pacelli présenta ce plan audacieux au pape. Pie XI sauta sur l'idée.

L'encyclique papale *Non Abbiamo Bisogno* (« Nous n'avons pas besoin »...) fut corédigée par le pape et Pacelli et se montrait aussi sévère à l'égard de Mussolini que Pascalina l'avait suggéré. Mgr Spellman fut chargé de diffuser l'encyclique.

« Vous devrez passer cela secrètement à Paris et le donner à la presse internationale, ordonna Pacelli à Spellman. Ne perdez pas un instant et ne vous faites pas prendre ! »

La dénonciation du pape contre le fascisme fit la « une » des journaux du monde entier, mais sa diffusion pour la première fois en France, et non en Italie, surprit et déconcerta la presse. Le bureau de l'Associated Press à Rome fut à ce point troublé qu'il rédigea cette dépêche à ses abonnés :

> « Les fascistes ont vigoureusement critiqué le pape pour la façon dont a été publiée l'encyclique. Le fait que le document ait été publié à l'étranger, sans aucun avertissement ici, ni dans la Cité du Vatican, jusqu'à ce qu'il soit

presque mis sous presse a été interprété comme un coup porté au fascisme et analysé comme l'expression d'une méfiance du pape Pie XI à l'encontre du Premier ministre Mussolini et de la censure que ce dernier aurait pu exercer contre cette publication. »

L'Eglise ne se souciait guère d'avoir froissé les susceptibilités. Pie XI avait accusé le gouvernement fasciste d'« actes d'oppression » et de « terrorisme », contre l'Eglise et les membres des Groupes d'action catholique. Le monde connaissait désormais la position du pape, en dépit du traité du Latran. C'était tout ce qui importait.

Pascalina se montrait plus inquiète que le pape ou Pacelli. L'affront public infligé à Mussolini avait provoqué une onde de choc bien plus importante que prévu. Elle craignait que les fascistes ne cherchent à se venger de Pacelli, considéré comme l'éminence grise et puissante, cachée derrière le trône de saint Pierre. Heureusement, ses craintes s'avérèrent sans fondement. L'ire de Mussolini se concentra sur Spellman.

Le Vatican redouta un temps que ce dernier soit interdit de séjour en Italie fasciste. Certains prédisaient que s'il revenait à Rome il serait immédiatement jeté en prison.

Les caricatures grossières qui parurent sur lui dans la presse italienne ne firent que mettre en verve son sens de l'humour. On le croquait dans un avion en train de distribuer des encycliques et déchirant dans les cieux la devise « Paix sur terre aux hommes de bonne volonté », pour la remplacer par : « Mort sur terre aux hommes de bonne volonté. » Une autre fois, à un aveugle qui venait lui demander de l'aide, il répondait : « C'est pour toi, lis ça ! », en lui tendant l'encyclique. La caricature qu'il goûtait le plus lui faisait distribuer des encycliques dans la rue à la manière de vulgaires tracts, un homme accourait à lui, lui disant : « Venez vite, un homme se meurt ! », et Spellman de répondre : « Dites-lui de patienter encore quelques heures, car il me reste quelques centaines d'encycliques... »

A son retour à Rome, Spellman fut en effet en butte à la vindicte des fascistes, mais rien de vraiment grave. Il accordait si peu d'importance à ces incidents qu'il n'en parla jamais à ses supérieurs ni à Pascalina.

La nonne, dont le passe-temps favori était la lecture de la presse étrangère, apprit dans un journal munichois les tracasseries auxquelles était soumis Spellman. L'article rapportait que ce dernier était surveillé par les fascistes et suivi par deux d'entre eux tout au long de la journée. Il fit tout d'abord mine de les ignorer. Puis un jour, se retourna sur eux et leur dit :

« Eh bien, me voilà. Que me voulez-vous ? » Aucune réponse. « Je serai ici demain également », et les congédia d'un : « Je suis assez grand pour prendre soin de moi. Maintenant, filez ! »

Le lendemain, ses deux anges gardiens manquaient à l'appel... Elle s'étonna devant lui qu'il eût caché le harcèlement dont il était l'objet.

« Vous êtes un si petit homme, le taquina-t-elle. Je n'aurais jamais cru que vous pouviez être aussi téméraire. » Spellman lui répondit sur le même air, faisant jouer ses biceps d'un air rogue : « Ma chère sœur Pascalina, je suis un fort bon boxeur ! » De fait, il l'était et s'entraînait au noble art plusieurs fois par semaine dans le gymnase du Vatican.

La nonne estima qu'après cette démonstration de force l'heure commandait la conciliation pour éviter la montée des violences ; après avoir attisé le feu, il fallait brandir le rameau d'olivier. Elle s'en ouvrit à Pacelli en lui recommandant de faire cesser toute activité politique ouverte de la part du clergé et d'inviter Mussolini à une audience pontificale privée « pour apaiser les blessures cuisantes du dictateur ».

En temps voulu, on fit parvenir à Mussolini une invitation à se rendre au palais pontifical, pour y rencontrer Sa Sainteté en audience privée. Le 12 février 1932, troisième anniversaire de la signature du traité du Latran, le duce se pencha sur la main du Saint-Père et baisa l'anneau du Pêcheur. Mussolini redorait ainsi un blason terni par la publication de l'encyclique. Le pape décora le dictateur de l'Ordre le plus prestigieux du Vatican, l'Ordre pontifical de l'Eperon d'or. Dès lors, ce ne furent plus des deux côtés que sourires et embrassades. Le pape promit de mettre un terme aux actions antifascistes de ses prêtres et fidèles, et Mussolini garantit que tout ce sur quoi on s'était entendu lors du traité du Latran serait appliqué par son gouvernement.

A peu d'exceptions près, la paix régna entre le Saint-Siège et le gouvernement fasciste, jusqu'au renvoi de Mussolini, le 25 juillet 1943. Les relations se détériorèrent pendant un temps, quand le dictateur conclut le pacte de l'Axe avec l'Allemagne, à la veille de la Seconde Guerre mondiale. Pie XI voulut à nouveau dénoncer le duce à la face du monde, mais il mourut au début de 1939, avant que de l'avoir fait.

A chaque fois que Pacelli hésitait à suivre les idées de Pascalina, même après son accession au trône pontifical, elle ne manquait jamais de lui rappeler que la mise au pas des fascistes avait été en grande partie son œuvre.

Au cours de l'été 1932, le pape nomma Spellman évêque auxiliaire de Boston, en récompense des services rendus. Après le départ de Spellman, si Pascalina avait été un homme, la voie royale se serait ouverte à elle ; elle serait devenue officiellement l'assistante de Pacelli. Elle restait dans l'ombre ravivant les braises du poêle et corrigeant les discours du secrétaire d'Etat, derrière un petit bureau à abattant.

Ce devait être Pie XI en personne qui reconnaîtrait ses exceptionnelles qualités. Relisant un futur discours du pape, simple routine dans les activités de la secrétairerie d'Etat, elle souligna de grossières erreurs portant sur l'ancien dogme. Elle rédigea une note à l'intention de Pacelli, suggérant d'en faire la remarque à Sa Sainteté.

Pascalina ignorait alors que le secrétaire d'Etat venait d'être appelé soudainement hors du Vatican pour une mission diplomatique. En conséquence, le mémo adressé à Pacelli ainsi que le discours corrigé du pape, de la main de Pascalina, atterrirent sur le bureau du Souverain Pontife. Pie XI, épris de perfection dans le moindre détail, fut impressionné par la pertinence de ses corrections et l'envoya quérir.

« Ainsi c'est vous, la sœur Pascalina », dit le pape, alors qu'elle se penchait pour baiser l'anneau. Ils étaient seuls au cœur de ce qu'elle considérait comme « le saint trône de Dieu sur terre ». Elle tremblait comme une feuille, envahie par la peur et l'émotion de se trouver en présence du Saint-Père. Elle vivait certes au palais depuis plus d'un an et demi, mais elle n'avait pu apercevoir le Souverain Pontife que fugitivement, depuis le quartier des serviteurs.

« Je suis heureux que vous sachiez tant de choses sur le dogme de notre sainte mère l'Eglise, fit le pape, ajoutant : Je punirai Son Eminence le cardinal Pacelli de vous faire travailler aux cuisines. On devrait faire un meilleur usage de votre talent. »

Le grand jour était enfin arrivé pour Pascalina.

Quelques heures à peine après son retour de voyage, Pacelli lui apportait la nouvelle renversante de la bouche du pape : elle devait quitter immédiatement les étages inférieurs de la curie pour les grandeurs d'en haut — les appartements du secrétaire d'Etat.

Pascalina ne savait trop que penser de sa nomination. Elle était partagée entre le désir d'enfin conjuguer son sort, à Rome, à l'aventure de Pacelli et un cas de conscience qui s'était peu à peu imposé à elle.

L'artisan de son trouble était son confesseur, un vieux *monsignore* bourru, qui s'était exclamé quand elle lui avait annoncé la nouvelle : « Ce serait scandaleux ! Et je me moque de savoir que l'idée vient du Saint-Père ! Pie XI a soixante-quinze ans. Il doit devenir gâteux. Quant au secrétaire d'Etat, il devrait avoir honte de lui-même ! Oubliez cela ! »

Les semaines suivantes, alors qu'elle ne parvenait pas à se décider, Pacelli la relança plusieurs fois. Son emploi du temps le laissait épuisé et hagard, il avait perdu plus de sept kilos, sa santé se dégradait à nouveau, il n'arrivait pas à comprendre le peu d'empressement qu'elle mettait à le rejoindre. Son impatience brutale prouvait qu'il avait plus que jamais besoin d'elle.

« Vous autres, femmes, vous êtes toutes les mêmes ! lui cria-t-il. Pendant des mois vous m'avez demandé de pouvoir venir au Vatican. Maintenant que vous y êtes et que vous avez la bénédiction du Saint-Père pour y faire ce que vous voulez, vous hésitez. » Pacelli était terriblement ulcéré, et il secouait la tête de dégoût. Elle fut surprise au-delà de tout, de le voir sous ce jour ; il ressemblait à un homme ordinaire. Elle ne put se retenir d'éclater de rire. Ce trait eut le don de détendre Pacelli. En la quittant, il lui lança d'un air faussement menaçant : « Je vais vous faire venir chercher par Sa Sainteté ! »

Le lendemain matin, lorsque Pie XI la convoqua, la nonne sut qu'elle n'aurait plus de prise sur son propre avenir.

« Ma sœur, vous allez avoir un nouveau bureau au service de Son Eminence, lui dit le pape, en esquissant un sourire grimaçant. Nous espérons que vous prendrez bien soin de lui. Maintenant, allez et faites ce que vous dit le Saint-Père. »

Dès lors, Pascalina prit son poste derrière un imposant bureau trop grand pour elle placé à la porte du secrétaire d'Etat. Elle allait bientôt se trouver au cœur d'une tempête que souffleraient les membres les plus virulents du Sacré Collège des cardinaux. Elle aurait le tort de sous-estimer l'amertume et le ressentiment des hommes rigides et implacables qui allaient lui faire face.

Son esprit pragmatique et perfectionniste ne s'encombrait pas du jeu subtil du pouvoir en usage au Vatican ni des préséances sourcilleuses. Elle ne laissait personne, quelle que soit sa position, approcher Son Eminence sans un rendez-vous. On devait respecter le temps de Pacelli ; l'ampleur de son travail ainsi que son état de santé l'imposaient.

Les vieux prélats, habitués depuis des années à aller et venir dans le bureau du secrétaire d'Etat, furent atterrés de devoir montrer patte blanche devant une nonne. Quelques-uns pensèrent au début que Pascalina plaisantait. Mais en la voyant persister à leur faire barrage devant la porte de Pacelli et leur crier : « Non ! Non ! Non ! », les vieillards en conçurent une véritable rage contre elle.

Un jour, un groupe de cardinaux se planta devant Pacelli, à sa sortie du bureau du Saint-Père. Les prélats exigèrent une explication pour « l'effronterie d'une nonne ordinaire ». Leur indignation parut à Pacelli étonnamment ridicule ; incapable de se maîtriser, il éclata de rire. Quoi qu'il en soit, il n'était pas décidé à faire machine arrière. Il avait déjà commis cette erreur lors de la confrontation qui avait opposé le personnel de la nonciature de Berlin à la nonne et s'était depuis juré de ne jamais recommencer.

« Rappelez-vous la règle d'or que les bonnes sœurs nous enseignaient à l'école, répondit ironiquement Pacelli aux cardinaux. Quand on se conduit bien, il n'y a pas de problème. La bonne sœur Pascalina peut même nous récompenser de notre bonne conduite, en se la rappelant dans ses prières. » Puis en partant, Pacelli leva la main et fit un signe de croix, plein de magnanimité.

Pascalina s'estimait heureuse. Il y avait six ans que la nonne était arrivée au Vatican, elle avait quarante-deux ans. Tous les après-midi, si le temps le permettait, ils allaient marcher dans les jardins pontificaux bien protégés et abrités, à l'arrière du palais. Ils priaient ensemble et aimaient à discuter en toute simplicité.

Pacelli était alors à deux doigts de devenir pape. Il venait d'être nommé camerlingue, ce qui revenait à en faire le directeur exécutif du Vatican, et continuait à exercer une férule toujours pesante sur Pie XI, qui baissait physiquement autant que mentalement. Le Souverain Pontife avait alors presque quatre-vingts ans, il lui restait moins de trois ans à vivre. Comme secrétaire d'Etat et camerlingue, Pacelli dirigerait le prochain conclave qui élirait le successeur au trône de saint Pierre.

« C'est une bonne relation et notre amour est l'amour respectable que Jésus lui-même bénirait », confiait-elle à son confesseur. « Avez-vous la vie d'une femme ? » demandait le *monsignore.* Elle sentait sa grande inquiétude, quand il l'observait soigneusement. Ridé et courbé par l'âge avancé, empreint de sagesse et de bon sens, sa question, étonnamment personnelle, la surprit d'abord, puis la fit s'interroger et réfléchir un instant sur elle-même. Depuis l'enfance, elle n'avait rien fait d'autre que de travailler. Cela faisait plus d'un quart de siècle qu'elle n'avait pas vu ses parents, ni aucun membre de sa famille, ni même un ami d'enfance. Et elle n'avait aucun bien à elle. Elle vivait chaque jour de sa vie dans un isolement glacial à cause des rancœurs de la hiérarchie et de la défiance des prêtres de moindre rang. Pascalina estimait qu'elle avait essayé de son mieux au début de leur plaire. Mais comme son rôle exigeait une position ferme et inflexible et que chaque fois qu'elle avait baissé la garde, les ecclésiastiques en avaient tout de suite profité, ses manières étaient devenues brusques, souvent impatientes, et toujours autoritaires. Le destin l'avait désignée pour servir Pacelli, disait-elle, car « il était encore le meilleur serviteur de Dieu sur terre ».

Un soir de cette année-là, Pacelli lui annonça que des membres du Sacré Collège des cardinaux avaient rencontré le pape, pour exiger son renvoi immédiat du Vatican. Les prélats s'étaient amèrement plaints au Souverain Pontife qu'ils n'avaient rien pu tirer de Pacelli. Ils accusaient le secrétaire d'Etat de prendre le parti de la nonne contre eux, à cause de son sentiment personnel pour elle. L'un des prélats avait même osé une remarque offensante pour Pascalina, la qualifiant de « valet femelle de Pacelli », insinuant à dessein des inconvenances, car elle s'occupait personnellement de ses appartements privés.

« Peut-être ferais-je mieux de quitter le Vatican et de m'en retourner dans la maison de repos en Suisse, lâcha-t-elle, en se dépêchant d'ajouter : pour votre bien. » Pascalina ne s'était jamais sentie si déprimée.

« Sa Sainteté ne vous autoriserait pas à partir », répliqua-t-il. Cela claquait comme un ordre et une menace pour ceux qui se dressaient contre sa volonté.

« Sa Sainteté a été scandalisée par les accusations sans fondement et a intimé l'ordre à Leurs Eminences de ne plus jamais vous contester. Le saint homme les a ensuite fait disparaître de sa vue. Je suis du même avis que Sa Sainteté, et moi non plus, je ne vous laisserai pas partir. »

Il n'aurait pas pu choisir meilleur moment pour lui révéler sa grande surprise. Il projetait de faire un voyage en Amérique. Ce serait le premier que ferait un secrétaire d'Etat. Elle serait du voyage, avec, en prime, l'autorisation et la bénédiction du pape.

Bientôt, les cabales seraient oubliées ; elle traverserait les océans pour goûter aux merveilles du Nouveau Monde que Spellman lui avait tant vantées.

VI

« Nous voguons vers les Etats-Unis, entourés d'un nuage de suspicion », écrivit Pascalina dans son journal, à l'issue de leur première soirée à bord du transatlantique *Conte di Savoia*.

De très sérieuses raisons, d'ordre à la fois politique et personnel, contraignirent Pacelli à minimiser publiquement la portée de ce voyage. « Je vais simplement en vacances en Amérique, répondit-il à un journaliste de l'Associated Press, avant d'embarquer. J'ai très envie de voir les Etats-Unis et mon voyage n'a absolument aucun caractère politique. » Mais les dénégations du secrétaire d'Etat du Vatican ne convainquirent ni le *New York Times* ni d'autres grands quotidiens de par le monde.

Etait-il crédible que le cardinal Pacelli effectuât ce voyage historique à un moment aussi crucial pour l'Eglise, en invoquant son seul amusement ? Pacelli avait trop de responsabilités pour quitter Rome aussi longtemps, alors que le pape, qui approchait de quatre-vingts ans, n'était pas en très bonne santé. Le *Times* annonça que Pacelli était contraint de se rendre aux Etats-Unis, à cause d'un grave différend qui opposait le Saint-Siège à l'administration Roosevelt. « Il va très certainement rencontrer le président Roosevelt, affirmait le quotidien, et il va aussi étudier la situation engendrée par les attaques radiophoniques du révérend Charles E. Coughlin contre le président Roosevelt. »

La zizanie entre l'Eglise et l'Administration américaine surgit quelques années plus tôt, quand un prêtre canadien, décidé à anéantir Franklin D. Roosevelt et son New Deal, s'installa derrière un micro radiophonique à Détroit, et se mit à lancer des attaques contre le nouveau président, en le traitant de « menteur », de « roublard » et de « dictateur parvenu à la Maison Blanche ». Ce prêtre n'obéissait en rien à la ligne de conduite de neutralité politique adoptée par l'Eglise, mais il enflamma tant et si bien les esprits des catholiques qu'on assista bientôt dans tous les Etats-Unis à une levée de boucliers contre le président.

Les courriers affluaient vers ce prêtre, il recevait parfois jusqu'à 350 000 lettres de soutien par semaine. Ainsi ce prêtre « hertzien » devint-il célèbre et redoubla-t-il de virulence contre Roosevelt. Tous les dimanche après-midi, depuis son sanctuaire de la Petite Fleur à Royal Oak, l'ecclésiastique s'adressait au pays, à travers un réseau de stations de plus en plus nombreuses. Ses partisans se comptèrent bientôt par millions, et quand Roosevelt chercha à se faire réélire en 1936, l'influence du prêtre sur le vote catholique était devenue considérable.

La politique de New Deal avait certes l'approbation des libéraux du pays, mais des millions de conservateurs y voyaient une menace pour leurs libertés et leurs privilèges. Pour le président, dont toute la stratégie électorale reposait sur le contrôle des différentes minorités du pays, le vote catholique était primordial. C'est pourquoi Coughlin, qui revendiquait la maîtrise de ce vote, représentait une telle menace. Un sondage, publié par le *Literary Digest,* le magazine le plus lu de l'époque, ne mettait pas seulement en doute la réélection du président démocrate, mais prédisait un raz-de-marée en faveur de son adversaire républicain, le gouverneur Alfred M. Landon du Kansas.

Le Vatican était placé en porte à faux, à cause de ses liens avec Roosevelt et de sa crainte de l'influence du père Coughlin qui tout en étant un prêtre des rangs subalternes du Saint-Siège, n'en avait pas moins acquis une considérable emprise sur les esprits catholiques en Amérique. Avant l'arrive de Coughlin sur le devant de la scène, au début des années 30, il n'existait absolument aucune ombre entre le Vatican et la Maison Blanche. Soucieux de continuer à tisser des liens durables avec les catholiques américains, Roosevelt leur avait proposé un plan destiné à reconnaître officiellement le Vatican comme Etat indépendant. Le président, en personne, en avait aimablement discuté avec Joseph P. Kennedy, qui serait ensuite nommé ambassadeur à la cour de Saint James, et avec l'évêque Francis J. Spellman *. Ce dernier était, à l'époque, le clergyman en faveur auprès de Roosevelt. On le savait aussi intime du secrétaire d'Etat. Il importait à l'Eglise que Roosevelt fût réélu, car on était sur le point de procéder à un échange officiel d'ambassadeurs entre la Maison Blanche et le Vatican.

Non seulement Coughlin avait enfoncé un clou dans les pourparlers diplomatiques entre l'Eglise et l'Administration mais le Saint-Siège commençait à cause de lui à endurer de sérieuses difficultés financières. Des millions de catholiques se mirent à verser au prêtre des fonds de soutien, par dizaines de millions de dollars, qu'ils auraient autrement destinés à l'Eglise. On put voir se créer un clivage dans les rangs des catholiques américains : un nombre croissant d'entre eux était convaincu que le père Coughlin défendait mieux leurs intérêts.

La hiérarchie catholique aux Etats-Unis était dans sa grande majorité affolée et impuissante devant le pouvoir grandissant de Coughlin, mais il ne s'était trouvé qu'un seul prélat pour oser le dénoncer publiquement : le cardinal William O'Connell, archevêque de Boston et doyen des évêques. Le vieil homme était ivre de rage devant la chute spectaculaire des rentrées dans son propre diocèse ; il traita maladroitement le prêtre de « démagogue », depuis sa chaire de la cathédrale de la Sainte Croix à Boston, ordonnant à ses fidèles de ne plus écouter les

* Pendant la Première Guerre mondiale, alors que Roosevelt était vice-secrétaire d'Etat à la Marine, et Spellman prêtre à Boston, Roosevelt se souciait si peu de ce dernier qu'il lui refusa la modeste requête d'une simple aumônerie. Spellman fit ensuite appel de ce refus, et Roosevelt fut à ce point irrité par l'obstination effrontée du prêtre, qu'il s'attacha à mettre un veto à son affectation

incitations au désordre du prêtre, et de cesser de lui envoyer des subsides.

Cet opprobre public déchaîna l'indignation de nombre de catholiques, scandalisés que le cardinal eût pu s'en prendre ouvertement à un prêtre de son Eglise. Les dons se multiplièrent en direction de ce dernier et, dans le même temps, les contributions au Saint-Siège chutaient vertigineusement.

Selon toute probabilité, supposait le *New-York Times,* Pacelli « apportait au président Roosevelt l'assurance formelle que le Vatican ne soutenait en aucun cas les attaques de Coughlin contre lui », et que la visite prévue du secrétaire d'Etat chez le président, « allait consacrer le désaveu du Vatican envers le père Coughlin et prouver au monde que l'Eglise catholique n'était en aucune manière hostile à la politique du président Roosevelt ».

D'après le *New-York Times,* l'Eglise, jouant tel un équilibriste avec sa neutralité politique, laissait deviner son soutien pour la réélection de Roosevelt à la présidence. En retour, le Vatican serait reconnu officiellement.

On était à quelques semaines de l'élection présidentielle de novembre ; aussi Pacelli, secrétaire d'Etat d'un Etat religieux et neutre, devait-il déployer toute sa diplomatie, pour favoriser la réélection de Roosevelt sans le laisser percer. Dans le climat psychologique de l'époque, avec la virulence des sentiments que Coughlin avait suscités contre l'Administration démocrate, la moindre marque de sympathie de l'Eglise envers Roosevelt provoquerait un scandale dont nul ne pouvait prévoir les retombées.

Spellman semblait hors d'haleine, quand il réussit enfin à contacter le secrétaire d'Etat à bord du navire. Les propos de l'évêque ne laissèrent pas d'inquiéter Pacelli. Le président était fou de rage contre le père Coughlin ; il était persuadé que les attaques de plus en plus féroces du prêtre faisaient mouche et qu'il avait déjà dressé des millions de catholiques contre son New Deal. Ses chances de l'emporter lui paraissaient fortement compromises.

Avant que Pacelli ne quitte Rome, Spellman lui avait dit combien il importait de calmer le président. Il avait suggéré que même si le Saint-Siège ne pouvait pas soutenir ouvertement

Roosevelt, du moins Pacelli devait-il lui rendre visite. Ce dernier avait accepté, mais à condition que l'entrevue restât secrète, de même pour la réunion préparatoire qu'aurait Spellman avec le président.

« Le présisdent a organisé la visite de telle façon qu'aucun journaliste ni quiconque en dehors de ses proches, ne soit au courant de ma venue », assura Spellman à Pacelli.

Comme le *Conte di Savoia* s'engageait dans la passe du port de New York, Pascalina alla s'accouder au bastingage, seule sur le pont supérieur, avec le vent vif d'octobre qui faisait ondoyer ses robes noires. Elle pouvait distinguer Pacelli, donnant sa bénédiction à la foule des passagers, depuis la passerelle de commandement.

Le soleil déclinant se mélangeait au mauve du manteau romain du prélat. A cet instant, le pont devenait le trône à partir duquel le cardinal secrétaire d'Etat prodiguait sa bénédiction à New York. Au-dessous, la mer écumait dans des tons verts, bleus et pourpres, avec des lueurs dorées, qui reflétaient les rayons faiblissants du soleil. Pascalina aperçut des escadrilles d'avions, qui faisaient de la voltige au-dessus d'eux pour les saluer à l'américaine. Leur vaisseau dépassa la statue de la Liberté et cingla en direction de l'Hudson. La rivière était couverte d'embarcations de toutes sortes, toutes venues accueillir l'émissaire du pape. Il y avait des bateaux à perte de vue, des steamers de tourisme, des yachts, des péniches, des canots à rames, et presque tous arboraient les couleurs papales, jaune et blanc.

Soudain, retentit l'explosion assourdissante du salut officiel. Les bâtiments de guerre de l'US Navy tiraient des salves d'honneur et en même temps les bateaux-pompes coloriaient tout le port de leurs jets irisés de tous les tons. Tout au long du quai, se pressait une foule considérable en liesse.

« Je tremble de joie, écrivit Pascalina à la hâte, si bouleversée qu'elle voulut coucher ses impressions sur le papier. Je suis très heureuse et excitée. C'est comme si j'avais 15 ans à nouveau, à Munich durant les jours fabuleux de l'Oktoberfest, avec Maman et Papa. Quelqu'un montre le ciel du doigt, et dit : "Voilà la Radio City et le Waldorf Astoria." Je vois aussi l'Empire State Building. Il est haut et droit, comme Son Eminence. Quel magnifique spectacle ! » Son Eminence allait avoir à faire car la presse montait déjà à l'assaut de l'échelle de coupée.

D'après Gannon, le biographe officiel de Spellman, le transatlantique n'avait pas plutôt accosté dans le port de New York que le « visiteur distingué (Pacelli) mit les reporters à leur aise et les charma par son affabilité et son esprit, sans dire une seule chose dans le même temps ».

Choisissant le bon moment, Pacelli lut une déclaration soigneusement préparée :

> « En dépit du caractère privé de ma visite, je sais bien que je dois offrir mon petit tribut aux représentants de la presse, comme une sorte de "taxe journalistique d'entrée" aux Etats-Unis. Donc, je suis heureux de dire que le Saint-Père, tout entier absorbé par les lourds fardeaux de son office apostolique, avec son énergie toujours jeune et une inlassable dévotion, travaille sans cesse, avec tous les moyens dont il dispose, à étendre à tous les peuples et à tous les pays, pris dans leurs difficultés actuelles, l'aide et l'encouragement incomparable, que l'on ne trouve que dans les préceptes du Christ. »

La version tout à fait différente de la presse, sur l'arrivée de Pacelli, fut exprimée par Barret Mc Gurn, un reporter qui suivit par la suite les affaires du Vatican, pendant tout le règne de Pacelli devenu Pie XII :

> « L'une de mes premières missions de jeune journaliste dans un quotidien new-yorkais fut de me joindre aux photographes et éditorialistes du journal, par une fraîche matinée de 1936, et d'interviewer le cardinal secrétaire d'Etat, à son arrivée dans le port de New York.
>
> Nous nous frayâmes un chemin jusqu'à la passerelle, quand le transatlantique accosta... Nous nous engouffrâmes dans d'étroits couloirs, montâmes des escaliers. Le cardinal nous attendait dans l'un des couloirs les plus larges. Le dignitaire du Vatican [...] souriait cordialement, mais avec un soupçon de froideur, ne nous invitant nullement à user de la rude camaraderie, que tous les

reporters et cameramen, ultra-démocrates, estiment être leur privilège. Il y avait là un air bien continental de courtoisie et de dignité, qui nous impressionnait tous, et nous bloquait quelque peu.

Pendant toute son interview, Pacelli resta dans sa coquille. Des assistants dirent qu'il n'était pas ce que le monde croyait. Certains de ses collaborateurs les plus intimes dirent qu'il leur était incroyablement difficile, même à eux, de pénétrer les arcanes de son âme.

On pouvait tout à fait soupçonner que le prélat du Vatican, principal assistant du pape Pie XI, était venu faire taire le prêtre du Michigan [le père Coughlin] et sortir l'Eglise catholique des rêts de la campagne américaine [présidentielle].

L'interview se termina en quelques minutes. Le cardinal produisit une déclaration préparée. Elle nous disait qu'il était là en vacances et qu'il était ravi à l'idée de découvrir une partie aussi dynamique et aussi importante du monde que les Etats-Unis. Il n'y eut pas un mot sur le tribun radiophonique du Michigan.

Les doyens de notre groupe de journalistes tentèrent bien de poser quelques questions sur le prêtre de Détroit, mais un sourire distant, insondable et non moins déterminé, furent tout ce qu'ils reçurent comme réponse. Le jeune monseigneur américain aux joues rondes [Spellman] ne jugea pas utile, au côté du cardinal, de risquer quelque initiative. Il était évident qu'en contribuant à cette déclaration sagement apolitique, le prêtre américain avait déjà dispensé amplement ses avis sagaces.

Nous avions devant nous, pour cette interview tout à fait insatisfaisante, deux des plus influentes figures de la génération, alors montante, du catholicisme américain et mondial. »

Malgré toutes les « une » des journaux consacrées à l'arrivée du cardinal secrétaire d'Etat dans ses moindres détails, il ne fut fait aucune mention de Pascalina. Au moment précis où toute l'attention générale était tournée vers le gouverneur Herbert Lehman et le maire Fiorello La Guardia, qui s'avançaient au devant des dignitaires d'Eglise assemblés et baisaient l'anneau de Pacelli, Pascalina descendit du bateau sans être remarquée. Pendant toutes les festivités d'accueil, elle n'était pas apparue une seule fois. Et, pas un moment, on ne s'inquéta de son sort. Personne n'éprouvait le besoin de cacher sa présence. Tous, même les journalistes qui rôdaient et l'apercevaient, la prenaient pour une simple servante.

Pendant que le secrétaire d'Etat et son imposante suite quittaient la jetée à bord de somptueuses limousines, dans le vacarme des sirènes hurlantes des motards de la police, on convoya Pascalina dans une petite Ford noire réservée à son usage par l'attentionné Spellman.

Pacelli alla rendre une visite officielle dans sa résidence new-yorkaise à l'archevêque cardinal Patrick Hayes ; pendant ce temps, la nonne gagnait directement la propriété à Long Island de la richissime duchesse Genevieve Brady, où séjournerait Pacelli.

Pascalina n'avait jamais rien vu qui ressemblât à Inisfada, le domaine des Brady, dans l'Etat de New York, hormis les palais du Vatican. Il faisait déjà nuit quand elle arriva, et la longue route sinueuse qui menait à l'imposante demeure était illuminée par de hauts cierges alignés par centaines, leur lueur frémissant dans la brise de cette calme soirée d'automne. Quand elle pénétra à l'intérieur de cette demeure, elle y fut accueillie par un amoncellement de roses. Une foule d'invités étaient déjà là, des politiciens, des philanthropes et des magnats de l'industrie et de la finance, accompagnés de leurs femmes, somptueusement vêtues de plumes et de fourrures. Disséminés dans ce groupe parlant fort, où ne figurait que l'élite de la ville, on apercevait des cardinaux, des évêques et des archevêques en grande tenue.

Une femme de grande prestance et d'âge mûr, manifestement la duchesse Brady, recevait ses hôtes dans le grand hall, au-dessous d'un chef-d'œuvre de la Renaissance italienne représentant le Christ et la Sainte Vierge.

Pour Pascalina, tout ce beau monde avait l'air trop frivole et trop bien mis. La boisson, les conversations futiles, les rires trop faciles, le vacarme de la musique d'orgue, tout cela exaspérait la nonne. Cette soirée allait être épuisante de vaine mondanité.

Au premier coup d'œil, Pascalina sut qu'elle n'aimerait pas la duchesse Brady. Elle ne s'attendait pas non plus à plaire à l'influente femme du monde. Depuis des années, la nonne entendait les prélats du Vatican tisser un chœur de louanges sur la richissime américaine.

Dans l'esprit de Pascalina, il ne faisait aucun doute que les qualités que l'on reconnaissait à Genevieve Garvan Brady et l'adulation qu'on lui servait étaient directement proportionnelles aux quelque 50 millions de dollars que son défunt mari, Nicholas Brady, avait eu le bon goût de lui laisser.

Les Brady passaient tous leurs étés à Rome et étaient devenus les enfants chéris des cardinaux et archevêques du Vatican. Des années durant, ils avaient engraissé les prélats aux riches robes, dans leur domaine splendide de Casa del Sole, au sommet de la colline du Janicule. Déjà dans les années 20, Genevieve et Nicholas Brady avaient une réputation de générosité envers l'Eglise. Genevieve, surtout, était spécialement prodigue en cadeaux de prix, pour ses cardinaux et archevêques préférés. Spellman, l'un des favoris de Madame Brady depuis ses premiers jours à Rome, avait été à l'origine des honneurs que l'Eglise lui décerna. Elle fut reçue dans l'ordre des Chevaliers de Malte, elle portait le titre de Dame de Malte. Par la suite, elle fut faite duchesse de la cour pontificale.

Pascalina interpella Pacelli sur cette nouvelle distinction. « Quelle est la signification, aux yeux de Dieu, du titre de duchesse ? » Pacelli répondit d'un air presque penaud : « C'est simplement pour satisfaire un caprice de Genevieve. »

A peine la nonne avait-elle fait ses premiers pas dans la vaste entrée en marbre que la duchesse Brady accourut vers elle.

« Ma chère mère Pascalina ! s'exclama-t-elle avec une exubérance qui parut tout à fait déplacée à la nonne. Quelle surprise inattendue ! Je n'avais pas songé que vous seriez autorisée à voyager avec Son Eminence. »

La duchesse avait l'art d'enfoncer le clou. S'il y avait quelque chose qui révulsait Pascalina, c'était bien de s'entendre appeler « mère », appellation réservée aux vieilles nonnes.

Pascalina esquissa un bonjour, fit un demi-sourire et garda une attitude réservée. La nonne était assurément la plus belle femme de l'assemblée. Elle ne put s'empêcher de ressentir une certaine satisfaction de voir ainsi les regards admiratifs converger vers elle. Mais la nonne reprit le dessus sur la femme, elle balaya ce sentiment par trop narcissique. Après avoir sacrifié aux civilités d'usage, elle s'avisa de vérifier les conditions d'hébergement du cardinal Pacelli.

« Je voudrais voir les appartements de Son Eminence », dit Pascalina à la duchesse, d'un ton qui ne souffrait aucun retard. Je voyage avec Son Eminence, car il s'est surmené au travail. Sa santé est fragile. Comme vous le savez, je suis son intendante et mon premier devoir est de veiller à ce que personne ne trouble son esprit sacré. Il doit pouvoir se reposer sans être dérangé par la frivolité. »

Elle savait qu'elle aurait été mieux avisée de se montrer moins mordante envers son hôtesse. Elle aurait gagné à se montrer plus sociale, plus amène. C'était au-dessus de ses forces, son caractère la poussant à exacerber son sens du devoir envers Pacelli et à agir de manière autoritaire pour que tout soit conforme à sa grandeur et à ses exigences de quiétude.

Pascalina traversa vivement le cercle des invités qui lui prodiguaient une attention flatteuse. A peine un sourire, c'est tout ce qu'ils purent tirer de la nonne.

Pascalina soumit les appartements de Pacelli à un examen en règle : la duchesse n'avait absolument rien laissé au hasard, et tout était d'un goût parfait jusqu'aux roses rouges et blanches, les préférées de Pacelli, et les veilleuses qui brûlaient sur l'autel spécialement édifié contre un mur de l'immense chambre étaient du meilleur effet. Il n'y avait absolument rien à redire ni à retoucher. La duchesse s'était montrée une mère tout aussi attentive que Pascalina elle-même.

Mais la nonne reçut le coup le plus humiliant le soir même, quand la duchesse escorta personnellement à ses appartements le cardinal secrétaire d'Etat. S'ils avaient été au palais pontifical, Pacelli, qui était d'ordinaire si réservé et sans égards quand ils étaient seuls, n'aurait même pas remarqué les efforts déployés par Pascalina. Mais avec la duchesse Brady, il en était autrement.

« Oh, duchesse, tout est si beau ! », s'extasiait-il. Des années plus tard, Pascalina se souvenait de cet épisode : « J'aurais voulu entrer là-dedans et dire son fait à Son Eminence. »

Depuis presque vingt ans de vie commune avec Pacelli, Pascalina s'était habituée à rester en coulisses ; aussi lorsqu'il lui recommanda de rester la plus discrète possible au moment où tous les feux étaient braqués sur lui, ne s'offusqua-t-elle pas. Elle se cloîtra donc chez la duchesse Brady. Pendant ce temps, Pacelli rencontrait les membres du haut clergé américain.

« Son Eminence est allée en haut de l'Empire State Building aujourd'hui, écrivait Pascalina dans son journal. Quand il est rentré ce soir, il avait l'air d'un petit garçon, tellement excité, et il m'a raconté comme il pouvait voir au loin avec le télescope... Son Eminence a l'intention de visiter beaucoup d'endroits : Liberty Bell, Washington la capitale, où il parlera au National Press Club ; Notre Dame University, pour y recevoir le titre de docteur *honoris causa,* Boulder Dam, Grand Canyon, Hollywood (pour assister au tournage des films), les chutes du Niagara. Je suis heureuse de voir Son Eminence si réjouie. »

Mais la mission du cardinal secrétaire d'Etat n'était pas faite que de loisirs. Durant les trois semaines suivantes, Pascalina ne vit que très peu Pacelli ; il sillonnait les Etats-Unis en avion spécial. Le prélat en action couvrit seize mille kilomètres, rencontra lors de réunions confidentielles soixante-dix-neuf évêques, au point que la presse en vint à le surnommer « le cardinal volant ».

Elle avait quelques idées sur les agissements politiques de Pacelli. Mais ce fut quand il l'emmena en limousine à Boston pour une rencontre d'extrême urgence avec le cardinal William O'Connell que Pascalina comprit les graves implications qui naîtraient de leur visite aux Etats-Unis. Depuis des années, le cardinal O'Connell régnait sans partage sur l'esprit et la vie des Irlandais de Boston. Elle n'avait jamais rencontré à Rome le légendaire O'Connell, qui exerçait un pouvoir considérable sur l'Eglise américaine. Bien qu'il ne fût jamais convoqué officiellement au Vatican sous le règne de Pie XI, le prélat avait autrefois trouvé maints prétextes pour se rendre à Rome régulièrement. Le Vatican estimait désormais qu'il était sage de demander son avis au très haut et très auguste O'Connell. Le pape avait conseillé à Pacelli d'assurer le prélat de son soutien total contre Coughlin.

A chaque fois que la nonne avait entendu parler du cardinal de Boston par les membres de la hiérarchie du Vatican, c'était comme s'il s'était agi d'un deuxième pape. Certes le domaine de O'Connell ne dépassait pas le diocèse de Boston, mais cet autocrate représentait, à lui tout seul, une vraie loi d'Eglise. Aux yeux de beaucoup, O'Connell écrasait Pie XI, et pour certains, il n'était pas loin de représenter une menance pour le Christ Lui-même...

De prime d'abord, Pascalina ne put déterminer ce qui dans l'attitude étrange et parfois peu chrétienne de O'Connell pouvait fasciner ses interlocuteurs. Tout ce qu'elle avait entendu dire sur le cardinal archevêque vieillissant le dépeignait à l'opposé de Pacelli. Elle savait que le cardinal de Boston était largement impopulaire chez les libéraux, à cause surtout de son emprise de fer sur les catholiques. La méthode de O'Connell était de fouetter les esprits irlandais bostoniens, en leur imprimant une foi fanatique dans le Christ. Il leur insufflait une peur obsessionnelle de Dieu Tout-Puissant et du spectre de l'enfer.

Pacelli agissait tout à fait autrement. Sa méthode était celle d'un diplomate et consistait à ramener doucement les catholiques dans l'amour de Jésus ; il convertirait ainsi le cœur de millions de gens.

Les deux cardinaux étaient au physique aussi différents qu'ils l'étaient de tempérament. Pacelli était fragile et donnait l'impression d'une dévotion extrême. O'Connell était dur et gigantesque, plutôt l'archétype du leader syndical irlandais à gros bras de l'époque, toujours prêt à en découdre avec quiconque, homme ou institution, se dressait devant lui.

Mais elle ressentit immédiatement un dénominateur commun entre les deux prélats, autre que le chapeau rouge. Les deux hommes faisaient un complexe maternel. La nonne s'identifia facilement à cette particularité, car elle était elle-même encline irrésistiblement à materner ce genre d'hommes.

Durant le trajet vers Boston dans la limousine fournie par la duchesse Brady, Pascalina sentit Pacelli mal à l'aise. Elle comprit qu'il appréhendait sa rencontre avec O'Connell et qu'il avait besoin de son soutien moral ; c'était la raison pour laquelle il lui avait demandé de l'accompagner. Spellman était de la partie et semblait nerveux. Le cardinal O'Connell était son supérieur ; malgré son intimité avec le pape et Pacelli, la vie de Spellman était rendue très difficile par l'archevêque de Boston.

Le cardinal O'Connell n'avait jamais voulu de Spellman comme évêque auxilliaire de son diocèse. Mais Pie XI, qui en avait assez de cet arrogant prélat, avait résolu de moucher le vieillard en lui imposant son protégé. Le Souverain Pontife avait ainsi consacré Spellman évêque de Boston en 1932, lui garantissant, par là-même, la succession au poste d'archevêque, à la retraite ou à la mort de O'Connell. De ce jour, Spellman vécut un enfer...

L'évêque sortit un pense-bête de sa poche et lut à haute voix quelques traits que le cardinal lui décochaient à l'envi :

« Je pense qu'il ne sera pas peine perdue de vous conseiller... de ne vous faire aucune fausse illusion sur votre importance. » « L'une de vos récentes lettres avait un air d'arrogance, trait qui sied mal à un subordonné. »

Quelques heures plus tard, le cardinal archevêque O'Connell se tenait sous les arcades impressionnantes de sa somptueuse résidence pour accueillir ses visiteurs. Il les salua avec aménité, voire avec une pointe d'exubérance. Pascalina fut enchantée par la grâce des manières de O'Connell et par le charisme qui émanait de cet homme hors du commun.

Pouvait-ce être le même homme qui avait si violemment combattu l'élection de Pie XI lors du conclave de 1922 ? Des années plus tôt, Pacelli lui avait rapporté que O'Connell avait tout bonnement accusé le cardinal secrétaire d'Etat Gasparri d'avoir délibérément truqué le scrutin en faveur de celui qui n'était encore qu'Achille Ratti.

« C'est une grande tromperie ! » avait-il lancé à l'époque à Gasparri.

Pie XI n'avait jamais oublié l'insulte ; O'Connell non plus. Les quatorze années suivantes ne le virent que rarement au

Vatican. Paradoxalement, c'est à Rome que O'Connell avait entamé son ascension et connu de grandes joies. Dans sa jeunesse, il avait passé six ans dans la Cité Eternelle, comme supérieur du Collège nord-américain. Mais sous le règne de Pie XI, l'animosité n'avait fait que s'accroître régulièrement des deux côtés.

« Laissez parler les mauvaises langues ! » avait un jour écrit O'Connell à Spellman, en réponse aux critiques du Vatican sur les scandales de l'archidiocèse de Boston. « Elles n'ont aucune importance », ajoutait le prélat, redoublant de rancœur à l'égard de ses détracteurs du Vatican. « Boston est, semble-t-il, la cible de la jalouse malveillance des incapables et des envieux, qui ne savent que détruire sans jamais rien construire, pas même une conscience chrétienne. »

Après des années d'hostilité entre l'administration pontificale et O'Connell, ils se retrouvaient réunis en 1936 par un ennemi commun : le père Charles Coughlin.

O'Connell se montrait tout sourire et très compréhensif envers Pacelli. Le vieux cardinal alla même jusqu'à flatter Spellman, et fit assaut d'aménités à l'endroit de Pascalina. Le prélat avait la réputation de tenir les nonnes pour quantité négligeable, mais ce jour-là, il insista pour se mettre derrière son piano à queue et jouer un délicieux menuet, qu'il avait composé, prétendait-il, et qu'il lui dédiait. Comme si l'expression de ses talents artistiques ne lui semblait pas assez probante, Pascalina put constater le saisissement qui s'empara de Pacelli, quand le cardinal de Boston commença à déclamer une scène qu'il avait écrite pour son actrice favorite, Greta Garbo. Spelleman se tenait nerveusement sur le bord de son siège pendant la lecture fort longue à laquelle O'Connell donnait des effets mélodramatiques ; il tressautait sur son siège, l'expression du visage, les yeux fixes, soulignant l'extrême attention qu'il portait à la prose de l'archevêque.

Pascalina se rendait compte que l'apparente concentration de Spelleman était celle d'un homme terrifié par l'inextinguible crise de fou rire qu'il sentait naître en lui et qu'il tentait désespérément d'endiguer.

Toute conversation futile cessa après le dîner. Ils étaient alors confortablement installés dans la bibliothèque du prélat, savourant un cognac ; Pacelli expliqua que Pascalina était là pour prendre des notes.

O'Connell entra dans le vif du sujet avec son formidable abattage et sa légendaire emphase. Pacelli était venu aux Etats-Unis à la demande du cardinal O'Connell et du président Roosevelt, pour faire taire le père Coughlin. Roosevelt insistait depuis des mois pour que le Vatican prenne des mesures draconiennes avant les élections contre son plus virulent détracteur. Mais c'est O'Connell, voyant son pouvoir sérieusement menacé et son trésor mis à mal par la défection de ses ouailles, qui avait fait les demandes les plus pressantes pour que le Vatican règle le cas de Coughlin, une bonne fois pour toutes !

En entendant Pacelli rendre compte au cardinal de Boston de ses conversations secrètes avec soixante-dix-neuf évêques américains, Pascalina comprit pourquoi O'Connell avait affiché autant d'amabilité ce soir-là. Pacelli avait merveilleusement réussi à court-circuiter Coughlin d'avec toute la hiérarchie catholique des Etats-Unis. Il avait procédé à l'instar d'un conseil d'administration d'une grande société qui se réunit pour juger à huis clos l'un de ses membres en son absence. Le verdict était tombé : Coughlin le parvenu serait renvoyé. Coughlin fournirait lui-même toutes les explications nécessaires en prétextant des convenances personnelles. Quant à Pacelli, il maintiendrait sans dévier qu'il « avait passé d'agréables et religieuses vacances aux Etats-Unis ».

Alors que l'archevêque cardinal O'Connell raccompagnait Pacelli, Pascalina et Spellman à leur voiture, son fidèle scottish-terrier aboyant à ses côtés, la nonne comprit clairement comment ce fils d'immigrés irlandais, personnalité complexe, plein de cran et de mordant, était devenu un homme riche et puissant. Il était de la race des survivants. Les ennemis lui avaient donné le sobriquet de « Bill la Passerelle » car il partait souvent en croisière aux Bahamas, pour chasser sa mélancolie. Il avait fait trois dépressions nerveuses. Son neveu, Mgr J.P.E. O'Connell, que le cardinal avait fait chancelier de l'archidiocèse de Boston, avait été chassé de l'Eglise à la suite d'un sordide scandale sexuel. Pis encore, un meutre avait été commis dans sa propre maison par l'un des serviteurs.

O'Connell avait fait jouer à fond son immense entregent pour étouffer ces événements peu reluisants.

La rencontre avec le vieux prélat, malgré son air paisible, avait été terriblement tendue. Pascalina était reconnaissante à Spellman d'être venu. Il avait le chic pour détendre les situations les plus crispées. Sans lui Pacelli et elle auraient mis des heures à retrouver leur sérénité ! Dès qu'ils furent installés dans la limousine, Spellman s'employa à leur changer les idées. L'évêque usa de toute sa force de persuasion pour qu'ils fassent un détour jusqu'à sa ville : Whitman. Spellman voulait absolument leur montrer la résidence, « tout à fait élégante », qu'il avait fait construire pour sa famille. Parti de rien, il était maintenant devenu le célèbre évêque auxiliaire de Boston. La nonne venait d'un humble milieu et comprenait à quel point il importait à l'Américain de recevoir « at home » le cardinal secrétaire d'Etat. Après tout, on était en Amérique où l'on affichait de bon gré sa réussite.

« Eminence, nous allons à Whitman, implora Pascalina, joignant ses prières à celles de Spellman. Cela nous fera le plus grand bien de nous détendre. »

Le cardinal secrétaire d'Etat était encore d'humeur sombre, aussi prit-elle les devants :

« Chauffeur, conduisez-nous à la résidence de Son Excellence, à Whitman. »

Pacelli la regarda, d'un air faussement contrarié. Dans le même registre, elle le toisa d'un air provocateur.

« Quelle femme dure vous faites ! » s'écria le prélat en lui tapotant la main. Et tous trois d'éclater de rire.

Comme Pascalina s'en doutait, les photographes des journaux de Boston et de Whitman les attendaient dans l'allée circulaire qui menait à l'impressionnante villa de Spellman ; les flashes crépitèrent. Après leur départ de Boston, Spellman avait invoqué un besoin pressant pour s'arrêter à une station-service où Pascalina l'avait vu se diriger vers une cabine téléphonique. Elle connaissait la ruse de Spellman, mais n'en dit rien à Pacelli, se doutant en son for intérieur qu'il était en train d'organiser le comité d'accueil.

Pacelli, qui aimait la publicité tout autant que Spellman, avait l'air parfaitement détendu au milieu de la cohue des reporters. Son sourire s'épanouissait largement, car personne ne lui posa de question embarrassante sur le motif de sa visite aux Etats-Unis.

Quand les photographes tentèrent de prendre la nonne en photo, le cardinal secrétaire d'Etat les arrêta d'un geste brusque. Ils en restèrent donc là de leurs velléités.

La luxueuse villa de style italien captiva l'intérêt — réel ou simulé ? — de Pacelli. Il s'extasiait à tout bout de champ, allant répétant son expression favorite : *« Fantastico ! Fantastico ! »*

Pascalina, pour sa part, se demandait comment celui qui n'était qu'un simple prêtre, il y a peu de temps, avait pu s'offrir une telle demeure. La maison de Spellman comptait onze chambres à coucher et deux salles de bain d'un luxe de sybarite à l'usage exclusif de l'évêque.

Spellman faisait à Pascalina l'effet d'un paon qui faisait la roue. Elle ne put s'empêcher de lui tirer malicieusement une plume. Elle choisit un moment où personne ne prêtait attention, pour entraîner l'évêque dans l'une de ses salles de bain qu'il avait lui-même dessinée, dans le plus pur style hollywoodien, les murs recouverts de marbre noir, les sanitaires et les meubles de couleur lilas se reflétant dans des miroirs qui couraient du sol au plafond.

« Au nom du Ciel, qu'est ce que tout cela signifie ? » Spellman en resta coi ; elle poursuivit, agitant un doigt exagérément réprobateur sous son nez : « Vilain, vilain évêque Spellman ! »

Elle le planta là, laissant un évêque confus, la mort dans l'âme de s'être fait surprendre dans une telle magnificence néronienne.

La veille de leur retour à Rome, le président des Etats-Unis donna une chaleureuse et amicale réception en l'honneur du cardinal secrétaire d'Etat. Pascalina avait espéré qu'on l'inviterait à rejoindre Pacelli, d'autant qu'elle se tenait à la résidence privée de Roosevelt, mais elle fut complètement oubliée. Elle était certaine que le cardinal et Spellman avaient caché son existence au président. Après son éclatante réélection, deux jours plus tôt, Pacelli avait cure d'exprimer l'amitié du Saint-Siège pour Roosevelt et son intérêt pour le New Deal.

Tout ce que Pacelli déclara à la presse, à l'issue de sa rencontre avec Roosevelt, fut : « J'ai adoré déjeuner dans une famille typiquement américaine. »

Le prélat révéla à Pascalina la teneur des propos qu'il avait échangés avec le président : « La reconnaissance du Vatican par la Maison Blanche est assurée. Le président nous est redevable du fait que ce bruyant prêtre ne parlera plus. »

Quelques jours plus tard, le père Coughlin annonça son retrait complet des affaires publiques. Devant une presse qui ne cachait pas son scepticisme, il démentit qu'aucune pression eût été exercée sur lui. Dix-huit ans plus tard, Coughlin révéla la vérité. En réponse à une question du père Gannon, le prêtre révéla que Pacelli l'avait effectivement fait taire et il exposa comment il s'y était pris.

> « Puis-je ici éclaircir ce que je sais, à propos des incidents liés à l'arrêt de mon programme radiophonique ? écrivit Coughlin à Gannon. ... Le cardinal Pacelli vint en visite en Amérique et eut des conversations avec nos officiels gouvernementaux les plus huppés. On peut considérer ces conversations comme une sorte de pacte informel... Si petit que j'étais, il leur fallait faire taire ma voix, en m'accusant même d'être antisémite, pronazi et mauvais prêtre, alors que, réellement, en plus de m'efforcer d'être un bon chrétien et un bon Américain, j'étais antibolchévique, antinazi et pacifiste... Il va sans dire que la calomnie fut efficace, et je fus éliminé par des voies et des moyens détournés — tous indirects, mais bien plus efficaces qu'une attaque de plein fouet. »

A l'époque où le prêtre adressait cette lettre au père Gannon, Pacelli était pape depuis quinze ans. Mais Coughlin n'en conclut pas moins par une nasarde au Saint-Père : « Vous êtes absolument libre d'imprimer tout ce que j'ai écrit, je ne redoute aucun homme vivant, car j'en suis arrivé au point où l'on préfère servir la vérité plutôt que de suivre des diplomates dévoyés. »

Le 7 novembre 1936, le cardinal secrétaire d'Etat et sa suite s'embarquaient à New York pour regagner Rome.

Dans son allocution d'adieu, le prélat adressa un ultime message au pays qui venait de l'accueillir : « Nous remercions le peuple sacré du grand pays des Etats-Unis, pour ces merveilleux et paisibles jours de repos et de vacances, et nous vous garderons toujours dans nos prières. »

Rentrée à Rome, Pascalina se sentit plus désorientée que jamais. Ce voyage en Amérique ne lui avait pas fourni l'occasion d'une discussion à cœur ouvert avec Pacelli. Bien au contraire, la façon détournée que Pacelli avait utilisée pour faire renvoyer le père Coughlin lui laissait un goût amer. Il y avait décidément un fossé entre ces manœuvres et le code d'honneur qui devait, croyait-elle, régir tous les faits et gestes d'un membre aussi éminent de la hiérarchie romaine.

Elle s'abîmait pendant des heures dans une longue et pénible méditation. Lui fallait-il fermer les yeux plus longtemps sur les expédients et les bassesses qu'utilisait le Vatican pour arriver à ses fins ? Elle s'attendait désormais à toutes les violations éthiques de la part des puissants de l'Eglise. C'était plutôt difficile à accepter pour une nonne qui jugeait tout en noir et blanc, alors que le Vatican avait pour politique de jongler avec les dégradés de gris.

La guerre que l'Italie menait en Ethiopie ne fit qu'illustrer cruellement cette appréhension des choses. Depuis des années, Mussolini préparait psychologiquement le monde à l'idée de la construction d'un vaste empire. Il s'était vanté à maintes reprises, devant des millions de partisans, du haut de son balcon, qu'il « annexerait » en premier lieu l'Ethiopie. Le Vatican avait beaucoup à gagner dans la mainmise par les fascistes sur cette nation africaine. Le Saint-Siège proclamait certes sa tradition de neutralité envers les nations en guerre et condamnait par principe toute violence militaire, mais il fit là fort opportunément une exception, pour ce qu'il appelait une « juste guerre ». L'Ethiopie, nommée aussi Abyssinie à l'époque, avait été largement catholique entre le quatrième et le huitième siècle. Elle rompit alors avec l'Eglise catholique et romaine, pour embrasser les doctrines de l'Eglise copte (l'Eglise chrétienne égyptienne), considérée comme hérétique par le Vatican. Désormais, dans ce pays conquis par les fascistes, l'Eglise de Rome serait libre de ramener le peuple conquis dans son giron. Le pouvoir de Mussolini s'était grandement affermi, en s'appuyant sur l'Eglise comme sur l'un de ses piliers idéologiques. Le spectre du communisme et de l'athéisme était désormais conjuré. D'autre part, le duce invoquait une action humanitaire à laquelle l'Eglise ne pouvait se soustraire ; en effet le royaume du Négus disposait d'une vaste population d'esclaves que Mussolini s'était juré de libérer...

Les Ethiopiens, à peu près sans défense, avaient supplié la Société des Nations de juguler les visées expansionnistes du duce. Le monde répondit aux prières de l'Ethiopie par la langue de bois des protestations de pure forme.

Face aux menaces de guerre qui se précisaient, le Vatican choisit de s'en tenir à une stricte neutralité. Deux mois seulement avant le début des hostilités, Pie XI, sous la pression internationale, se résolut à déclarer, le 28 juillet 1935 : « Des nuages assombrissent le ciel entre l'Italie et l'Abyssinie. Personne ne peut conserver l'illusion qu'ils puissent ne pas contenir de durs événements. Nous espérons et croyons toujours en la paix du Christ et de son royaume, et nous croyons avec confiance que rien n'arrivera qui ne soit en accord avec la Vérité, la Justice et l'Amour. Une chose, toutefois, nous apparaît certaine — c'est que si le besoin d'expansion existe, nous devons aussi tenir compte du droit de défense, qui lui a ses limites, et de la modération que l'on doit observer, pour que la défense demeure sans faute. »

Cela n'engageait en rien Pie XI, ne rassurait pas les Ethiopiens et constituait une sorte de blanc-seing à Mussolini. La Grande-Bretagne attaqua publiquement la position trop tiède du Saint-Père. « Le pape paraît si timoré qu'il donne l'impression de soutenir Mussolini », dit Sir Samuel Hoare, ministre britannique des Affaires étrangères. Mais les Britanniques ne prirent, quant à eux, aucune mesure militaire.

Pour Pascalina, qui désormais connaissait son Vatican sur le bout des doigts, il était clair que le Saint-Siège avait des motifs précis pour ne pas s'opposer aux desseins de Mussolini. Elle comprit que par ses manœuvres en coulisses le Vatican avait secrètement appuyé Mussolini dans son projet de conquête. Financièrement l'Eglise avait tout à gagner dans une guerre. Une grosse partie de ses actifs était investie dans les industries d'armement. Sans oublier l'industrie chimique et la Société Italgas, principal fournisseur de gaz...

Mussolini avait sollicité et obtenu de la papauté un substantiel financement de sa guerre sainte contre l'Ethiopie.

Le jour de l'invasion de l'Ethiopie par Mussolini, le 3 octobre 1935, les évêques et les prêtres furent mis à contribution : ils aspergèrent d'eau bénite les troupes fascistes qui quittaient les rives italiennes. Le Saint-Siège alla jusqu'à bénir les fusils, les tanks et les avions de guerre de l'Etat agresseur.

Agitant un drapeau fasciste, l'archevêque de Sienne avait pris la parole devant les militaires et chanté hautement les louanges des Chemises noires. Dans ses prières, l'archevêque prédisait que la fortune des armes était du côté de Mussolini. « L'Italie, notre grand duce et les soldats sont sur le point de remporter la victoire, pour la vérité et la vertu ! » déclara-t-il. Un autre prélat, l'évêque de San Miniano, s'avança alors pour crier : « Pour la victoire de l'Italie, le clergé italien est prêt à fondre l'or des églises et le bronze des cloches. »

Au cours d'un conflit atroce de presque neuf mois, les fascistes fondirent sur l'Ethiopie, en répandant des gaz délétères sur les villages. Entre le 30 décembre 1935 et la mi-mars 1936, les fascistes utilisèrent quelque 250 tonnes de gaz mortel ; près de 250 000 civils sans défense furent tués ou blessés. Le cardinal Ildefonso Schuster, archevêque de Milan et ami proche de Pie XI, commenta ainsi les exactions fascistes : « A travers les plaines d'Ethiopie, l'étendard italien porte en triomphe la Croix du Christ, fracasse les chaînes de l'esclavage et ouvre la voie aux missionnaires de l'Evangile. » Puis le cardinal Schuster sanctifia Mussolini, comme « celui qui a donné l'Italie à Dieu, et Dieu à l'Italie ».

Pour commémorer la victoire des armées italiennes, le pape avait envoyé à Addis-Abeba l'archevêque de Rhodes pour y célébrer une messe pontificale. Le prélat offrit les prières du Saint-Siège « à tous les héroïques soldats de l'armée italienne, que le monde admire, mais dont les Cieux ne sauraient s'émerveiller, puisqu'ils sont les alliés de Dieu ».

C'en était trop pour Pascalina qui s'en prenait violemment à Pacelli : « Le Christ est le Prince de la Paix ! Est-ce que le Saint-Siège a oublié Jésus pour les bénéfices de guerre ? »

Pour seule réponse, Pacelli tourna les talons. « J'avais fermé les yeux sur trop de choses pendant trop longtemps confia Pascalina bien des années plus tard. Une érosion lente et subtile avait usé mon esprit et mon âme. »

La nonne sentait qu'au service de son grand homme elle avait perdu certaines des plus précieuses valeurs du Christ. Pendant que Pacelli et d'autres avaient recours à des expédients dans certaines questions où la vérité et l'honneur étaient en jeu, Pascalina se rongeait l'âme, se détestant de rester là sans rien tenter contre le mal. Sa vie au Vatican, pensait-elle, avait considérablement affaibli sa force de caractère. Son confesseur lui avait d'ailleurs plusieurs fois fait remarquer que le Vatican ne cessait d'effriter sa belle intégrité. Elle ressentait cette « érosion de conscience » comme une « séduction » qui l'abusait et elle s'accusait de ne pas retenir ses idéaux, qui la quittaient. Il lui fallait revenir à une foi simple et pure, « avant qu'il ne soit trop tard ».

Au cours d'une méditation, elle crut entendre Dieu lui dire que même si elle n'avait jamais participé activement à aucun de ces péchés, elle ne les avait pas, non plus, combattus. Elle sut alors qu'elle avait été placée auprès de Pacelli, pour veiller sur la stricte observance de ses vœux et sur l'intégrité de son action dans l'esprit du Christ.

Mais une semaine après l'éclat de Pascalina, avant que celle-ci ne revienne à la charge, Pacelli lui-même prit les devants. Il évitait de lui parler depuis quelques jours et détournait d'elle son regard. A la fin de la semaine, le cardinal secrétaire d'Etat lui demanda de venir dans son bureau. Quand elle fut entrée, il referma soigneusement la porte, puis lui dit dans un murmure : « J'ai décidé de démissionner. » Tout dans l'attitude du prélat témoignait de sa résolution. « Ma conscience me harcèle, fit-il d'une voix étouffée et sourde, les yeux noyés de larmes. Vos paroles m'ont forcé à réexaminer ma conscience, surtout dans l'affaire du père Coughlin et sur la position de notre sainte mère l'Eglise en Ethiopie. »

« Eminence, ne devriez-vous pas d'abord en parler à Sa Sainteté ? » lâcha-t-elle nerveusement. Elle était elle-même si confuse qu'elle ne se vit pas prendre ses deux mains dans les siennes. Puis d'une manière chaude et maternelle, elle l'implora : « Peut-être pouvez vous convaincre le Saint-Père de corriger certaines injustices et d'en empêcher de nouvelles ? » Son esprit commençait à s'éclaircir. Peut-être, après tout, Pacelli avait-il plus de principes que de duplicité, se dit-elle. Autrefois, il avait été son prêtre idéal et représentait le parfait exemple de l'amour humain et de la compassion. Elle savait maintenant que c'était le pouvoir politique qui avait perverti l'homme, mais que son repentir était sincère.

« J'ai parlé à Sa Sainteté, répondit Pacelli, d'un air encore plus désespéré. Pie XI n'a pas l'intention de changer, il m'a obligé à me mettre à genoux devant lui et à jurer de ne jamais plus mettre son autorité en doute. » Le cardinal secrétaire d'Etat se leva brusquement et alla à la fenêtre.

« Mais, Eminence, vous aviez, semble-t-il, une telle influence sur Sa Sainteté ! s'écria-t-elle surprise, et plus embrouillée que jamais.

— C'est parce que je m'arrange toujours pour dire ce que Sa Sainteté veut entendre », confessa Pacelli.

Le Souverain Pontife décourageait systématiquement l'esprit d'indépendance et d'initiative chez ses subordonnés. Sir Charles Wingfield, ministre plénipotentiaire britannique près le Vatican, nota un jour, à propos de l'étrange relation entre Pie XI et Pacelli : « Son propre secrétaire d'Etat rechigne souvent, dit-on, à faire des démarches susceptibles de l'ennuyer. »

« Pie XI est un vieil homme, persista Pascalina. Combien de temps lui reste-t-il à vivre ? »

Elle le supplia de ne rien précipiter avant quelques jours. Pacelli acquiesca enfin aux sollicitations pressantes de la nonne.

Au fil des jours, elle voyait la résolution de Pacelli aller en faiblissant. Le pape fit alors une légère crise cardiaque. Le soir même Pascalina entreprenait Pacelli :

« Eminence, j'ai demandé à Jésus, aujourd'hui, qu'il fasse de vous le prochain Saint-Père », tout en lui servant une somptueuse part de sa fameuse tarte aux myrtilles.

– Chère sœur Pascalina, partit Pacelli en la regardant avec un sourire aux lèvres, que croyez vous que je doive faire ? »

Elle se retint de lui sauter au cou de joie.

« Eminence, je voudrais que vous fassiez ce que notre cher Seigneur demande, c'est-à-dire que vous demeuriez le cardinal secrétaire d'Etat pour Le servir avec tout votre amour et toute votre intégrité. »

Au début de 1939, les menaces de guerre en Europe se précisaient. La nonne exerçait une autorité aussi secrète que grandissante dans la direction de la politique internationale de l'Eglise. Bientôt viendrait pour elle le moment où son influence sur les affaires de l'Eglise serait officiellement consacrée.

Dans la nuit du 10 février 1939, la veille du dixième anniversaire du Traité du Latran et le jour même de la célébration des dix-sept années de sacerdoce de Pie XI, on tira brusquement Pacelli du sommeil pour qu'il se rende de toute urgence auprès du Saint-Père. Ce dernier venait d'être terrassé par une nouvelle crise cardiaque. Pacelli n'eut que le temps de s'agenouiller à côté du vieil homme, de prendre sa main presque inerte dans les siennes, et le pape mourut.

VII

Personne, pas même Pascalina, ne put comprendre les sombres sentiments qui submergèrent Pacelli, à la perspective de devenir pape. Il semblait pris de trac à l'instar d'un acteur à l'heure de jouer pour la première fois le rôle de sa vie.

« *Miserere mei !* » répétait-il pathétiquement après l'avoir fait demander dans ses appartements privés. Elle l'avait trouvé seul, le visage déformé par l'émotion, arpentant de long en large la pièce.

Dans les milieux bien informés de l'Eglise, plus personne ne doutait que Pacelli serait le nouveau vicaire du Christ. Pie XI n'avait eu de cesse d'affirmer pendant ses dernières années que Pacelli lui paraissait le plus qualifié pour lui succéder.

Entre autres avantages, Pacelli, secrétaire d'Etat, tenait la direction de l'Eglise ; camerlingue, il organiserait le conclave qui allait élire le nouveau pape. Pour l'heure, il semblait urgent à Pascalina que celui qui n'était encore le cardinal Eugenio Pacelli reprît ses esprits. Elle savait trop bien qu'au moindre signe de faiblesse de sa part, la majorité des cardinaux, qui était pour le moment en sa faveur, s'en détournerait instantanément.

D'expérience, elle savait qu'il lui fallait le laisser s'enfoncer dans ses noires pensées d'où il émergerait et reviendrait tel qu'en lui-même.

« Vous pouvez broyer tout le noir que vous voulez, Eminence, dit-elle avec impatience, sans la moindre compassion. Il n'y a pas de temps à perdre. Je vais préparer les appartements pontificaux pour votre venue. »

Sans ordre ni autorisation de quiconque, Pascalina fondit sur les appartements du défunt pape et en balaya toute personne et toute chose qui s'y trouvait. Elle agit tout aussi cavalièrement qu'on le ferait avec elle, quelque vingt ans plus tard. Pascalina estimait que Jésus ne voudrait personne d'autre que Pacelli sur le trône de Saint-Pierre. Toutes les réserves de Pacelli semblèrent futiles aux yeux de Pascalina. Ce qui comptait pour elle, c'était la puissance et l'efficacité du soutien qu'elle lui prodiguait.

« Jésus est toujours avec vous, et moi, je ne vous abandonnerai jamais », le rassura-t-elle ce soir-là, alors qu'elle se tenait près de son lit où il ne pouvait trouver le sommeil.

Aucune femme dans l'Histoire n'avait jamais pu pénétrer dans l'enceinte sacrée du conclave, réservée aux seuls cardinaux. A la vue de l'état de délabrement physique et psychique de Pacelli, Pascalina se décida à enfreindre la tradition séculaire du Vatican. Au petit-déjeuner, après qu'il eût passé une nuit blanche, elle lui annonça comme une décision sans appel : « J'irai avec vous au conclave, et resterai près de vous pendant toute l'élection. »

Pacelli était camerlingue et libre d'imposer quiconque, homme ou femme, dont il souhaitait l'assistance. Il en resta sans voix.

« Non ! » s'écria-t-il, horrifié devant le sacrilège qu'elle lui demandait de commettre. Toute sa dignité masculine, imbue de ses privilèges, se révulsait à cette idée.

« Oui ! j'irai, rétorqua-t-elle. Dites-moi quand Jésus-Christ a-t-il jamais exclu une femme de Sa maison. Prenez mon avis en compte pour une fois. » Elle marqua un temps d'arrêt et reprit, cette fois d'une voix adoucie : « Eminence, j'ai demandé à Jésus l'inspiration qui m'aidera à faire de vous un bon et solide pape. »

Pour la première fois, après un quart de siècle de vie commune, le futur pape la serra contre lui. Il s'agrippait à elle, comme un petit garçon perdu s'accroche à sa mère, pour y puiser force et courage.

Dans l'après-midi du 1er mars 1939, dix-neuf jours après la mort de Pie XI, le conclave s'ouvrit avec la traditionnelle pompe du cérémonial romain.

Vers midi, on isola complètement du monde extérieur une zone autour de la place Saint-Pierre, incluant le palais pontifical, la chapelle Sixtine, et la galerie de saint Damase.

La plupart des princes du Sacré Collège des cardinaux étaient déjà rassemblés. Pacelli accueillit d'un air grave chaque prélat dans l'impressionnante galerie de saint Damase. Le corps complet du Sacré Collège était composé à l'époque de soixante-deux cardinaux. La plupart étaient des vieillards, en majorité italiens.

Pascalina, chargée des médicaments et des soins destinés à Pacelli, se présenta dans la confusion générale de l'installation. De nombreux prélats se tenaient debout par petits groupes, discutant sans façons. Jamais elle ne vit réactions d'hommes plus stupéfaits et plus horrifiés.

« J'avais l'air une bête curieuse, bizarre et indésirable, riait-elle encore, en y repensant de longues années après. Pendant un moment, j'ai eu envie de prendre mes jambes à mon cou pour courir au palais et m'y terrer. »

Elle ne laissa percer aucune gêne. La tête haute et le visage de pierre, elle fendit la foule médusée. Elle regardait fixement droit devant, seul son teint rosissait imperceptiblement. « Les nonnes savent comment éviter discrètement de croiser les regards », expliquait-elle plus tard.

Des douzaines de coiffes rouges se retournèrent pour la regarder se diriger vers le bureau qu'occupait Pacelli, une simple cellule, aménagée provisoirement dans l'une des galeries du palais pontifical. Pascalina était trop avisée pour ne pas avoir examiné avec soins toutes les incidences possibles que pouvait occasionner sa présence. Après avoir pesé le pour et le contre, elle prit son parti, persuadée que si elle ne se tenait pas auprès de lui, il serait dans l'incapacité d'assumer sa charge.

« Son Eminence était un homme malade, trop angoissé alors

pour prendre des décisions. Je sentais que c'était mon devoir de le protéger et, ce faisant, de servir le Saint-Siège. A l'époque, Son Eminence avait soixante-trois ans, et moi quarante-cinq. Nous étions tous deux trop vieux pour être ridicules. Peu m'importait si le Sacré Collège des cardinaux manquait à ce point de compréhension et de compassion et en tirait des conclusions malveillantes. Pour moi, une seule considération l'emportait : du moment que Jésus savait que tout allait bien, c'était tout ce qui comptait. »

Ce risque calculé que prit la nonne en défiant l'archaïque tradition misogyne des cardinaux paraissait moins exorbitant qu'il y semblait de prime abord. A la veille de la Deuxième Guerre mondiale, les princes de l'Eglise savaient à quel point le Vatican avait grand besoin de l'adresse et de l'expérience diplomatiques d'un Pacelli, pour traverser la tourmente qui menaçait.

Les disponibilités en lits représentaient toujours un casse-tête pendant les conclaves à Rome, et l'élection de 1939 n'y fit guère exception. Des appartements de fortune, un pour chacun des soixante-deux cardinaux, avaient été agencés en toute hâte, dès l'annonce de la mort de Pie XI. Répartis sur les trois étages du palais, les appartements se signalaient par la simplicité et la sobriété de leur aménagement. Chaque appartement disposait de trois pièces et était meublé de deux lits de camp, une table par pièce, et quelques chaises. Et pour tout ornement : un crucifix.

La plupart des cardinaux étaient si habitués à leur vie cossue qu'ils ne se faisaient pas facilement à ce rude dépouillement. Comme beaucoup de prélats l'avaient déjà fait lors de précédents conclaves, nombre d'entre eux manifestèrent leur dédain pour ce qu'ils qualifiaient de « cellules ».

L'appartement de Pacelli était en tous points identique aux autres. Le service auprès des cardinaux était assuré par un laïc ou un clerc, connu pour sa fidélité et sa dévotion. Tout comme Pascalina, ils avaient juré de garder le secret.

Pendant que Pacelli procédait aux premières formalités d'accueil, certains prélats déjà arrivés s'excusèrent en prétextant qu'ils allaient profiter de la traditionnelle sieste romaine. D'autres priaient. Mais la plupart faisaient le tour de leurs vieux amis, certains pour juger si leurs collègues étaient mieux lotis...

Pascalina se cloîtrait dans la cellule de Pacelli.

En fin d'après-midi, les cardinaux revêtirent leurs robes pourpre, de la couleur du deuil pontifical. Pascalina les regarda se réunir et défiler en procession solennelle jusqu'à la chapelle Sixtine. Beaucoup agrippaient fermement leur coiffe rouge en traversant la cour intérieure contre les rafales de vent des premiers jours de mars. La garde suisse rendait les honneurs. Pacelli ouvrait la marche. Ils chantaient *Veni Creator Spiritus.*

Un par un, par ordre d'âge, les cardinaux gagnèrent l'autel principal de la Sixtine. Là, ils se mirent à genoux, les uns après les autres, se signèrent et prêtèrent le serment solennel. Chacun jura à Dieu que son vote pour le futur pape serait « libre et délibéré, sans considération politique ni temporelle ».

A la nuit tombante, Pacelli, en tant que camerlingue, ordonna que l'on fouille tout le conclave, pour débusquer d'éventuels intrus cachés. Il exclut de l'enceinte qui allait être coupée du monde tous ceux qui n'avaient pas les lettres de créance appropriées, même les plus hauts hiérarques du Vatican qui n'étaient pas membres du Sacré Collège des cardinaux.

A 19 h 17, Pacelli ferma lui-même toutes les portes de l'intérieur, et le prince Ludovico Chigi Albani, maréchal du conclave, les verrouilla simultanément de l'extérieur. Tous les téléphones furent débranchés à cet instant précis. Dès lors, tout membre du conclave était isolé et n'aurait aucun contact avec le monde extérieur avant la fin de l'élection. La religion du secret était si totale que toutes les fenêtres du palais lui-même avaient été blanchies, de l'intérieur, ou recouvertes d'une toile.

« Un sentiment indescriptible et étrange s'empara de moi, et je ne l'avais jamais ressenti auparavant » confia Pascalina, à propos de son enfermement dans ce sanctuaire exclusivement réservé aux hommes.

Conformément à la tradition, la veille de l'élection était consacrée à la vie communautaire. Le repas était servi dans le réfectoire, mais Pascalina mangeait seule, au fond de la cellule de Pacelli. Le repas, frugal et néanmoins exquis, était préparé dans les cuisines du palais par les sœurs de Saint-Vincent-de-Paul, bien en dehors de la zone officielle du conclave. Chaque service était passé sur des plateaux, jusqu'aux appartements isolés, par l'intermédiaire de petits guichets soigneusement gardés dans le mur du réfectoire.

Après le café et les liqueurs, la coutume voulait que tous se retirent. Les vieux cardinaux avaient sommeil et voulaient se ménager pour le grand jour du lendemain.

Pascalina revoyait le jour de l'élection papale, comme « un mélange de cérémonial et de scrutin, avec beaucoup de confusion ».

Le corps de la hiérarchie au grand complet se leva avant l'aube. A travers les cloisons de la cellule de Pacelli, elle entendait l'agitation bruyante des vieux cardinaux. Elle ne put se retenir de sourire en les entendant pester contre l'inconfort et l'exiguïté de leurs nouveaux logis.

La journée commença officiellement par une messe spéciale, célébrée par Pacelli dans la chapelle Pauline, en hommage à l'Esprit Saint qui allait inspirer leur conclave. Pascalina, unique femme de ce grand rassemblement de cardinaux, était profondément émue. La signification mystique de la cérémonie et son caractère historique la bouleversaient tout autant qu'elle percevait l'ère nouvelle qu'elle augurait. « Le bonheur d'être vraiment là, dans une prière sacrée du conclave pour l'élection d'un nouveau pape, dépassait tout ce que j'avais pu vivre avant. »

Elle se tint au fond de la chapelle. Elle n'en sentait pas moins de durs regards la fixer. Ce fut un moment difficile pour elle, quand elle dut ensuite descendre l'allée centrale, pour recevoir le Saint-Sacrement de la communion. Quand la nonne s'approcha de l'autel, les premiers rayons de soleil dardaient à travers les magnifiques vitraux:

« Je suis incapable de dire ce que je ressentis, avec tous ces regards sur moi. Et puis le soleil posa sur moi une lumière encore plus embarrassante. Mais quand Son Eminence plaça l'hostie dans ma bouche, je fus remplie de paix et de réconfort. J'avais à nouveau le cœur affermi. »

Vers le milieu de la matinée, les cardinaux se réunirent dans la Chapelle Sixtine. Les prélats gagnèrent leurs trônes respectifs, surmontés d'un dais, alignés le long des murs de la Sixtine. Devant chaque dignitaire étaient disposés une écritoire, un bulletin de vote, un stylo, un sceau de cire, une bougie et des allumettes.

La nonne s'installa dans le coin le plus reculé de la Chapelle, couvant des yeux Pacelli, prête à bondir auprès de lui au moindre signe de défaillance.

Le petit bruit des plumes grattant le papier parvenait jusqu'à elle. Chaque cardinal couchait le nom de l'élu de son choix sur le simple bulletin, où était imprimé en latin : « Je choisis pour Souverain Pontife le Très Révérend cardinal... »

L'élection de Pacelli fut pratiquement assurée dès le début. Au premier tour, trente-cinq voix se portèrent sur lui ; il lui manquait sept voix pour obtenir les deux tiers de la majorité nécessaires à son accession au trône de Saint Pierre.

Quelques minutes après le premier décompte des voix, une fumée noire s'éleva de la Sixtine. La foule massée sur la place Saint-Pierre exprima alors sa déception *.

L'élection de Pacelli intervint au second tour. Pascalina laissa éclater sa joie et s'attendait à ce qu'il réagisse de même. Au lieu de cela, il se comporta de la manière la plus atterrante que l'on puisse imaginer. Devant l'assemblée médusée, il refusa son élection. Depuis Pierre, deux cent soixante pontifes s'étaient succédé, mais de mémoire de prélat, il n'y avait eu qu'un seul exemple où l'élu avait refusé cet honneur. Cela s'était passé au conclave de 1922, quand le cardinal Camillo Laurenti avait décliné la charge suprême et que le conclave s'était reporté sur le cardinal Achille Ratti, devenu pape sous le nom de Pie XI.

Pascalina était comme frappée par la foudre. « Je demande que l'on lance un autre tour, lança Pacelli depuis son trône. Je demande à chaque Eminence qu'il scrute son cœur et vote pour

* L'usage ancestral des signaux de fumée pour annoncer le résultat d'une élection papale remonte aux origines de l'Eglise. Pour produire la fumée blanche qui annonce l'élection, on mélange les bulletins de vote avec des copeaux de bois et de la cire que deux cardinaux font brûler dans un petit poêle de fonte noire, à l'arrière de la chapelle. Pour rendre la fumée noire, on utilise des copeaux humides.

quelqu'un d'autre que moi ! » A ces mots, Pacelli sortit de la Sixtine, laissant l'assemblée des cardinaux bouleversée et silencieuse. Il avait l'air si fatigué que la nonne redoutait le pire. Courant à sa poursuite, elle le retrouva dans la cour retirée de saint Damase, marchant péniblement et abîmé dans ses pensées. Ils n'échangèrent aucune parole, mais elle perçut à quel point il était rongé par l'inquiétude et le doute. Il redoutait déjà depuis un certain temps son élection comme Saint-Père. Maintenant il mesurait l'étendue des responsabilités qu'il allait devoir assurer.

Absorbé par ses sombres réflexions, Pacelli trébucha et tomba lourdement sur les marches de marbre. Cela s'était passé si vite qu'elle n'avait pu le soutenir à temps. Les gardes suisses, à quelques pas de là, accoururent pour aider le prélat à se relever.

« Doux Jésus, aidez-le ! », implora Pascalina, dans un murmure.

« *Miserere mei !,* s'écria-t-il. Je n'en suis pas digne ! Quelque chose en moi hurle son désespoir. Je n'entends pas la voix de Notre Cher Seigneur comme je l'avais espéré à ce moment si important, qui me dirait : "Eugenio, tu as la force morale et la résistance physique pour être le Vicaire du Christ sur la terre !" » Pacelli était durement secoué, il boîtait, et la nonne le soutenait avec difficulté.

« Chère Eminence, ce n'est pas à vous de décider. Jésus a parlé et vous a choisi, vous Eugenio Pacelli, pour être Son Vicaire. » Elle proposa qu'ils aillent à la chapelle papale pour demander à Dieu force et inspiration.

Devant l'autel, ils s'agenouillèrent aux pieds de la statue du Christ et murmurèrent ensemble le *Pater Noster.* Quand ils arrivèrent à « Que ta volonté soit faite... », il s'interrompit pour réfléchir intensément à la signification profonde de ces mots. Après un long moment, elle le sentit se raffermir quelque peu ; il eut un geste pour la rassurer. C'est tout ce qu'elle put entrevoir de lui, indiquant un éventuel changement d'avis. Ils se signèrent, et retournèrent, silencieux, vers la Chapelle Sixtine.

Il marcha, s'appuyant à son bras, jusqu'à son trône, devant l'assemblée des prélats qui scrutait en vain son visage.

Le Sacré Collège avait décidé d'entériner la volonté de Pacelli et de lancer un autre tour de scrutin. Pascalina craignait qu'ils n'en élisent un autre, après avoir surpris Pacelli sous un jour aussi étrange. Elle se trompait du tout au tout. Cette fois, il recueillit l'unanimité. A cet instant la nonne se remémora ce qu'Elisabetta, la sœur de Pacelli, lui avait raconté des années plus tôt : lors de son baptême, deux jours après sa naissance, le nourrisson ne se montrait déjà guère de bonne humeur. Il se mit à hurler vigoureusement pendant que son grand-oncle, Mgr Giuseppe Pacelli, le baptisa Eugenio Maria Giuseppe Giovanni. L'assistance ne savait que penser, mais un autre prêtre, Mgr Jacobacci, interpréta la réaction du bébé comme le signe d'une indéniable volonté et comme de bon augure. Prenant l'enfant dans ses bras, il souleva Eugenio en l'air pour que tous puissent le voir. Puis le vieux monseigneur prophétisa : « Dans soixante-trois ans exactement, le peuple de Saint-Pierre et de tout Rome acclamera cet enfant ! »

Soixante-trois ans plus tard, jour pour jour, l'assemblée des cardinaux attendait dans un profond silence la réaction de Pacelli. Le cardinal Caccia-Dominioni, diacre du conclave, s'approcha de lui et, d'une voix forte, posa la question rituelle : *« Accipisne electionem ? »*

Tous étaient suspendus à ses lèvres. Pacelli gardait le silence.

Pascalina tremblait de tout son être, submergée par une peur inconnue d'elle jusqu'alors. L'humeur des cardinaux commençait à se gâter ; la tension était à son comble.

Enfin, Pacelli répondit. *« Accepio ! »* d'une voix brisée dans un murmure. Une grande acclamation accueillit cette parole libératrice. Les cardinaux se poussèrent et se bousculèrent pour courir embrasser les pieds du nouveau Saint-Père. Pacelli était désormais le deux cent soixante-et-unième pape, successeur de Pierre.

Malgré les atermoiements de Pacelli, de mémoire de Romain, ce scrutin avait été le plus bref et le moins disputé de l'Histoire.

« Quel nom porterez-vous ? » demanda le doyen des cardinaux. Depuis que le premier pontife avait changé son nom de Simon pour celui de Pierre, chaque nouvel élu se conformait à cet usage vénérable.

« Je m'appellerai Pie, en souvenir plein de gratitude envers Pie XI », répondit Pacelli.

Les cardinaux se ruèrent à l'arrière de la chapelle ; la fumée blanche s'éleva au-dessus de Saint-Pierre, annonçant au monde l'élection d'Eugenio Pacelli. L'un des prélats était dans un tel état de jubilation qu'il empoigna Pascalina par la main. « Venez, ma sœur, c'est un moment trop merveilleux pour qu'on le rate ! » lui cria-t-il en la poussant devant lui au milieu des vieillards en robe pourpre qui se pressaient aux pieds du nouveau Saint-Père.

Quelque soixante mille personnes sur la place Saint-Pierre, explosèrent de joie. Les tonnerres d'applaudissements et les cris d'allégresse se faisaient encore entendre quand Pascalina entra dans la sacristie, pour préparer les robes du nouveau pape, pour sa première apparition publique au balcon des appartements pontificaux.

Quand Pacelli pénétra dans la sacristie, elle lut dans ses yeux une expression de force intérieure qu'elle ne lui avait jamais connue. Il lui prit les deux mains : « Merci, ma sœur, pour tout votre courage, et votre force, et votre dévouement. »

Elle resta là, sans voix, un peu bête, les larmes qui lui coulaient sur les joues, sans un geste pour les essuyer pendant qu'il ressortait pour revêtir la soutane blanche, l'étole et le manteau rouge.

A 18 h précises, le cardinal Dominioni fit son apparition sous les projecteurs qui balayaient le balcon pontifical.

Le silence s'abattit sur la foule qui se mit à genoux.

« Je vous apporte une heureuse nouvelle, annonça le cardinal en latin. Nous avons un pape ! Il s'appelle Eugenio Pacelli et sera connu comme Pie XII ! » Pascalina était aussi à genoux. Elle observait depuis une fenêtre du palais ; elle vit le Saint-Père s'approcher du balcon.

« Pacelli ! Pacelli ! Pacelli ! Pacelli ! Pacelli ! » scandait la foule.

Le bras levé, le pape prodigua sa bénédiction à la foule des fidèles et, au-delà, à l'humanité tout entière.

Après cela, il eut un sourire le plus spontané et le plus joyeux qu'on lui eût jamais vu. Désormais Eugenio Pacelli était Vicaire du Christ, Evêque de Rome, Successeur du Prince des Apôtres, Souverain Pontife de l'Eglise universelle, Patriarche de l'Occident, Primat d'Italie, Archevêque et Métropolitain de la province de Rome, Souverain de l'Etat de la Cité du Vatican,

Serviteur des Serviteurs de Dieu. Mais une heure plus tard, Pascalina retrouva le Saint-Père dans ses appartements « sanglant, le cœur brisé ». Barrett McGurn, dans son livre *Un journaliste regarde le Vatican,* écrivait : « C'était peut-être, soit la peur, soit un sentiment d'insuffisance, soit simplement l'épuisement, ou bien tout cela ensemble, mais on ne connaît pas la raison de ces larmes. »

Plus tard, le même soir, le Sacré Collège des cardinaux se réunit une fois encore au grand complet dans la Chapelle Sixtine. Sous le crucifix du Christ, chaque prélat à genoux devant Pie XII lui jura obéissance et loyauté. Aucun d'entre eux ne pouvait se douter à l'époque qu'en s'agenouillant devant Pie XII il s'inclinerait un jour devant Pascalina.

Le conclave était sur le point de se clore, quand un représentant de la presse surprit Pascalina se glissant hors de l'enceinte par une porte dérobée. Le journaliste fut si interloqué qu'il alla directement demander des explications au service de presse du Vatican. Les attachés de presse se montrèrent tout aussi étonnés que lui. Il fallut toute l'insistance du reporter pour qu'on lui fournisse une réponse officielle :

> « Par autorisation spéciale, la Congrégation des cardinaux a autorisé mère Pascalina à assister au conclave, afin que Son Eminence le cardinal Pacelli puisse souffrir en rien dans son régime quotidien, ni manquer des médicaments nécessaires à son bien-être. »

Désormais, Pascalina devrait se faire encore plus discrète. Toutes les années passées au côté de Pacelli l'avaient préparée à jouer un rôle prédominant auprès du Saint-Père tout en restant dans l'ombre. L'historien Corrado Pallenberg écrivait sur elle :

> « Cette mystérieuse femme quittait rarement l'appartement pontifical et, alors, c'était surtout pour des courses charitables. Elle supervisait rigoureusement tout, depuis les plus importantes décisions jusqu'aux plus infimes détails. Elle classait les documents du pape, approvisionnait son bureau en papier, encrait ses stylos et changeait ses

manchettes, qu'il maculait d'encre si souvent en écrivant. Lui prit l'habitude de dicter à Pascalina non seulement les documents officiels, mais aussi son journal intime... Ceci devint une pratique régulière... et ainsi Pascalina partageait-elle les pensées les plus secrètes du pape. Sa confiance en elle était totale, et à juste titre, puisqu'elle ne le trahit jamais, pas même par inadvertance. En raison de sa position exceptionnelle et délicate, Pascalina devint absolument inaccessible pour la plupart des gens. Beaucoup des habitants du Vatican ne la virent jamais. »

Le Souverain Pontife était si prompt à se perdre dans ses pensées et dans ses prières que Pallenberg estimait : « Pie XII ne remarquait probablement même plus sa présence, car tout ce qu'elle faisait était empreint de discrétion, promptitude et calme. » Il décrivit Pascalina comme une femme « emportée, despotique et au franc-parler effrayant. Elle dirigeait la maison papale d'une main de fer... Les trois autres nonnes allemandes, qui servaient dans le ménage de Pie XII, venaient toutes du même ordre qu'elle et se montraient terrorisées devant leur sœur. Mais elle pouvait parfois aussi se montrer gentille, sous ses dehors un peu bourrus ».

Il se trouvait dans la hiérarchie du Vatican quelques prélats qui ne se faisaient pas de Pascalina le même portrait que traçait l'historien.

Le cardinal Richard Cushing livra plus tard ses impressions :

> « Ce fut une époque extrêmement instable pour sœur Pascalina, si forte et si sage qu'elle fût. Voilà une femme qui était née paysanne et qui se retrouvait soudain projetée dans un lieu de grande puissance religieuse et politique, à une époque de l'Histoire où le monde se défaisait. Tous les "ismes", le capitalisme, le communisme, le nazisme et le fascisme se montraient les dents. »

Effectivement, Hitler menait l'Europe au bord de la guerre. Au milieu de l'appel universel à la modération, le Saint-Siège, avec un nouveau Saint-Père, apparaissait comme un dernier havre d'espérance pour le monde. Pacelli avait acquis le respect de tous, comme diplomate hors pair alors qu'il était secrétaire d'Etat. On attendait désormais de lui, comme pape, qu'il brandisse l'étendard de la paix. Mais, hormis Pascalina, peu de gens savaient à quel point la force de Pacelli lui venait de son prédécesseur.

Alors même que le monde était en train de prier pour la paix, regardant avec un fol espoir en direction du Saint-Siège, le nouveau guide des catholiques gardait la tête dans les nuages, tout à sa conception mystique et médiévale de la papauté. Pour Pie XII, la grandeur de l'Eglise, ses pompes représentaient la priorité de l'heure. Il avait résolu que son investiture serait le plus grand spectacle religieux de toute l'histoire moderne de Rome. Il travaillait dix-huit heures par jour sur ce que Pascalina appelait « les plans prétentieux » de son couronnement. Les dix jours qui séparaient l'élection papale du couronnement permirent à la nonne d'apprécier pleinement l'inclination immodérée de Pie XII pour le faste et l'apparat.

Le 12 mars 1939, quelque soixante-dix mille pélerins de toutes les nations assistèrent à la somptueuse intronisation du nouveau pontife. En rompant spectaculairement avec l'usage moderne, il avait exigé que, pour la première fois depuis presque un siècle, son couronnement se déroule à l'extérieur. Vêtu d'hermine blanche et coiffé d'une tiare constellée de pierreries, il se tenait droit et fier, au sommet d'un immense pavillon édifié spécialement pour l'occasion. Devant le monde au bord de la conflagration générale, le Saint-Père débita des platitudes de circonstance, sans évoquer, ne serait-ce que d'un mot, les problèmes de l'heure.

Pascalina ne pouvait comprendre ce revirement complet, après l'humilité parfaite qu'il avait montrée lors du conclave. Pour elle, l'investiture de Pacelli était « un étalage révoltant d'apparat ». Quand ils se retrouvèrent seuls pour la première fois après la fastueuse cérémonie, elle avait plus d'une question précise à poser sans ambages au Saint-Père :

« Votre Sainteté, pardonnez mon étonnement, mais je n'arrive pas à comprendre un tel changement dans votre attitude », dit-elle, l'air volontairement détaché et le ton humble. Ils étaient dans son appartement privé, elle l'aida à ôter sa cape d'hermine et s'en fut la suspendre dans une penderie.

Les yeux sombres et pénétrants du Souverain Pontife la suivirent avec attention. « Au conclave, je me trouvais confronté au fait que moi — un homme ordinaire — devrais me retrouver dans la position extraordinaire de Vicaire du Christ sur la terre. Cette pensée me mortifiait grandement et me donnait de bonnes raisons de fouiller une dernière fois mon esprit et mon âme, pour déterminer si j'en étais digne. Mais le couronnement était une tout autre affaire. Le faste ne m'était pas destiné, il célébrait l'honneur et la gloire de Dieu Tout-Puissant. Je ne suis qu'un symbole, qui rappelle aux croyants qu'ils doivent adorer Dieu. »

« Qu'avez-vous l'intention de faire à propos de Hitler ? » demanda-t-elle vivement, oubliant du coups l'humilité qu'elle affectait. « En tant que Saint-Père, vous avez suffisamment d'influence pour vous opposer efficacement à lui. »

Elle attendait manifestement une réponse enflammée et audacieuse ; au lieu de quoi, il la fit asseoir près de lui et, d'une voix sereine, lui confia :

« Sœur Pascalina, je sais que vous parlez avec un cœur honnête, avec amour et sollicitude pour tous et pour mon bien-être, par-dessus tout. Le monde, inconscient des valeurs, cherche trop souvent des solutions simplistes à de nombreux et difficiles problèmes. Quand un homme simple devient Saint-Père, il ne peut laisser l'émotion influencer ses décisions. Le Saint-Père doit en permanence se poser lui-même les vraies questions. Sa Sainteté ne peut se permettre d'agir inconsidérément, mais doit rechercher des solutions en privilégiant le long terme pour assurer le bien de l'humanité dans son ensemble.

— Vous n'êtes sûrement pas en train de suggérer, Votre Sainteté, qu'un despote comme Hitler puisse à long terme servir le bien de l'humanité.

— En aucun cas, sœur Pascalina, lui répondit Pie XII. Dans le cas de Hitler, il ne serait que trop facile, pour le Saint-Père, de suivre ce qui semble raisonnable, évident ou inévitable, au monde. Si le Saint-Père se contentait de penser dans le siècle, il prendrait bien sûr les mesures politiques qui sembleraient s'imposer. Mais il y a des millions de croyants catholiques dont l'esprit est capturé par Hitler. Et ces âmes aveuglées seraient perdues pour notre sainte mère l'Eglise, si nous agissions ouvertement, ou de façon extrême. Pour sauver ces âmes, le Saint-Père doit agir avec discrétion. Bien sûr, l'hitlérisme doit être détruit, mais nous devons le faire subtilement. Nous devons être volontaires, mais rester modérés. » Pour toutes les raisons que j'ai exposées, il est inévitable que le Saint-Père doive être l'objet d'incessants tirs croisés de critiques et d'attaques, voire de haines. L'Eglise et la papauté ne peuvent pas espérer sortir de cette position triste et sans espoir. Nous devrons supporter, à jamais, le lourd fardeau des critiques. »

Le message était clair : pape, Pacelli était déterminé à ménager toutes les parties et à user de son influence, comme intermédiaire et non comme juge.

Un changement soudain et spectaculaire se produisit sur le visage du pape. Il se leva avec un regard fixe et perdu. Il redevint, en une seconde, le personnage décharné, sans expression et solitaire. Il se retira dans une pièce voisine et ferma la porte derrière lui. Où était passé maintenant, se demandait-elle, le courageux et fier Pacelli, qui s'était si vaillamment opposé aux communistes, à la nonciature de Munich ?

Le premier acte officiel de Pie XII fut de courtiser Hitler. Malgré l'explication alambiquée qu'il lui avait servie, sur la nécessité pour la papauté de suivre son propre chemin, Pascalina ne décolérait pas du « message complaisant » qui avait été adressé à Hitler. Depuis le milieu des années 30, la répression nazie s'exerçait en Allemagne sur les catholiques et n'avait cessé de se durcir. De nombreux prêtres et nonnes avaient été traînés en justice, sous des prétextes fallacieux, et avaient été condamnés à de lourdes peines. Pour elle, la démarche du Saint-Père défiait l'entendement. Hitler avait dénoncé publiquement l'Eglise et son clergé. A propos des ecclésiastiques en général, Hitler déclarait :

> « Ils parlent sans cesse d'amour et d'humanité, mais une seule chose les intéresse en fait : le pouvoir. Le pouvoir sur les âmes des hommes et, de là, sur leurs vies. L'Eglise catholique est comme une femme intriguante, qui commence par essayer de convaincre son mari qu'il est

désarmé et naïf, afin de s'emparer du pouvoir et qui finit par l'avoir si bien en main, que l'homme doit ensuite danser sur tous les airs qu'elle lui chante. »

Le prédécesseur de Pacelli, Pie XI, n'avait pas caché dans ces derniers jours ce qu'il pensait d'Hitler et des nazis. Dans son message de Noël, le 25 décembre 1938, un mois et demi seulement avant sa mort, le vieux pape avait lancé l'une de ses plus féroces diatribes :

> « Appelons les choses par leur vrai nom. Je vous dis qu'en Allemagne, aujourd'hui, une véritable persécution religieuse est en cours. Une persécution qui ne recule devant aucune arme : le mensonge, les menaces, la désinformation et, en dernier recours, la force physique... Une campagne mensongère est en train d'être menée actuellement en Allemagne contre la hiérarchie catholique, contre la religion catholique et contre la Sainte Eglise de Dieu... La protestation que nous élevons devant le monde civilisé ne saurait être plus claire ni plus explicite. »

Mais maintenant, après la mort du vieillard intransigeant, Pie XII se perdait en hésitations et compromis.

Alden Hatch, l'un des biographes officiels de Pacelli, compara les deux papes et déclara qu'ils étaient incroyablement différents en presque tout. Pie XI était aussi militant que Pie XII semblait partagé et complaisant. Hatch dit de Pie XI : « Il avait une volonté de fer. Il était comme un volcan endormi, lent à se réveiller, mais capable de violentes explosions. »

Malgré tout ce que Hitler faisait pour insulter et affaiblir l'Eglise, et bien que Pie XI eût rédigé, sur son lit de mort, une encyclique qui exhortait le monde à se débarrasser du nazisme, Pacelli et sa hiérarchie étaient d'un esprit plus conciliant avec l'Allemagne nazie. En fait, ils se pliaient bel et bien devant les exigences du Führer. Pacelli n'avait-il pas déjà aidé ce dernier dans sa conquête du pouvoir en le subventionnant sur les fonds d'Eglise , quelque vingt ans plus tôt ?

Pie XI, dans ses derniers jours, avait provoqué de telles tensions avec l'Allemagne nazie que Pacelli se crut obligé d'offrir à Hitler un rameau d'olivier. Les prélats allemands explosèrent en dithyrambes quand le pape annonça des mesures d'apaisement envers le Führer. « Le monde verra que nous avons tout essayé pour vivre en paix avec l'Allemagne nazie. » Tel était le vœu pieux du nouveau pape.

Pascalina n'était investie d'aucune autorité pour donner officiellement son avis, mais elle crut défaillir de colère, au cours de la réunion du Sacré Collège des cardinaux, que Pie XII avait convoquée pour élaborer un compromis avec Hitler. Le Souverain Pontife se résolut à de telles extrémités pour complaire au führer, qu'elle en fut atterrée. Les minutes de cette réunion consignèrent ceci :

> Le Saint-Père : « En 1878, Léon XIII au début de son pontificat, adressa un message de paix à l'Allemagne. L'humble personne que je suis aimerait faire quelque chose de la sorte. (Là, il lit le projet de lettre rédigée en latin à Hitler.) Est-ce que c'est bien ? Est-il besoin de la modifier ? De l'amplifier ? Je saurais absolument gré à Vos Eminences de me donner leurs avis. »
>
> Le cardinal Bertram : « Je ne vois rien à ajouter. »
>
> Le cardinal Faulhaber : « Aucun espoir concret ne saurait être exprimé dans une lettre comme celle-ci. Seulement une bénédiction. Mais il y a autre chose. Faut-il qu'elle soit en latin ? Le führer est très à cheval à propos des langues non germaniques. Il ne va tout de même pas appeler des théologiens en consultation... »
>
> Le cardinal Schulte : « En ce qui concerne le contenu, c'est excellent. »
>
> Le Saint-Père : « Elle peut être écrite en allemand. Si on la considère comme une lettre purement protocolaire, l'allusion au mauvais état des affaires de l'Eglise peut être alors omise. Nous nous inquiétons avant tout de ce qui est le mieux pour l'Eglise en Allemagne. Pour moi, c'est le problème le plus important. Peut-être pourrait-elle être rédigée à la fois en latin et en allemand ? »
>
> Le cardinal Faulhaber : « Mieux vaut l'envoyer en allemand. »

La lettre fut donc écrite en allemand. Puis le Saint-Père souleva un point protocolaire :

Le Saint-Père : « Allons-nous le qualifier d'"Illustre", ou d'"Eminemment Illustre" ? »

Le cardinal Schulte : « Eminemment Illustre ! C'est vraiment dépasser la mesure. Il n'a pas mérité ça ! »

Le cardinal Innitzer : « Allez-vous employer le pluriel pour vous adresser à lui ? »

Les autres cardinaux : « C'est l'usage habituel. »

Le cardinal Innitzer : « Je veux dire en le saluant. Allez-vous lui écrire *Sie* ou bien *Du ?* »

Le cardinal Bertram : Un décret du Troisième Reich dispense des titres. Je dirais *Sie.* »

Le Saint-Père : « En italien, on dit maintenant *Tu* ou *Voi.* Personnellement, je dis *Lei.* Mais j'imagine que c'est différent maintenant en Allemagne. »

Le cardinal Bertram : « Vous ne l'avez pas appelé *Dilecte Fili* (Fils Bien-Aimé). C'est tout à fait bien ! Il n'aimerait pas ça. *(Riant.)* Il aimerait que le Saint-Père s'écrie *"Heil ! Heil ! ".* »

Le cardinal Innitzer : « Dans les écoles, les prêtres doivent dire avant : « "Jésus-Christ, Que ton règne arrive" "Heil Hitler". C'est le lien entre la Terre et les Cieux. »

On tomba d'accord sur le fait que la formule habituelle, *Dilecte Fili* ne serait pas appropriée à Hitler. Le texte final était ainsi rédigé :

« A l'Illustre Herr Adolf Hitler, Führer et Chancelier du Reich allemand ! Maintenant, au début de Notre Pontificat, Nous tenons à vous assurer que Nous restons dévoués au bien-être spirituel du peuple allemand, investi de votre commandement. Pour eux, Nous implorons Dieu le Tout-Puissant de leur accorder la vraie félicité qui jaillit de la religion. Nous nous rappelons avec grand plaisir les nombreuses années que Nous avons passées en Allemagne, comme Nonce Apostolique, quand Nous faisions tout ce qui était en Notre pouvoir pour établir d'harmonieuses relations entre l'Eglise et l'Etat. Maintenant que les responsabilités de Notre fonction pastorale ont accru Nos possibilités, Nous prions d'autant plus ardemment pour atteindre ce but. Puisse la prospérité du peuple allemand et ses progrès dans tous les domaines s'accomplir avec l'aide de Dieu !

Dicté ce jour du 6 mars 1939 à Saint-Pierre de Rome, durant la première année de Notre Pontificat. »

Pour Pascalina, qui assistait en tant que greffière à cette réunion, l'arrangement ainsi trouvé dépassait tout ce qu'elle avait craint. Elle était comme hébétée et incrédule, en écoutant cette « conversation épouvantablement flagorneuse que l'on poussait jusqu'à l'extrême. C'était comme assister à une tragédie shakespearienne. Il y avait le pape et son conseil de cardinaux, à genoux devant Hitler ». Elle comprenait désormais que le génie diplomatique de Pacelli qu'elle admirait depuis tant d'années ne pouvait composer qu'un aspect de l'essence même du « caractère d'un pape autoritaire et fort ». Il lui semblait capital qu'« un vicaire du Christ non seulement prêche la parole de Dieu, mais mettre ses préceptes en pratique et incarne une force morale, quel qu'en soient le prix et les sacrifices ». Allemande elle-même, elle savait d'instinct que Hitler, si tyrannique soit-il, ferait très attention, devant la main levée d'un pape inflexible.

Dans l'espoir d'amener le pape à se départir d'une attitude aussi conciliante elle entreprit de lui faire reconsidérer ses options : « Le Saint-Siège reste aujourd'hui le seul instrument viable de paix », faisait-elle valoir, après que le conseil des cardinaux se fut retiré. « Hitler ridiculise l'Eglise catholique. Le Saint-Siège ne pourra l'emporter sur le nazisme que si le Saint-Père s'élève avec force et sans crainte des conséquences. »

Elle était à peu près sûre que Pacelli continuait à révérer la mémoire de Pie XI. Confiante, elle fit jouer la corde sentimentale en appelant à la piété filiale de Pie XII : « Votre Sainteté, vous vous rappellez que Pie XI, à la veille de sa mort, a condamné Hitler et les nazis. Comme vous le savez, l'encyclique de notre cher et bon ami Pie XI était en complète contradiction avec tout ce qui a été décidé aujourd'hui. »

Le pape ne la laissa pas achever : « Restez à votre place de femme et de nonne ! Et laissez les morts reposer en paix ! »

Il avait presque crié sur ces derniers mots. Jamais il ne s'était montré aussi blessant envers elle. La nonne ne répondit pas ; elle avait appris à gagner ses victoires en laissant l'orage se calmer.

Le même soir, alors que la nonne était sur le point d'aller se coucher, le pape vint frapper timidement à sa porte. Elle hésita avant de répondre. Puis, au moment où elle allait ouvrir le verrou, elle l'entendit dire, d'une voix douce : « Sœur Pascalina, je vous ai gardé une place dans mes prières ce soir. Maintenant, dormez bien. » C'était sa façon de lui demander pardon.

Au fil des semaines, le contrepied qu'avait pris Pie XII par rapport à la politique menée par Pie XI à l'encontre de Hitler ne laissait pas d'inquiéter Pascalina et elle s'interrogeait : Pacelli avait-il été vraiment dévoué à l'ancien pape ou, comme tout un chacun, était-il servile à son égard à la seule raison qu'il était le pape ? Elle se souvint d'un Pacelli blanc comme neige, lui racontant les humiliations et les vexations qu'il endurait de la part du vieillard. Il était parfois obligé de rester à genoux aux pieds de l'ancien pape, pendant plus d'une heure d'affilée, alors qu'il était secrétaire d'Etat et considéré comme le deuxième personnage du Vatican.

L'attitude « autoritaire et presque insolente » du défunt pape envers Pacelli fut relatée par le comte Galeazzo Ciano, ministre des Affaires étrangères italien et gendre de Mussolini. De nombreux prélats de la hiérarchie vaticane lui faisaient leurs confidences : « Tout le monde est terrorisé par Pie XI, écrivit Ciano dans son journal intime en date du 26 août 1938. Il traite tout le monde avec arrogance, même les plus illustres cardinaux. » Et citant le cardinal Borgongini-Duca, assistant de Pacelli à l'époque, Ciano poursuivait : « Quand le cardinal Pacelli... va au rapport, il lui faut prendre note de toutes ses instructions, sous la dictée du pape, comme n'importe quel petit commis. »

Le jour même de l'élection de Pacelli au trône de Saint-Pierre, Ciano avait noté dans son journal :

> « J'ai reçu la nouvelle de l'élection à la papauté du cardinal Pacelli. Elle ne m'a pas surpris. Je me rappelle

l'entretien que j'ai eu avec lui le dix février. Il était très conciliant et il semblait aussi qu'entre-temps il ait amélioré les relations avec l'Allemagne. En fait, Pignatti [le comte Bonifacio Pignatti, ambassadeur de l'Italie au Saint-Siège] disait hier encore qu'il était le cardinal préféré des Allemands. A table, j'avais déjà dit à Edda [épouse de Ciano et fille de Mussolini] et à mes collaborateurs : "Le pape sera élu aujourd'hui. Ce sera Pacelli, et il prendra le nom de Pie XII". »

Durant les six premiers mois qui s'écoulèrent entre l'élection de Pacelli et l'éclatement de la Deuxième Guerre mondiale, la politique de conciliation du Saint-Siège à l'égard de l'Allemagne nazie ne laissa plus aucun doute à Pascalina sur le trouble profond qui égarait les sentiments du pape.

Pacelli était un germanophile passionné ; elle se demandait si toutes les années qu'il avait passées en Allemagne et son amour pour le peuple allemand n'avaient pas orienté sa vision. Il avait travaillé si dur, comme nonce apostolique en Allemagne, élaboré un concordat entre l'Eglise et un Etat à prédominance protestante. Avait-il peur de défaire son œuvre si on rompait tous liens avec l'Allemagne ? Et puis, la hiérarchie allemande exerçait une forte emprise sur lui. Le pape abondait dans son sens et était convaincu de l'avantage que tirerait l'Eglise de la persécution nazie à l'encontre de son clergé et de ses nonnes. En décrivant les atrocités hitlériennes sur les catholiques, laïcs et en robe, le cardinal Joseph Schulte, archevêque de Cologne, disait à Pie XII : « L'intérêt général pour les affaires de l'Eglise est plus vivant que par le passé. »

Pascalina n'en crut pas ses yeux et ses oreilles en voyant le Saint-Père hausser les épaules nonchalamment et proférer : « Tel est l'effet de la persécution.

— Les Eglises sont pleines à craquer, continua le cardinal Schulte.

— Même chose en Autriche, ajouta le cardinal Theodor Innitzer, archevêque de Vienne.

— Bien, donc, nous ne devons pas perdre courage ! » conclut Pie XII, le visage indéchiffrable.

Même si le Souverain Pontife lança par la suite quelques appels à la paix, ses mots étaient aussi émoussés que son esprit. « Nous n'avons pas encore perdu tout espoir que les gouvernements prennent conscience de leurs responsabilités pour épargner un si grave désastre à leurs peuples et la terrible responsabilité d'un appel à la force », déclara-t-il le 19 août, à une semaine et demie du début de la Deuxième Guerre mondiale. Pas une seule fois auparavant ni ensuite, il ne dénonça publiquement les agresseurs, Hitler et Mussolini.

Pascalina décrocha le téléphone, quand François Charles-Roux, ambassadeur de France près le Vatican, annonça au Souverain Pontife que l'Allemagne se préparait à marcher sur la Pologne catholique. La nonne, au risque de l'irriter encore plus, supplia le pape de condamner Hitler publiquement, avant qu'il ne soit trop tard. Elle lui rappela : « On peut commettre une faute morale aussi par omission, le silence a des limites. »

Cette fois-là, Sa Sainteté sembla l'écouter d'une oreille bienveillante. Mais quand il parla, quelques heures plus tard, ses paroles n'eurent pas plus d'effet que son célèbre : « On ne perd rien à la paix ; on peut tout perdre à la guerre. »

Il était de plus en plus visible que la minorité des cardinaux qui avaient voté contre lui, au premier tour de scrutin du conclave, n'avaient pas vraiment tort en disant de lui : « C'est un homme de paix, et ce dont le monde a besoin maintenant, c'est d'un pape de guerre. »

Plus tard, ce soir-là, Pacelli retourna à son bureau « pour réfléchir, écrire, espérer ». Pascalina, qui partageait son désespoir et son inquiétude, l'y rejoignit pour dire son rosaire avec lui. Les deux étaient à genoux en prière quand on apprit la nouvelle que les troupes nazies avaient franchi la frontière polonaise. La Deuxième Guerre mondiale venait de commencer.

« Pie XII resta immobile pendant un long moment, trop hébété pour pouvoir réfléchir, racontait Alden Hatch. Puis il fila à la petite chapelle, et, pleurant comme un enfant, il se jeta à genoux et déversa toute sa détresse devant son Père céleste. »

Pascalina vint le rejoindre plus tard. Il lui dit dans un souffle : « Quel fou je fais, devez-vous croire parfois... »

VIII

Du jour où Pacelli devint pape, Pascalina se mit en tête de tout réformer dans la direction domestique du palais pontifical. « Ces bananes sont pourries ! » s'écria-t-elle d'une voix dure, le jour même de l'élection de Pacelli. Elle levait le nez et grimaçait de dégoût, en pointant du doigt les fruits gâtés, sur un comptoir près de l'évier. Les servantes, un groupe de vieilles nonnes, étaient attroupées et complètement terrifiées devant ce personnage en noir, qui faisait irruption dans leur domaine. « Mais, sœur Pascalina, Sa Sainteté Pie XI a toujours préféré les bananes mûres », fit timidement remarquer l'une des nonnes consternées. « Je me moque de comment Pie XI voulait ses bananes ! rétorqua Pascalina, à bout de patience. Maintenant le pape, c'est Pie XII, et je ne veux pas que Sa Sainteté mange des cochonneries ! » Elle observait le désordre qui règnait un peu partout, surtout dans l'office et l'arrière-cuisine, et ne leur laissa aucun doute sur la manière dont elle comptait désormais gérer les cuisines. « Si vous autres nonnes n'êtes pas capables de faire tourner correctement cette cuisine, si vous n'êtes pas capables de tenir cet endroit propre et de l'approvisionner en bonne nourriture, c'est moi qui m'en occuperait en personne ! » Sa voix avait pris une intonation suraiguë. Elle sortit d'un pas décidé, en claquant violemment la porte derrière elle.

Quelques minutes plus tard, elle ordonna aux gardes suisses qu'on avance immédiatement la limousine papale.

« Au marché fruitier ! lança-t-elle au chauffeur, quand l'immense véhicule noir s'arrêta devant elle. J'ai à m'occuper d'un million de choses aujourd'hui, alors faites vite ! » lui cria-t-elle en ouvrant elle-même la porte, à la stupéfaction des gardes suisses.

En croisant son regard enflammé, le chauffeur Paolo Stoppa fila dans les rues de Rome, devant les piétons éberlués qui dégageaient promptement le passage. Piazza Navone, la limousine papale pila net dans un tel crissement de pneus, à quelques centimètres seulement d'une foule grouillante de chalands, que certains d'entre eux, effrayés ou en colère, se mirent à hurler et à lancer des insultes.

« Espèce de salope ! » lança une harangère à la nonne, qui sortait de la voiture. Elle agitait un poing fermé au visage de Pascalina. » Tu viens ici dans la grosse voiture du pape pour acheter de la nourriture bon marché, continua la femme, qui hurlait ses sarcasmes. « Ne la laissez pas acheter ici ! cria une autre femme. Le pape et ses cardinaux n'ont aucune pitié de nous. Nous, les pauvres de Rome, nous avons faim, pendant qu'eux vivent dans leurs robes de luxe et dans leurs palais avec tout leur or ! Et maintenant cette nonne, cette créature qui agit au nom du pape lui-même, vient ici nous voler notre nourriture ! »

La foule s'avançait, menaçante, vers Pascalina.

« Le clergé prend les pauvres pour des imbéciles ! cria un homme. Le clergé fait sonner creux les paroles du Christ ! Le clergé crucifie le Christ, que tu dis aimer, richarde »

« Va-t-en te cacher dans le gros palais du pape, méchante femme ! » fit encore une voix au milieu de la foule.

Jamais Pascalina n'avait reculé devant une menace. Elle surmonta la panique qu'elle sentait monter en elle. Elle comprenait les sentiments de rage qui animaient ces gens. Elle-même venait d'un milieu pauvre, et elle n'avait aucun mal à se rappeler les frustrations et l'amertume des paysans qui se sentaient trahis.

Sa propre indignation sur leur triste condition modéra sa

peur et lui redonna le courage d'affronter leur hostilité. Elle se hissa sur le marchepied de la limousine et se mit à les haranguer : « Vous avez le droit d'être en colère ! fit-elle d'une voix forte et assurée. Mais n'accablez pas le nouveau pape, Pie XII, pour les erreurs du passé. Pie XII est un homme bon et saint ! Un homme compréhensif ! Il connaît les besoins des pauvres. Pour vous montrer combien Pie XII vous aime, je demande à tout le monde ici de prendre et d'emporter chez lui tout ce dont il a besoin aujourd'hui. Et puis, s'adressant aux marchands, envoyez la note au Saint-Père. Mon nom est Pascalina. Ecrivez mon nom sur les factures, et je m'occuperai de vous les faire régler. »

La foule se pressait, maintenant apaisée, contre la limousine. « Maintenant, je veux que chacun de vous montre au nouveau Saint-Père que, vous aussi, vous êtes aussi bons et gentils que lui ! Je veux que vous choisissiez les plus beaux fruits pour le Saint-Père et que vous me les apportiez. »

Bientôt la voiture déborda de cageots de fruits.

Ce soir-là, après que les nonnes se furent retirées, alors que Pie XII achevait la première journée de son règne, Pascalina lui demanda de la suivre à la cuisine.

« Votre Sainteté, admirez les superbes fruits et légumes que le bon peuple de Rome vous envoie ! » s'exclama-t-elle. Elle ne fit aucune allusion à la scène du marché.

Pie XII connaissait trop bien les manières de Pascalina et aussi l'anticléricalisme du petit peuple de Rome pour ne pas s'étonner :

« Quelle idée surprenante avez-vous en tête, sœur Pascalina ? demanda-t-il, avec un fin sourire entendu.

— Votre Sainteté ! Vous semblez croire que j'ai une arrière-pensée...

— Je suis Romain de naissance et j'ai vécu une grande partie de ma vie ici. Faut-il croire maintenant que quelqu'un a agité une baguette magique sur la tête de ces gens pour leur faire aimer la papauté ? D'un autre côté, ce magicien pourrait bien être une nonne du nom de sœur Pascalina, qui choisit de jeter le trésor du Vatican par les fenêtres, pour acheter l'amour du petit peuple. » Elle sut alors que le Saint-Père avait été mis au courant de tout ce qui s'était passé au marché. Elle était furieuse contre Stoppa le chauffeur qui avait dû tout rapporter, mais elle n'en laissa rien percer.

Le Saint-Père lui dit d'un ton compréhensif : « Ma sœur, vous avez bien fait cet après-midi. C'était un geste bon et sage, à tous points de vue. Je remercie Dieu Tout-Puissant que vous n'ayez pas été blessée et que le bon peuple de Rome soit mieux disposé envers le nouveau Saint-Père. Mais au cas où vous penseriez comme eux, que le Saint-Siège peut distribuer sans limite sa richesse, je voudrais que vous vous rendiez compte par vous-même. »

Tout comme elle l'avait mené à la cuisine, il lui demanda de la suivre dans son bureau. Il lui apprit sous le sceau du secret que Pie XI n'avait pas jugé utile de lui faire part des difficultés financières dans lesquelles se débattait le deuxième diocèse du monde après celui de Rome, l'archidiocèse de New York. Ses dettes se montaient à plus de 28 millions de dollars et ses recettes diminuaient de jour en jour.

Le nouveau pape imputait à un homme cet énorme déficit : le cardinal Patrick Hayes, archevêque de New York depuis dix-huit ans, était mondialement célèbre sous le nom de « Cardinal de la charité », c'était un vieux prélat spirituel et doux, qui ne savait jamais rien refuser aux nécessiteux. Hayes était mort depuis six mois, laissant son diocèse sans presque le sou...

« L'évêque Spellman m'a raconté que, pendant les années de la grande Dépression aux Etats-Unis, il avait vu des files entières attendre devant la résidence du cardinal Hayes les subsides qu'il distribuait lui-même très généreusement...

— Eh bien, n'est-ce pas là une fonction de notre sainte mère l'Eglise que d'aider les pauvres et les indigents quand ils sont dans le besoin ? souligna Pascalina.

— Certes, répondit le Saint-Père. Mais pendant ce temps, l'archidiocèse de New York avait à peine de quoi survivre. Par son excessive générosité, Son Eminence Hayes avait totalement vidé le trésor diocésain et n'était plus en mesure de payer ses factures courantes. Maintenant, nous devons faire face aux créanciers à qui l'Eglise doit 28 millions de dollars. Voler Pierre pour payer Paul, n'est pas vraiment juste ni équitable. Etre charitable est chrétien, mais la prudence, elle aussi, a ses vertus. »

Après la mort de Hayes, les catholiques new-yorkais avaitent supplié le Saint-Siège de nommer un homme aussi généreux. Ils désiraient voir succéder au vieil homme l'évêque Stephen J. Donahue, auxiliaire bien-aimé et protégé du défunt cardinal. Pie XI voyait en Donahue, comme dans Hayes, « un pasteur du Christ », ce qui convenait parfaitement pour l'image de l'Eglise, mais beaucoup moins pour ses registres comptables... En outre, le vieux pape avait son favori à qui il destinait le premier diocèse des Etats-Unis, l'archevêque John T. McNicholas, de Cincinnati, dont la générosité envers la papauté n'avait pas d'égale. Les documents de sa nomination se trouvaient sur le bureau de Pie XI au moment où il fut terrassé par la crise cardiaque qui devait l'emporter. Pour la presse américaine, il ne faisait aucun doute que son successeur entérinerait son choix.

« L'évêque Spellman m'a dit que le président Roosevelt n'apprécie pas Son Excellence McNicholas, confiait le pape à Pascalina. D'après lui McNicholas a déplu à Roosevelt en s'élevant publiquement contre le premier projet de service militaire en temps de paix. Il a prêché contre la "propagande de paix" de Roosevelt, qui, selon lui, pourrait entraîner l'Amérique dans la guerre, et il a même exhorté les catholiques à constituer une "ligue d'objecteurs de conscience". »

Encore ces éternelles considérations politiques, se dit Pascalina en son for intérieur...

« L'évêque Spellman a un splendide instinct, poursuivait Pie XII. Vous vous rappellez avec quelle maestria Son Excellence a mené les choses, quand nous étions aux Etats-Unis, il y a trois ans. Ses conseils sur nos relations avec les cardinaux et évêques américains, et aussi avec la presse, dans des circonstances aussi éprouvantes, sont dignes d'éloges. L'évêque Spellman est le prélat préféré du président Roosevelt. C'est tout simplement parce que Son Excellence a l'intelligence et le tact d'observer les nuances exigées par la conversation d'un homme comme le président. L'évêque Spellman a la grande sagesse de ne jamais oublier que notre sainte mère l'Eglise a besoin d'amis haut placés...

– Votre Sainteté, puisque vous avez déjà opté contre Son Excellence McNicholas, pourquoi ne pas nommer Spellman à la place ? lâcha-t-elle enfin, en mettant les pieds dans le plat. Mais nommez-le pour son mérite, et non pas seulement pour complaire à Roosevelt ! Il y a bien d'autres raisons plus sérieuses pour qu'on confie l'archidiocèse de New York à Son Excellence Spellman. » Elle connaissait Spellman depuis dix ans et avait appris à apprécier ses talents. Son apprentissage, comme évêque auxiliaire de Boston, sous les ordres du très difficile et très exigeant cardinal O'Connell, avait parfaitement préparé Spellman à prendre en charge son nouveau poste. « Votre Sainteté, il est loyal envers vous, il est habile et sait comment persuader les gens de faire de généreux dons et de riches cadeaux. L'évêque Spellman est le meilleur faiseur d'argent que le Vatican ait jamais eu. »

Pascalina argumenta ce soir-là d'abondance en faveur de la nomination de Spellman. Mais Pie XII ne lui donna aucune indication sur ce que serait sa décision.

Au fil des jours, les rumeurs commencèrent à circuler, selon lesquelles Pie XII ne tiendrait pas la promesse faite par son prédécesseur à l'archevêque McNicholas. On susurrait dans les couloirs du Vatican que le pape cherchait un moyen de ne pas accorder cette nomination à McNicholas, pour pouvoir élever à cette dignité son « chouchou », Spellman.

« Je savais combien ces jours étaient pénibles pour l'évêque Spellman aussi bien que pour l'archevêque McNicholas, se souvenait plus pard Pascalina. J'aurais voulu rappeler à Sa Sainteté que les tensions se relâcheraient considérablement s'il prenait une décision, mais je savais que ce n'était pas à moi de dire quoi que ce soit. Pie XII était le genre de personne avec qui je pouvais parler en toute liberté, à condition que ce soit lui qui m'y invite. Sur un point aussi important que le choix d'un archevêque, en particulier dans le diocèse si stratégique de New York, la moindre allusion venant de moi, après la discussion de ce premier soir, n'aurait fait que m'attirer une sévère rebuffade. »

En fin de compte, incapable de supporter nerveusement plus d'incertitude, Spellman appela au téléphone la nonne depuis Miami, où l'évêque prenait quelques jours de repos. Il lui confia : « L'attente est en train de m'user. » « Je savais qu'il essayait d'en savoir plus, rapportait Pascalina, mais il me dit qu'il n'avait aucun espoir ni aucun désir de cette nomination. »

« Je suis partagé entre deux sentiments, poursuivait Spellman. J'ai envie d'aller à New York, mais je ne veux pas aller où l'on ne veut pas de moi. Le clergé de New York préfère l'un de ses propres natifs. Ils me prennent pour un étranger et ne m'aiment pas. Je préférerais rester à Boston et peut-être succéder au cardinal O'Connell, un jour. »

Spellman fut un peu plus explicite dans une lettre écrite à sa famille, le jour même de son appel téléphonique à Pascalina. « Je me sens bien, mais l'ampleur de tous les événements crée en moi de tels conflits que je me trouve bouleversé de joie, de crainte et de je ne sais combien d'autres choses. »

Le pape apprit enfin à Pascalina la nouvelle de la nomination de Spellman, une semaine après son couronnement. Ils étaient seuls dans la chapelle papale et sur le point de dire ensemble leur rosaire du soir, quand il laissa tomber incidemment ces quelques paroles : « Ma décision est prise », lui murmura-t-il d'une voix douce, alors qu'ils s'agenouillaient devant une statue de Jésus. « Vous m'avez convaincu, sœur Pascalina. » Il vit l'expression de la nonne s'éclairer aussitôt et lui sourit d'un air entendu, en ajoutant : « Votre ami est reçu ! » Il se signa et commença ses prières.

Pascalina se promit, même si Spellman l'appelait à nouveau, de ne rien lui dire. Elle devait respecter la procédure officielle du Vatican. Dès lors, c'était à l'archevêque Amleto Cicognani, délégué apostolique du Vatican à Washington, de se poser en intermédiaire du pape et d'annoncer la nomination. Mais ce ne fut que le 12 avril que Spellman apprit la bonne nouvelle. Il reçut une lettre du délégué apostolique qui lui écrivait :

> « J'ai l'honneur d'informer Votre Excellence que le Saint-Père a l'intention de vous nommer archevêque de New York... Avant que cette nomination ne soit officielle, on désire savoir si vous acceptez... Si Votre Excellence

veut bien me télégraphier “Lettre du 11 avril reçue et proposition approuvée”, je considérerai cette réponse comme votre acceptation... Cette communication vous est adressée dans la plus stricte confidentialité et doit rester secrète jusqu'à la publication officielle à Rome de votre nomination. »

Le 23 avril, l'archevêque Cicognani contacta de nouveau Spellman, cette fois par téléphone, et lui apprit que l'annonce serait faite le lendemain par le Vatican. « J'ai le sentiment qu'une bombe va exploser », écrivit le même jour Spellman dans son journal. Il adressa aussitôt un message à Roosevelt. « Je souhaite que vous soyez le premier à apprendre que le Saint-Père m'a nommé archevêque de New York. »

L'archevêque McNicholas ne reçut jamais d'explication sur son éviction.

Au sein de la hiérarchie de Rome, beaucoup soupçonnaient Pascalina d'avoir usé de son influence hors du commun sur Pie XII pour faire nommer Spellman. Les cardinaux et évêques se montraient particulièrement préoccupés que le pape, contrairement à l'usage, ne les ait pas consultés. Il se trouva un prêtre pour brocarder la fronde sourde qui faisait frémir les prélats : « L'ambition est la luxure des ecclésiastiques. »

Le peu commode cardinal de Boston, William O'Connell, exprima jovialement le sentiment général du clergé américain sur la nomination du rondouillard archevêque : « C'est ce qui arrive à un comptable, quand vous lui apprenez à lire. »

Du jour où Spellman devint archevêque, Pascalina nota de grands changements chez son vieil ami. Il était maintenant âgé de cinquante ans et il affichait un caractère autrement plus fort que le prêtre incertain et cérémonieux qu'elle avait connu presque dix ans auparavant. Les années lui avaient donné de la patine, voire de la stature, alors que le temps semblait avoir érodé le caractère de Pacelli et l'avoir rendu plus renfermé et plus introverti que jamais. Spellman n'avait plus besoin de s'en remettre complètement à Pie XII. Pour ajouter encore à son influence et à son autorité, il comptait en Roosevelt un autre puissant mentor. Pascalina s'était vite persuadée que Spellman jouait double jeu, faisant sa cour tout autant, sinon plus, à la Maison Blanche qu'au Vatican.

Mais Pie XII ne semblait pas s'en soucier. « Sa Sainteté était certes d'ordinaire plutôt amusée, voire fascinée, par le charmant Américain », reconnaissait-elle humainement.

« Le nouvel archevêque s'oubliait parfois, se rappelait-elle. En présence d'intimes comme moi-même, il faisait étalage de sa position influente unique entre deux importants chefs d'Etat : Sa Sainteté et le président américain. » Aux yeux de Pascalina, Spellman dirigeait l'archidiocèse de New York, en roulant des muscles, « de la même façon puérile que mes jeunes frères, quand papa leur donnait quelque nouvelle responsabilité à la ferme ».

Peu après avoir pris ses nouvelles fonctions, Spellman téléphona de New York à la nonne, en lui ordonnant d'aller immédiatement rechercher dans les archives de la curie une photo où il posait au côté du pape. Il en avait besoin pour la presse. D'un ton très autoritaire, l'archevêque dit froidement à Pascalina : « J'attends de vous que vous fassiez faire des tirages aujourd'hui et que vous me les envoyez par la poste du soir ! » Il raccrocha avec un « Merci » cassant.

« Il n'avait certainement plus l'air du joyeux père Spellman qu j'avais connu et aimé par le passé. J'adressai ce soir-là un courrier à Son Excellence, mais il ne contenait aucune des photos qu'il avait demandées. A la place, j'y glissai la copie d'une rédaction, qu'il avait rédigée quand il était jeune étudiant à Fordham University. J'étais tombée dessus par hasard en consultant des dossiers, des années plus tôt, alors que j'étais assistante au service de presse. On y lisait, entre autres : “L'amour de moi-même, égoïste apparemment, n'en est pas moins fort. Je tire mon plaisir, aujourd'hui, dans la réalisation de mon ambition de m'élever à quelque chose qui vaille la peine... Ainsi dois-je laisser quoi que ce soit interférer dans mon ambition ou bien la réprimer ? Avec l'aide de Dieu, non.” »

Dans sa lettre d'accompagnement à Spellman, elle écrivit : « Votre Excellence, navrée, mais il faudra un peu de temps pour trouver les photos. Cependant, j'ai pensé que vous pourriez apprécier un peu de nostalgie. Vos ambitions ont l'air de vous aller aussi bien ces jours-ci que quand vous écrivîtes la première fois sur elles. » En post scriptum, la nonne ajoutait, non sans quelque ironie : « Le courrier est si lent. Votre message de remerciement pour mon intercession en votre faveur n'est toujours pas arrivé. »

Pascalina, avec son naturel de mère supérieure, estimait comme un devoir de « faire redescendre Son Excellence Spellman sur terre, quand il lâchait la bride à son côté effronté et pompeux ».

Archevêque, Spellman se mit aussitôt au travail, non seulement pour assainir la situation financière de l'archidiocèse de New York, mais aussi celle de l'Eglise dans tous les Etats-Unis.

Les factures en souffrance se montaient à 200 millions de dollars pour tout le pays, en sus des 28 millions dus par l'archidiocèse de New York.

Spellman nomma comme conseiller financier son vieil ami John A. Coleman, l'un des boursicoteurs les plus habiles et influents de Wall Street. Dès lors, le Saint-Siège en Amérique entra par la grande porte dans le monde des affaires. Banquiers, industriels, courtiers de Wall Street, cadres supérieurs, leaders syndicalistes, agents immobiliers, chroniqueurs financiers composaient l'ordinaire des commensaux de Spellman. On leur offrit pour les allécher les titres de chevalier de Malte. Ce titre devint si âprement recherché parmi les laïcs qu'il n'était pas rare qu'un postulant fasse don à Spellman de 50 000 ou de 100 000 dollars pour obtenir cet honneur. Certains catholiques, la rumeur le soufflait, avaient payé jusqu'à 200 000 dollars à l'archevêque de New York pour bénéficier de cette dignité.

Spellman était si obligé envers Coleman qu'il le nomma au grade le plus élevé des chevaliers de Malte. Dès lors, ce dernier reçut le sobriquet de « pape de Wall Street ».

Avec les fonds ainsi recueillis, Spellman fonda sa propre banque, l'Archidiocesan Reciprocal Loan Fund. Le tandem Spellman-Coleman brassa des millions de dollars.

En une seule fois, l'archidiocèse investit 30 millions de dollars par l'intermédiaire de Coleman, en achetant des actions de

National Steel, Lockheed, Boeing Aircraft, Curtiss-Wright et Douglas Aircraft. D'énormes placements furent réalisés par l'Eglise dans d'autres entreprises de premier plan, parmi lesquelles Goodyear, Firestone, General Foods, Procter & Gamble, Standard Oil, Westinghouse et Colgate-Palmolive.

Spellman n'était guère du genre à laisser ses sentiments personnels ni des considérations éthiques prévaloir sur une bonne affaire. Il dénonçait avec fougue, du haut de sa chaire, certains films qu'il trouvait pernicieux et immoraux. *Ambre* et *Baby Doll,* tous deux réalisés par la Paramount, furent la cible de ses anathèmes. Mais sa vertueuse indignation ne l'empêcha pas d'investir dans la firme hollywoodienne. Presque tous les placements de l'Eglise étaient réalisés par l'intermédiaire de sociétés fantômes ou d'hommes de paille.

Spellman satisfaisait aussi ses goûts personnels. Fanatique de baseball, il rêvait de posséder l'équipe des New York Yankees. L'équipe n'était pas à vendre, mais Spellman, pas découragé, réussit à acheter le terrain et le stade des Yankees ainsi que les parkings environnants...

Toujours pragmatique, la morale devait céder le pas à l'argent. Il attaquait fréquemment les artistes du show-business, pour leurs « mœurs relâchées ». Mais cela ne l'empêcha pas de se rapprocher de la danseuse de Broadway, Mabel Gilman Corey, mariée à un riche magnat de l'acier. Spellman persuada l'ancienne danseuse, devenue providentiellenent veuve, de lui faire don de la totalité des 5 millions de dollars qu'elle avait reçus en héritage. Dans une lettre manuscrite adressée à la Chase Manhattan Bank, elle ordonnait le transfert de toute sa fortune, à l'archidiocèse de New York :

> « Messieurs,
>
> Je désire transférer mes comptes bancaires, mes actions et les biens dont vous avez la garde, à l'archidiocèse de New York. Veuillez livrer à Son Eminence le cardinal Francis J. Spellman, ou à son représentant, un état actuel de mes actifs et coopérer à la prompte réalisation du transfert de titres. »
>
> Sincèrement vôtre,
>
> signé : Mabel Gilman Corey»

Une autre star du show business, le Major Edward Bowes, célèbre présentateur d'un show radiophonique dans les années 30 et 40, légua la quasi-totalité de ses biens immobiliers, qui se montaient à plusieurs millions de dollars, à Spellman.

Même la Mafia venait se courber devant l'archevêque et baiser son anneau. Le gangster new-yorkais Frank Costello, qui dirigeait avec Lucky Luciano le trafic de drogue et celui de la prostitution, était tenu littéralement sous le charme de Spellman. Les magnifiques portes en bronze de la cathédrale Saint-Patrick témoignent, aujourd'hui encore, de l'admiration que le chef de la Mafia vouait à l'archevêque. Spellman était de loin le plus grand homme d'affaires que l'Eglise ait connu aux Etats-Unis, mais il n'était pas le premier à avoir impliqué le Saint-Siège dans des spéculations. La grande entreprise, bien des années auparavant, avait été la prise de participation majoritaire du Vatican dans le capital de la Bank of America lors de sa création. Ceci s'était passé avant Spellman, mais quand il accéda à l'archevêché de New York, le Saint-Siège n'avait toujours pas touché les dividendes de son investissement, qui se montaient à 150 000 dollars. Sous Spellman, la banque porta ses actifs à plus de 25 milliards de dollars.

D'après le père Richard A. Ginder, écrivain réputé et prêtre spécialisé dans les affaires financières de l'Eglise, l'influence du Saint-Siège dans la vie financière américaine prit alors des proportions incroyables. Dans la publication catholique *Our Sunday Visitor,* le père Ginder décrivait, en 1960, la richesse du Saint-Siège, en ces termes : « L'Eglise est la plus grande entreprise des Etats-Unis... et la liste de nos membres cotisants n'est dépassée que par la liste des contribuables du gouvernement des Etats-Unis. »

Le magazine *Fortune* rapportait que les revenus de l'archidiocèse de New York à lui seul dépassaient les 150 millions de dollars annuels et que ses écoles paroissiales rapportaient en prime quelque 22 millions de dollars. Mais le génie financier de Spellman constituait à tout prendre le meilleur actif de l'archidiocèse... En une seule opération, ce dernier obtint de la mairie de New York le paiement de 8,8 millions de dollars pour la vente de terrains et de vieux bâtiments estimés à un dixième de la somme. Le site et ses infrastructures, situés dans le haut de Manhattan, appartenait au Manhattanville College, dépendant de l'archidiocèse de New York. Spellman acheta rapidement, avec le produit de cette vente, une centaine d'hectares bien mieux valorisés, dans la riche zone immobilière de Purchase, qu'il négocia pour seulement 400 000 dollars. Sur ce site, le prélat fit reconstruire un nouveau Manhattanville College qui faisait l'admiration de tous.

Le jeu représenta un terrain supplémentaire d'activités à gros bénéfices. Le bingo, légalisé dans l'Etat de New York le 1er janvier 1959, moins de neuf ans avant la mort de Spellman, rapporta près de 90 millions de dollars en dix ans. Autre avantage pour l'Eglise : elle n'était pas imposable.

Spellman, qui croyait en l'adage « l'argent va à l'argent », dépensait des fortunes aussi vite qu'elles rentraient dans ses caisses. Il n'était pas rare de le voir investir jusqu'à 90 millions de dollars par an dans l'immobilier. Il édifia 130 écoles, 37 églises et 5 grands hôpitaux, ainsi que de nombreuses institutions et maisons de retraite.

En quelques années, Spellman avait accumulé une trésorerie excédentaire de quelque 182 millions de dollars pour l'archidiocèse. Il dirigeait par ailleurs pour le compte du Vatican un empire dans New York, évalué à plusieurs milliards de dollars.

« Dès lors, est-il étonnant que certains dans la hiérarchie romaine devinrent si envieux de l'archevêque Spellman ?, se rappelait Pascalina, un sourire entendu sur les lèvres. Son Eminence le cardinal Tisserant, qui n'appréciait guère tout le travail réalisé dans l'archidiocèse de New York, appelait Spellman "le cardinal Rupin". » Un jour, les sarcasmes de Tisserant faillirent causer des ennuis à la nonne. Elle informa le Saint-Père qu'un très généreux ami arriverait le lendemain, avec des sommes très importantes. Pie XII, qui ne l'écoutait que d'une oreille, releva brusquement le nez de son bureau, et lui demanda, avec le plus vif intérêt : « Qui est ce très généreux ami ? »

« Le cardinal Rupin », lâcha-t-elle. L'étonnement du pape la fit trembler de gêne. Sans montrer le moindre signe de contrariété, il lui fit la leçon : « Quand vous parlez de Son Excellence

Spellman, vous ne devez pas l'appeler "cardinal" alors qu'il n'est encore qu'archevêque. » Pascalina crut déceler une lueur d'amusement dans les yeux du Saint-Père.

Le lendemain, la nonne s'en voulut encore plus amèrement, quand Spellman en personne vint la trouver, à nouveau tout jovial, comme avant. Il commença par lui planter un chaud baiser sur la joue, puis avec un large sourire, il lui tendit une grosse sacoche noire, remplie de chèques et de dollars. « C'est pour Sa Sainteté ! », s'exclama-t-il. Spellman s'approcha tout près de son oreille et, avec un air de jeune dévoyé qui vient de faire un mauvais coup, il lui glissa : « Il y a un million de dollars dedans ! »

– Dont combien pour moi ? », répondit-elle du tac au tac. L'archevêque fouilla dans sa poche et en sortit une pièce de monnaie. Il lui tendit la pièce et répliqua gaiement : « C'est tout ce qui me reste. »

Au début de la Deuxième Guerre mondiale, Roosevelt mit les talents spéciaux de l'archevêque au service de la nation. Il avait un très sérieux problème, aux graves conséquences pour les Alliés. Durant les trois mois qui suivirent Pearl Harbor, les sabotages nazis avaient gravement endommagé les navires de transport de troupes et d'armements au large de la côte nord-est.

La « cinquième colonne » germano-américaine était en grande partie à l'origine de leur destruction systématique. Vingt et un navires furent torpillés en janvier, vingt-sept en février et cinquante en mars. L'historien Rodney Campbell comparait ce désastre à celui de Pearl Harbor. L'attaque la plus humiliante et la plus destructrice fut menée contre l'énorme paquebot de luxe français, *le Normandie,* que les sympathisants pronazis incendièrent à quai dans le port de Manhattan, le 9 février 1942. *Le Normandie,* bien plus rapide, disait-on, que le plus rapide des *U-boat,* avait été transformé en transporteur de troupes, capable de convoyer une division entière en Europe.

Spellman fut convoqué d'urgence à la Maison Blanche par le président Roosevelt. L'archevêque avait entre-temps été nommé aumônier général des forces armées américaines. Roosevelt lui révéla que les Allemands étaient en train de gagner « la bataille de l'Atlantique ». Malgré les immenses ressources américaines, les *U-boat* nazis imposaient leur loi sur l'océan. Les Allemands étaient informés à l'avance des dates de mouvement des transporteurs et des cargos, et un cordon mortel de sous-marins patrouillait au large de la côte américaine. Selon Roosevelt, ils pouvaient couler les bâtiments américains et britanniques.

Le président était convaincu que seule la Mafia, qui contrôlait les quais, tout le long du front maritime de la côte est, pouvait mettre fin à la divulgation d'informations stratégiques et aux sabotages. Son idée était que les chefs de la Mafia, qui étaient tous issus de milieux catholiques italiens, pouvaient être exhortés par un prélat du Saint-Siège à s'employer pour le bien du pays.

Le président savait aussi que Frank Costello, le « premier ministre » de la pègre et membre du conseil national de la Mafia, était un catholique pratiquant. On le voyait prier dans la cathédrale Saint-Patrick où officiait Spellman.

« Il va d'abord falloir que je demande la permission au Saint-Père », répondit Spellman. L'archevêque espérait secrètement que la pape dirait non. Le veto du Saint-Père ne gâterait en rien sa position auprès de Roosevelt.

Roosevelt, devant l'hésitation de Spellman, se mit à machonner son fume-cigarettes. Après quelques minutes, il l'ôta de sa bouche d'un geste enjoué et, redressant la tête d'un air satisfait, un sourire espiègle sur les lèvres, il dit : « Rien ne peut remplacer une victoire, mon cher évêque. Dites au Saint-Père de ma part que mon grand ami Winston a sagement défini la moralité en temps de guerre par ces mots : "Si, par un étrange coup du sort, le diable venait à s'opposer à Adolf Hitler, je me sentirais obligé de faire au moins une allusion favorable au diable, à la Chambre des Communes". »

Jamais Pascalina n'avait vu un Spellman aussi troublé que le jour de son arrivée de New York, fin mars 1942. Il tournait en rond dans le bureau de la nonne, en se tordant les mains, ses paroles se bousculaient nerveusement. « Le président veut que je trouve un arrangement avec la pègre, lui dit-il en confidence. Comment vais-je présenter une idée aussi choquante au Saint-Père ? Et comment puis-je me permettre de refuser à Roosevelt ?

— Rien de ce que cherche ou de ce que dit un politicien ne m'étonnera jamais, fit-elle, évitant de lui donner une réponse directe.

— Pourriez-vous aborder le sujet avec le Saint-Père, avant que je parle avec lui ? la supplia-t-il. Alors je serais guidé par vos conseils. »

Pascalina hésita, puis accepta à contre-cœur. « Je n'aimais pas beaucoup me retrouver en charge d'un problème aussi controversé. Je n'accédai à la requête de Son Excellence qu'à cause du respect et de l'amitié que je lui portais. »

Mais elle ne tira rien de plus du pape que si Spellman avait essayé lui-même. Le Saint-Père avait une trop grande expérience diplomatique pour faire la sourde oreille à un président aussi puissant que Roosevelt. Mais il n'était pas dans son intention d'engager sa responsabilité dans une affaire aussi compromettante.

Elle vit que Pie XII ne désirait pas aborder cette question avec Spellman, au grand soulagement de ce dernier. « Mère Pascalina, vous faites un si splendide diplomate dans de telles affaires, fit doucement le Saint-Père, quand ils se retrouvèrent seuls dans son bureau. Murmurez à l'oreille de notre ami américain qu'il n'a pas besoin d'aborder ce point avec moi. Ce serait beaucoup plus agréable si Son Excellence et moi limitions notre audience privée de demain à une brève prière. » Le pape sourit et donna une petite tape affectueuse sur l'épaule de la nonne. En ouvrant la porte pour la laisser sortir, il ajouta, à voix basse : « J'ai toute confiance dans la discrétion de l'archevêque Spellman. C'est à lui de prendre sa décision. »

Ainsi débuta l'« Opération Pègre », codée sous ce nom par le gouvernement des Etats-Unis. Spellman, en tant qu'aumônier général des forces armées américaines, reçut l'ordre de rencontrer le capitaine de corvette Charles R. Haffender pour recevoir ses instructions. Commandant la troisième région navale,

Haffender était responsable de la sécurité de tous les navires de transport de troupes et de tous les navires de marchandises américains croisant le long du littoral oriental. L'officier demanda à l'archevêque de lui ménager un rendez-vous secret avec le chef de la Mafia Frank Costello.

Le couple insolite se rencontra dans un immeuble du bas de Manhattan. Quand Spellman arriva, Costello s'agenouilla et baisa l'anneau de l'archevêque. « Chacun de nous a un devoir patriotique à accomplir pour son pays en temps de guerre », lui dit Spellman. Le gangster protesta de son patriotisme et assura l'archevêque de ses bonnes intentions :

« Je suis honoré et heureux de pouvoir me rendre utile à mon Eglise et à mon pays. »

Quelques semaines plus tard, Spellman rencontrait à nouveau le président. Cette fois, le prélat débordait de confiance. Les promesses de Costello avaient déjà été suivies d'effets. La rapidité de l'intervention de la Mafia surprit jusqu'au président. L'ordre avait été donné par Lucky Luciano lui-même, de la prison où il purgeait une peine de cinquante ans. Les sabotages des transports de troupes et de navires américains furent enrayés en quelques semaines. Luciano, le chef incontesté de la pègre américaine derrière ses barreaux de la prison de l'Etat de New York à Dannemora, avait réussi là où le gouvernement des Etats-Unis avait dû s'avouer impuissant.

A l'heure même où Spellman rencontrait le président, les lieutenants de la Mafia, avec les soldats responsables des quais, étaient à pied d'œuvre, barraient le chemin des saboteurs nazis dans les ports tout le long de la côte orientale.

Le gouvernement américain récompensa généreusement Luciano en le libérant après moins de trois ans de détention. Le gouvernement fédéral fit pression sur l'Etat de New York pour qu'il relâche le gangster. En 1946, un an après la guerre, Luciano fut libéré et expulsé vers Naples ; l'opinion publique n'eût pas compris que le gangster continue à vivre en toute liberté sur le territoire américain. Son extradition vers l'Italie était en revanche impossible tant que vivait Mussolini qui avait combattu la Mafia.

Par la suite, on demanda à Pascalina si Pie XII avait aidé la

Maison Blanche à trouver un refuge en Italie à Luciano. La nonne refusa toujours de répondre.

Si l'Eglise y avait effectivement contribué, il lui était difficile d'expliquer cette action secourable envers un criminel endurci, condamné à cinquante années de prison. De retour en Italie, après quelques mois d'oisiveté, Luciano revint à ses premières amours et organisa le trafic de drogue en direction des Etats-Unis. Il mourut d'une crise cardiaque, le 28 janvier 1962, à l'aéroport de Naples. Il y était allé pour y rencontrer un producteur désireux d'adapter pour le cinéma l'histoire de sa vie.

« Ce fut une bénédiction quand Luciano mourut, se rappelait Pascalina. Je me souviens d'avoir dit une prière à Jésus, pour le repos de son âme. »

Quand Spellman mourut en 1967, l'Eglise aux Etats-Unis, qu'il avait trouvée criblée de dettes, vingt-huit ans plus tôt, possédait des actifs évalués à plus de 80 milliards de dollars. Le nombre des catholiques, sous la direction de l'archevêque de New York, avait doublé ; de 21 millions en 1939, ils étaient à sa mort plus de 45 millions.

Dans le Nouveau Monde, la foi catholique n'avait jamais été aussi présente et moins discutée que pendant cet « âge d'or », comme le qualifiait Spellman. Les pénitents étaient exhortés à ne penser qu'en termes absolus de bien et de mal. Il les enflammait par ses sermons sur le renoncement de soi. Le règne de Spellman fut pour l'Eglise catholique une ère sans pareille de « foi aveugle » et de générosité remarquable envers le Saint-Siège.

Il ne se trouva jamais personne au Vatican pour reconnaître que, sans l'influence de Pascalina, Spellman n'aurait jamais accédé à une si haute charge et qu'ainsi la Sainte Eglise catholique et romaine n'eût pas prospéré comme elle le fit grâce à son génie du « business ».

IX

Un après-midi, à la fin de mai 1940, près de neuf mois après le commencement de la Deuxième Guerre mondiale, le cardinal Tisserant, le prélat français à la barbe fleurie, à l'esprit cynique et à la langue acérée, passa droit devant le bureau de Pascalina, sans la regarder, entra directement dans le bureau vide du pape, s'installa sans vergogne dans le fauteuil du Saint-Père. Pie XII s'était retiré dans ses appartements, pour prendre un peu de repos, sous l'insistance de la nonne.

Irritée devant l'inconvenance de son ennemi, Pascalina se campa devant lui : « Eminence ! s'écria-t-elle, levez-vous immédiatement de la place du Saint-Père ! » L'énorme prélat avait déjà mis sans façon les pieds sur le bureau du pape, et tirait sur un gros cigare. « Et éteignez-moi ce cigare sur le champ ! » Elle semblait prête à joindre le geste à la parole et à le lui ôter de la bouche.

Tisserant parut scandalisé de sa réaction. Il était connu au Vatican pour son humeur difficile et son caractère intransigeant, mais il cèda sans entrain à la nonne. Ecrasant son cigare, il se leva lentement et grommela un sarcasme à l'encontre du pape : « Le conclave a fait une erreur ! Le Saint-Siège a besoin d'un pape de guerre et non d'un diplomate ! » A maintes reprises, la nonne l'avait déjà entendu assener de tels propos.

« C'est le contraire ! rétorqua-t-elle. Ce dont a besoin Sa Sainteté, c'est de la loyauté de ses cardinaux. Pie XII n'a certainement pas besoin de prélats qui font passer le parti de leur pays avant l'intérêt de l'Eglise ! »

Pascalina jubilait en son for intérieur, elle tenait Tisserant. Elle endurait en secret depuis trop longtemps le mépris du cardinal français à l'endroit du pape, et ceci sans jamais avoir eu la possibilité de lui répondre. Le pape s'était toujours refusé à adopter la position que préconisait Tisserant : un soutien inconditionnel des Alliés par le Saint-Siège et une dénonciation sans équivoque des nazis et des fascistes. Il n'était pas dans les manières de Pie XII de s'opposer de front à une personnalité aussi forte que Tisserant ; chaque fois que ce dernier soufflait le vent de la discorde et de la contestation, le Saint-Père faisait celui qui n'avait pas entendu et changeait de sujet.

« Vous savez très bien, Eminence, continuait-elle, que le Saint-Siège doit garder une stricte neutralité face à la guerre !

— La neutralité... peut-être, lui répondit Tisserant, qui se trouvait être le seul parmi les cardinaux de la Curie à n'être pas italien. Mais comment le Saint-Père peut-il garder le silence quand on reçoit chaque jour le récit des persécutions contre notre propre clergé et des meurtres perpétrés contre les juifs ? »

Il s'interrompit, le regard rempli de dédain. Il ne supportait pas l'influence, selon lui pernicieuse, qu'elle exerçait sur Pie XII.

« La femme gâte toutes nos opinions et nos décisions », avait dit un jour le cardinal au Saint-Père, sans citer son nom ; mais l'allusion était limpide. Devant Pascalina qui avait le front de s'interposer entre lui et Pie XII, en le délogeant du bureau papal, il n'y tint plus :

« Vous, une femme, avez une sacrée influence sur Sa Sainteté. Dites à Pie XII de se lever comme Jésus-Christ contre les marchands du Temple. Si vous n'en faites rien, c'est que vous êtes aussi fautive que le pape lui-même ! » Sur ce, il sortit brusquement, la laissant pour le moins pensive. Pour la première fois, elle se trouvait en accord avec ce qu'il venait de lui dire. Pascalina ne pouvait s'empêcher de reconnaître la force qui émanait de ce géant d'« Il Francese », quinquagénaire, barbu comme un pope, ardent patriote et très grand homme d'Eglise. Pendant la Première Guerre mondiale, il s'était distingué en servant comme officier de renseignements. Il parlait couramment treize langues : le français, l'anglais, l'italien, l'allemand, le russe, le perse, le grec, le latin, l'hébreu, l'arabe, le syriaque, l'amharique et l'araméen. Malgré son tempérament emporté et son agressivité parfois peu charitable, le cardinal Tisserant était unanimement respecté au Vatican et considéré comme l'un des plus fins esprits de l'Eglise. Au commencement de la Deuxième Guerre mondiale, le respect mitigé de Tisserant envers Pie XII s'était transformé en sourde animosité. Elle était devenue tout à fait évidente, quand le pape avait refusé de le relever de ses fonctions de préfet de la Bibliothèque Vaticane pour retourner servir son pays sous la guerre.

Devant la neutralité qu'affichait Pie XII, Tisserant s'insurgeait de plus en plus souvent : « Nos dirigeants refusent de comprendre la vraie nature du conflit et s'obstinent à supposer que cette guerre est comme toutes les guerres du passé », déclarait-il. Le 11 juin 1940, au lendemain de l'entrée en guerre de l'Italie, il écrivait à son compatriote, le cardinal Emmanuel Suhard, archevêque de Paris :

> « L'Allemagne et l'Italie vont s'attacher à exterminer les habitants des zones occupées en Pologne... Les idéologies fasciste et hitlérienne ont transformé la conscience des jeunes... Tous les moins de 35 ans sont prêts à n'importe quel crime, pourvu qu'ils atteignent le but fixé par leurs chefs... Je crains que l'Histoire ne doive un jour en arriver à blâmer le Saint-Siège de sa politique orientée vers son seul profit, et rien d'autre. Et cela est extrêmement triste... surtout quand on a connu Pie XI. »

Même l'archevêque de New York Spellman, qui devait sa carrière à Pascalina et au pape, exprima son sentiment sur le silence de Pie XII. Dans une lettre adressée au cardinal secrétaire d'Etat du Vatican, Luigi Maglione, Spellman constatait :

> « Le prestige du pape a sévèrement chuté en Amérique, à cause du manque de clarté de ses déclarations. Après des prises de positions en faveur de l'Axe, de la part des évêques italiens, les catholiques américains n'ont plus la

même confiance en l'impartialité du pape, car il se comporte d'abord en Italien, avec de probables sympathies pour les ambitions impérialistes de Mussolini. »

Le secrétaire d'Etat trouva la lettre de Spellman si blessante qu'il ne la montra jamais à Pie XII.

Le soir du 10 juin 1940, Pie XII veillait tard dans son bureau. Pascalina entra et lui dit qu'il avait l'air fatigué et déprimé.

« C'est vrai, je suis épuisé à force d'inquiétude », reconnut-il, en ôtant ses lunettes pour se frotter les yeux. Des cernes profonds et noirs faisaient paraître son visage encore plus maigre et plus émacié qu'à l'accoutumée. « Mussolini a déclaré la guerre à la France et à la Grande-Bretagne », lui annonça-t-il.

« Votre Sainteté, je suis sûre maintenant que le Vatican lui-même sera bombardé », répondit-elle, anéantie par la nouvelle. Le Souverain Pontife acquiesça de la tête et lui confia qu'il était bouleversé de savoir que de plus en plus de catholiques le condamnaient pour avoir montré si peu de solidarité envers les juifs persécutés en Allemagne.

« Ce Saint-Père va peut-être entrer dans l'Histoire comme un antisémite », fit le pape à la nonne, d'une voix atone et poursuivit sur le même ton : « Le Saint-Siège doit aider le peuple juif dans toute la mesure de ses capacités. Mais chaque chose que nous faisons doit être faite avec grande prudence. Sinon, l'Eglise et les juifs eux-mêmes encoureront des représailles encore plus dures. Mieux vaut que le monde pense que Pie XII est antisémite plutôt que le Saint-Siège fasse étalage de son courage et de sa vertu, et que les nazis fassent encore plus de victimes. »

Ce soir-là, Pascalina n'eut pas le courage de placer Pie XII devant ses responsabilités et de tenter de lui faire prendre des mesures plus énergiques, que le monde libre attendait de lui. Mais elle partageait avec lui la certitude que le grand Satan venait de l'est.

Avant la Deuxième Guerre mondiale, Pacelli était persuadé que, sans Hitler et Mussolini, l'Europe tomberait certainement aux mains des communistes et que c'en serait fini du Vatican et la Sainte Eglise catholique. Quand les armées hitlériennes franchirent la frontière russe en juin 1941, elle jubila tout autant que le pape. A contre-courant de l'opinion mondiale, Pie XII et Pascalina dirent des neuvaines pour le succès des armées allemandes et demandèrent à Dieu qu'Il agisse pour leur complète victoire en Russie. L'un et l'autre estimaient depuis toujours qu'entre les deux principaux ennemis politiques de l'Eglise, le nazisme et le communisme, le dernier, avec sa volonté proclamée de détruire le catholicisme, contrairement à Hitler, se montrait de loin le plus dangereux. Le cardinal secrétaire d'Etat Maglione expliqua la position de la papauté à Myron C. Taylor, envoyé personnel de Roosevelt au Vatican, en lui représentant que le pape espérait que les nazis anéantiraient le communisme et qu'une Allemagne affaiblie se retrouverait alors à la merci des Alliés.

A la fin de l'été 1942, Pascalina prit son courage à deux mains pour parler ouvertement des persécutions nazies contre les juifs. C'était le soir après dîner. Elle commença ainsi : « Votre Sainteté, le monde ne croit pas aux atrocités nazies. Il vous incombe, Très Saint-Père, de les révéler. Les peuples, et le peuple allemand, en seront dès lors convaincu et s'élèveront dans toute leur indignation. »

Pie XII demeurait impavide. « Roosevelt et les Anglais ont déjà parlé de ces prétendus crimes de guerre. Leurs déclarations n'ont pratiquement servi à rien, lui répondit-il.

— Mais le peuple allemand ne croit pas ce que peuvent raconter les dirigeants alliés, avec les intérêts qu'ils ont dans la partie.

— Mais notre propre clergé lui-même, en Allemagne, n'a pas de preuve réelle, juste des on-dit, sur la réalité de ces prétendues exterminations, rétorqua Pie XII.

— Se pourrait-il que le clergé, comme tout le monde, refuse de croire à la barbarie d'hommes civilisés ?

— Vous pensez que Roosevelt dit la vérité ? Que l'on peut faire confiance au président américain ? commenta Pie XII d'un air plus que sceptique.

— Je sais qu'on ne peut vraiment faire confiance à aucun

politicien, fit Pascalina. Votre Sainteté, puis-je suggérer que vous en parliez avec le président, peut-être par l'intermédiaire de l'archevêque Spellman. Exigez la vérité ! Si Roosevelt vous donne la complète assurance que ces atrocités existent, peut-être Votre Sainteté devra-t-elle alors préparer une encyclique dénonçant ces horribles crimes. Si vous, le Saint-Père, deviez révéler l'extermination massive des juifs, le monde entier vous croirait. Tout être humain digne de ce nom sur terre se lèverait. La force du bien l'emporterait sur le mal, et l'idéologie nazie s'effondrerait dans sa propre honte. »

Le pape acquiesça. Ainsi fut-il convenu de contacter l'archevêque Spellman, afin d'obtenir de Roosevelt l'assurance absolue de l'existence réelle des atrocités nazies.

Chassés par l'humidité qui envahissait maintenant le vieux palais, ils gagnèrent les jardins encore imprégnés de la chaleur torride de l'après-midi. Ils reparlèrent des dangers que l'Eglise courait à aider les juifs et du risque que les propagandes nazie et fasciste prennent pour cible le Saint-Siège.

Pascalina et Pie XII étaient tous deux réalistes, et ils dressèrent une estimation objective des retombées probables de toute action ouvertement dirigée contre les puissances de l'Axe. Si la papauté attaquait maintenant publiquement Hitler ou Mussolini, il ne faisait aucun doute que les forces de l'Axe marcheraient sur le Vatican.

Les Alliés, et surtout les Etats-Unis, exhortaient le pape à se déplacer vers un pays neutre. L'archevêque Spellman était venu voir le pape, à la demande du président Roosevelt, précisément pour en discuter.

Mais Pie XII avait catégoriquement refusé. « J'ai dit à Son Excellence que le Saint-Siège ne deviendrait jamais un outil de propagande, pour aucune des parties, les Alliés ou l'Axe », rapportait-il le soir même à Pascalina. Dans les jardins, elle poursuivait :

« Les peuples ne doivent pas être persécutés à cause de leurs dirigeants. Il doit y avoir une réponse, et le Saint-Siège est dans une large mesure cette réponse. »

Mais le pape refusa d'en entendre plus. Il ne l'écoutait pratiquement plus, il était trop épuisé. Ils s'en retournèrent au palais. L'obstination du pape lui semblait alors impossible à ébranler. Pourtant, le lendemain, elle l'entendit téléphoner à Spellman à New York et lui demander de vérifier auprès de Roosevelt la véracité des informations sur les atrocités nazies.

Spellman le rappela, quelques jours plus tard : « Votre Sainteté, le président Roosevelt m'a donné l'assurance absolue que les horribles crimes de guerres nazis sont entièrement vérifiés. Des milliers de juifs sont gazés dans des camps de concentration et des milliers d'autres sont brûlés vifs dans des fours crématoires. »

Quand il raccrocha, Pascalina put lire l'émotion qui déformait les traits du pape. Ivre de rage, il lui ordonna de téléphoner à Diego von Bergen, ambassadeur du Reich près le Vatican, et de le convoquer sans délai.

Von Bergen fut accueilli à son arrivée par une sortie glaciale du pape contre le nazisme : « Si les Allemands l'emportent, cela signifiera le commencement de la plus grande période de persécution qu'ait jamais connue le christianisme. »

Le diplomate nazi resta coi et immobile, pendant toute la philippique du pape. Visiblement, il bouillait intérieurement, mais s'en tenait à une attitude distante. Quand il répondit, ce fut pour proférer des menaces : « Je transmettrai votre sentiment, mon cher Saint-Père, au führer. Ne soyez pas autrement surpris si les relations entre le Troisième Reich et la papauté en soient rompues. »

Le pape ne fléchit pas. Il répondit, très calme, d'un ton sévère : « Dans une telle éventualité, il ne saurait y avoir qu'une seule issue : la chute de votre régime ! »

Il s'ensuivit dès lors un net refroidissement des relations entre le Vatican et le gouvernement allemand. Mais le chef de l'Eglise catholique romaine continua de garder par devers lui l'horrible vérité et de la taire au monde.

Les nazis s'emparèrent de Rome, le 8 septembre 1943. Les troupes d'Hitler encerclaient le Vatican. La nonne et le Souverain Pontife se promenaient dans les jardins pontificaux, au milieu du parfum des roses, comme à leur habitude.

« Votre Sainteté, si vous ne pouvez-vous résoudre à dénoncer

Hitler, alors le moins que puisse faire la papauté est de prêter tout son soutien au peuple juif, que les nazis persécutent. »

Elle s'arrêta à la croisée des allées et cueillit une grosse rose rouge de la variété préférée de Pie XII et la lui tendit. Pendant que le pape humait le parfum capiteux, elle se rendit compte qu'il réfléchissait intensément. Visiblement, il était en train de mesurer toutes les conséquences qu'entraîneraient une telle aide. Les dangers étaient bien plus grands pour le Saint-Siège maintenant qu'autrefois. La police secrète allemande et la police fasciste exerçaient une lourde surveillance sur la cité du Vatican. La nonne et le pape savaient ce que l'on encourait à faire clandestinement franchir aux juifs la frontière entre le Vatican et l'Italie. Mais Pascalina vit l'expression de compassion qu'avait le Saint-Père.

« Votre Sainteté, nous pouvons offrir un refuge au Vatican pour des milliers de juifs qui ont fui l'Allemagne nazie.

— Chère sœur Pascalina, Notre Saint Sauveur parle par votre esprit et votre cœur. Vous avez convaincu le Saint-Père ! »

On ne sait si c'est Pascalina ou le pape lui-même qui eut l'idée de former, ce soir-là, le Comité de secours pontifical.

Les nazis dominaient Rome, et le pape dut avoir recours à la coopération des autorités allemandes, pour que le comité puisse fonctionner. Mais pour aider les juifs en sous-main, le Saint-Père devait faire preuve de tact, voire de duplicité. Le cardinal secrétaire d'Etat Luigi Maglione fut envoyé auprès du maréchal Kesserling, qui commandait les troupes d'occupation. Maglione l'invita à rencontrer le pape au Vatican. Pie XII demanda au cardinal Tisserant d'assister à cette rencontre comme témoin et à Pascalina de consigner tout ce qui s'y dirait.

Kesselring se montra étonnamment coopératif et promit au pape de respecter l'indépendance et l'intégrité du Saint-Siège. Le Vatican resterait hors de sa zone d'opérations, et les nazis ne violeraient pas les églises du Saint-Siège ni ses basiliques, couvents et collèges. Le maréchal promit ensuite de protéger Castel Gandolfo, résidence pontificale d'été, bien qu'elle se trouvât à 27 kilomètres du Vatican et largement enclavée dans la zone en guerre. Le maréchal dit au pape qu'en retour de la coopération nazie le führer demandait que Sa Sainteté fasse au monde une déclaration selon laquelle les troupes allemandes se comportaient « correctement ». Pie XII accepta, et, le lendemain, *L'Osservatore Romano* annonça que les nazis respectaient le territoire du Vatican et tous les édifices religieux.

Au cours de cette rencontre, le pape ne fit aucune allusion à son intention d'aider les juifs. Dans le but de tromper les nazis, pour qu'ils accordent aux juifs le libre accès au Vatican, Pascalina avait préalablement suggéré à Pie XII l'idée astucieuse de faire délivrer des sauf-conduits permettant à leur porteur d'entrer et de sortir à volonté du Vatican. Le pape proposa l'idée à Kesselring, qui l'accepta. Pascalina ne se doutait pas qu'elle rencontrerait un plus grave problème dans les murs du Vatican qu'avec Kesselring.

Le pape plaça tout naturellement Pascalina à la tête du Comité de secours pontifical. N'avait-elle pas accompli un travail remarquable auprès des habitants de Munich à la fin de la Première Guerre mondiale ? Le Sacré Collège des cardinaux ressentit pour sa part la nomination comme une insulte. Cela était à la fois inconcevable et insupportable.

« Non ! » cria le cardinal Tisserant se dressant de toute sa taille devant le Souverain Pontife. « Sa Sainteté est-elle devenue folle ? » s'insurgeait-il auprès de ses collègues.

Pie XII fut abasourdi devant cette levée de boucliers au sein du Sacré Collège des cardinaux, il fut tenté de temporiser. Pascalina, folle de rage, comprit que l'heure était venue pour elle de se mettre au travail sans tarder ni de s'inquiéter de sa nomination. Elle commença à traiter les innombrables demandes d'aide émanant des juifs pris au piège dans les territoires occupés par les nazis. Elle établit son quartier général dans la cave voûtée et mal éclairée du palais pontifical.

Quand le cardinal Tisserant tomba sur elle par surprise tard, une nuit, avec l'air excédé et plein de morgue, elle se trouvait elle-même si fatiguée et mécontente, qu'elle lui montra du doigt un rat mort dans un coin de la cave.

« Si vous ne me laissez pas tranquille, je le jette sur vous ! » hurla-t-elle.

Interloqué, le cardinal tourna les talons, sans demander son reste.

Dans les semaines qui suivirent, la nonne émit des centaines de faux papiers d'identité. Ceux-ci étaient secrètement transmis à des juifs en territoires occupés, pour qu'ils puissent passer pour chrétiens et gagner, à travers les lignes nazies, le Vatican où ils seraient enfin en sécurité. Il était facile de dissimuler les fausses cartes d'identité parmi les milliers émises en toute légalité pour tous les chrétiens entrant ou sortant du Vatican. Les nazis connaissaient l'existence des faux et faisaient pression sur le Saint-Père, pour qu'il en restreigne l'émission. Pie XII promit de le faire mais à sa manière, qui était d'éluder les problèmes, ce qui n'eut d'autre effet que d'exaspérer un peu plus le haut-commandement allemand. Ce dernier était pieds et poings liés, car toute action contre le pape aurait déchaîné l'opinion publique.

Pendant le reste de la guerre, des milliers de juifs traversèrent la ligne de démarcation qui séparait Rome occupée du Vatican, pour trouver refuge dans les églises, les basiliques et autres bâtiments pontificaux. Quinze mille d'entre eux furent ainsi logés dans le seul Castel Gandolfo.

De la nourriture, des vêtements, des médicaments et de l'argent, toutes les denrées de première nécessité leur étaient fournis par le Saint-Siège. Pour financer ce programme clandestin, le pape obtint des donations déguisées, venant du monde entier, et quiconque venait assister à une audience papale était prié d'apporter avec lui de la nourriture, qui était aussitôt redistribuée.

Pascalina sut déjouer la vigilance des agents nazis qui tentaient de vérifier l'identité des réfugiés. Pascalina y réussit en grande partie, car elle tenait sous son charme le nouvel ambassadeur d'Allemagne près le Saint-Siège, le baron Ernst von Weizsächer, dont elle connaissait l'antinazisme secret. La nonne avait fait la connaissance de von Weizsächer le 5 juillet 1943, alors qu'il était reçu par le pape en audience privée.

« Ayant observé la dévotion de l'ambassadeur allemand envers Jésus, je suggérai à Sa Sainteté qu'il invite von Weizsächer à se joindre à lui pour des prières communes, en privé, dans la chapelle papale, rapportait-elle. Pie XII accepta et, par la suite, il nous arriva plusieurs fois de dire tous les trois le rosaire ensemble. Sa Sainteté ne fit jamais aucune allusion au fait que toutes les institutions de Rome étaient remplies de juifs, mais notre bon ami "le baron" savait tout, j'en suis sûre. »

L'intuition de la nonne ne devait pas la tromper. L'ambassadeur avait imposé avec succès au haut-commandement allemand en Italie de se tenir à l'écart des services de chemin de fer du Vatican, qui assuraient la liaison avec l'Italie. Par ce canal vital et ininterrompu, la nourriture et toutes les fournitures arrivaient au Vatican et à Castel Gandolfo.

Même avec son ami haut placé, Pascalina ne relâcha jamais un instant sa vigilance. Au moindre doute, elle partait comme une ombre dans la nuit, se glissant dans les innombrables escaliers secrets reliant les milliers de pièces du palais et des autres bâtiments du Vatican, pour avertir les juifs que des agents nazis étaient à l'affût.

A la lumière de sa torche, elle conduisait les réfugiés les plus recherchés à travers les souterrains du palais. Souvent, elle les faisait sortir du Vatican, dans des camions maquillés en transports de nourriture, pour leur faire gagner l'Espagne ou la Suisse.

Un jour, le grand rabbin de Rome, Israël Zolli, demanda audience au pape pour lui parler de la situation des juifs à l'intérieur de la Ville Eternelle. Les nazis avaient exigé une rançon d'un million de lires et de cinquante kilos d'or, sinon leurs maisons seraient confisquées. Les juifs avaient réuni la somme en lires, mais ne pouvaient se procurer l'or. Sa Sainteté pouvait-elle les aider ? Le pape n'hésita pas. En vingt-quatre heures, la rançon fut payée. Avec la permission du Saint-Père, Pascalina supervisa la fonte de nombreux objets sacrés pour fournir ainsi le complément de la rançon.

Un peu plus tard, la papauté incita quelque cinquante-cinq mille juifs à fuir la Roumanie, à la demande du grand rabbin Isaac Herzog de Jérusalem. Le grand rabbin avait demandé au pape d'utiliser le comité de Pascalina pour faire transiter les réfugiés par le Vatican. Pour joindre Pie XII, Herzog avait d'abord approché Mgr Angelo Roncalli, délégué apostolique en Turquie et en Grèce, qui était alors installé à Istanbul. L'amène

Roncalli, qui succéderait quinze ans plus tard à Pie XII, était connu pour ses talents de négociateur. L'Agence juive en Palestine avait à plusieurs reprises reçu son soutien, pour soustraire à la persécution des juifs en Bulgarie, Slovaquie et Hongrie.

Dans sa première lettre à Roncalli, le rabbin Herzog écrivait :

> « M. H. Barlas, délégué de l'Agence juive en Turquie, a porté à ma connaissance quelle précieuse assistance vous lui apportez toujours dans ses efforts pour venir en aide à nos malheureux frères et sœurs qui se trouvent dans l'enfer hitlérien, à chaque fois qu'il s'agit d'un pays où l'influence spirituelle de l'Eglise catholique est suffisamment puissante. Je sais bien que Sa Sainteté le Pape est opposée au plus profond de son âme noble à toute forme de persécution, et particulièrement à la persécution, sans précédent par sa férocité et sans pareille dans toute l'histoire de la race humaine, que les nazis infligent sans relâche au peuple juif, à qui le monde civilisé doit tant d'un point de vue spirituel. Je saisis cette occasion d'exprimer à Votre Eminence mes remerciements sincères, ainsi que ma reconnaissance profonde pour votre attitude favorable envers Israël et pour l'aide inestimable apportée par l'Eglise catholique au peuple juif dans son malheur. Veuillez, je vous prie, transmettre ces sentiments, exprimés depuis Sion, à Sa Sainteté le pape, avec l'assurance que le peuple d'Israël sait apprécier son aide et son attitude. »

Après la guerre, le grand rabbin Herzog vint en personne voir Pie XII, pour « remercier officiellement le Saint-Père et le Saint-Siège, pour leurs multiples actes de charité envers les juifs ».

De nombreuses attaques furent certes portées contre Pie XII, condamnant son silence sur les atrocités nazies. A la fin de la guerre, on estimait que le Vatican avait donné abri à près de 200 000 réfugiés, juifs et autres, et sauvé 400 000 juifs d'une mort certaine. Pinchas E. Lapide, consul d'Israël en Italie, devait déclarer plus tard :

> « L'Eglise catholique sauva plus de vies juives pendant

la guerre que toutes les autres églises, institutions religieuses ou organisations de secours prises toutes ensemble. Elle dépasse de loin toutes les actions de la Croix rouge internationale et des démocraties occidentales. »

En mai 1943, trois mois avant que les nazis occupent la Ville Eternelle, Sa Sainteté avait écrit au président Roosevelt pour lui exprimer sa confiance dans le fait qu'aux civils innocents seraient « épargnées, dans toute la mesure du possible, des souffrances et des dévastations supplémentaires et l'irréparable ruine de leurs sanctuaires vénérés... ». Dans une réponse datée du 16 juin 1943, à l'heure même où les Alliés décidaient à Washington le bombardement de Rome, Roosevelt écrivait à Pie XII :

> « Les attaques contre l'Italie sont limitées aux objectifs militaires, pour autant que ce soit humainement faisable. Nous n'avons pas fait, ni ne ferons la guerre aux civils, ni porté d'attaques contre des objectifs militaires. Dans le cas où une intervention militaire aérienne des alliés sur Rome s'avérerait nécessaire, nos aviateurs sont au fait de l'exact emplacement du Vatican et ont reçu l'ordre spécifique d'empêcher que des bombes tombent sur la cité. »

Pour apaisante qu'elle se voulût, cette lettre ne rassurait Pie XII qu'à moitié. « Les Allemands encerclent Rome, aussi devons-nous obtenir l'absolue garantie du président Roosevelt que Rome sera déclarée ville ouverte ! » Le pape exhortait aussi Spellman par téléphone, devant Pascalina, à rencontrer Roosevelt aussi tôt que possible, pour lui rappeler, une nouvelle fois, que la Ville Eternelle, siège mondial de la Sainte Eglise catholique et romaine et de tous ses trésors historiques et artistiques devait rester absolument hors de toute atteinte militaire.

Mais Rome, à la fois comme capitale italienne et comme centre du monde catholique, figurait déjà au premier rang dans presque tous les plans de guerre des Alliés comme des nazis. Du côté allemand, on considérait le caractère sacré de Rome comme un atout, et bien que la ville n'eût guère d'importance du point de vue militaire, elle avait une valeur symbolique et psychologique de premier ordre. Pour les Anglais, Rome était une cité honnie, dont on ne regretterait pas la destruction. Autrefois, pendant le Blitz, les avions italiens avaient côtoyé les avions allemands au-dessus de Londres. Pour les Américains, le Vatican était, selon les mots du général H. H. Arnold, « une patate chaude ». Les catholiques représentaient une forte proportion des forces armées, et, au pays, vingt-cinq millions de leurs coreligionnaires étaient presque tous de fervents partisans de la politique de Roosevelt.

Tout de suite après avoir parlé en privé avec le président à la Maison Blanche, Spellman prit un avion pour Rome. Il rencontra le pape et trouva Pascalina à son côté : « Le président m'a donné sa parole d'honneur que Rome sera déclarée ville ouverte, déclara Spellman non sans emphase. Le président m'a dit qu'il en avait discuté avec le Premier ministre Churchill et que les Alliés projetaient de protéger Rome et le Saint-Siège des ravages de la guerre. Il n'y aura pas de bombardement de Rome ni même d'attaque sur Rome par les forces alliées. Votre Sainteté, tel est le serment solennel du président des États-Unis. »

A ces mots, le pape fut grandement soulagé. Certes, aucun d'eux n'avait la moindre confiance dans les politiciens, mais il apparaissait tout à fait improbable que Roosevelt eût osé mentir, même indirectement, par le truchement de Spellman, au Saint-Père.

L'archevêque de New York était à peine rentré aux Etats-Unis que le pape commença la rédaction de son encyclique *Mystici Corporis.* Le Souverain Pontife, pour la première fois officiellement, condamnait les nazis et appelait de ses prières la victoire des Alliés. Il fustigea ce qu'il appela « le meurtre légal » des juifs, qualifiant leur extermination de « violation de la loi divine et naturelle ». Pascalina demanda au pape de nommer Hitler dans son encyclique le « boucher barbare à l'origine de l'extermination de masse ».

Plus il travaillait sur son encyclique avec l'aide de Pascalina, plus il se sentait déterminé. La nonne profita de l'affermissement de ses sentiments pour lui proposer de lire lui-même l'encyclique à la radio du Vatican. Le Saint-Père promit à Pascalina qu'il ne tiendrait aucun compte du risque et ne retrancherait rien. Il fit le serment d'en appeler aux peuples de la terre pour qu'ils s'élèvent contre les horreurs hitlériennes, les chambres à gaz et les fours crématoires.

Mais les jours passèrent et la date de la lecture de l'encyclique papale approchant, Pie XII commençait à montrer des signes d'atermoiements. Il se sentait instinctivement « incertain de la véracité des paroles du président », confiait-il à Pascalina. « Mon respect pour le président américain fut anéanti, quand j'appris que Roosevelt avait été prévenu de l'attaque imminente de Pearl Harbor, cinq jours à l'avance. Les Anglais connaissaient également par avance le plan japonais. Mon cœur saigne pour les gens qu'on persécute, mais le Saint-Siège se doit de rester au-dessus de la canaille des deux bords, dont les motifs sont toujours purement égoïstes. »

Au dernier moment, le pape fit des coupes sombres dans le texte de son encyclique. Il se livra à une attaque en règle contre les persécutions allemandes, mais ne glissa de référence directe ni à Hitler ni aux nazis. Devant la déception de Pascalina, il tenta de s'expliquer : « J'ai souvent pensé à l'excommunier, pour fustiger aux yeux du monde entier l'horrible crime de génocide. Mais après beaucoup de prières et de larmes, je réalise que ma condamnation non seulement ne serait d'aucune aide aux juifs, mais pourrait même aggraver la situation... Nul doute qu'une protestation m'eût attiré les louanges et le respect du monde civilisé, mais elle aurait exposé les pauvres juifs à une persécution pire encore. »

Les premiers doutes du pape sur Roosevelt se confirmèrent au matin du 19 juillet 1943, quand les sirènes d'alarme firent retentir leur hurlement strident dans tout le Vatican. Pascalina se trouvait alors avec Pie XII, dans son bureau. Le pape était en conversation avec plusieurs hauts dignitaires étrangers, quand les lourds tirs de la défense anti-aérienne résonnèrent.

La nonne et le pape se levèrent vivement et coururent aux fenêtres. Le ciel bleu pâle était constellé de boules de fumée noire, émises par l'explosion des obus anti-aériens. Pendant qu'ils regardaient, horrifiés, ce spectacle, les fenêtres du palais se mirent à vibrer sous l'effet d'explosions plus fortes. Pascalina vit une épaisse colonne de fumée et de poussière s'élever lentement en spirale vers le ciel. D'autres colonnes s'épaissirent bientôt en un énorme nuage noir au-dessus du Vatican.

Elle put voir que la gare principale de Rome avait été atteinte par les bombes ennemies. Les diplomates, non moins abasourdis que le pape et la nonne, s'excusèrent et sortirent. Pascalina et Pie XII restèrent aux fenêtres, priant avec ferveur, en implorant l'intercession du Christ pour sauver Rome.

D'autres appareils piquèrent soudainement à travers la fumée noire de plus en plus dense et se dispersèrent dans le ciel d'été après avoir lâché leur chapelet de bombes. La nonne pouvait suivre la trace des avions, qui passèrent très bas au-dessus de la place Saint-Pierre. Les avions des Alliés étaient en train d'anéantir la ville ! Elle vit la colère élargir les yeux du Saint-Père. Le pape avait été trompé par Roosevelt. Pie XII alla d'un pas résolu à son bureau. Il décrocha le combiné et appela Mgr Giovanni Montini, qui faisait alors office de sous-secrétaire d'Etat.

« Combien de liquide y a-t-il dans les caisses du Vatican ? » demanda le pape.

— Autour de deux millions de lires, Votre Sainteté, répondit Montini.

— Sortez-les immédiatement et prenez la première voiture que vous pourrez trouver dans la cour de saint Damase. Nous vous rejoindrons. »

Pascalina et le Saint-Père dévalèrent les escaliers du palais et trouvèrent Montini qui traversait la cour. Il portait un énorme sac noir gonflé de billets. Pie XII indiqua une petite voiture garée non loin de là, ils s'y engouffrèrent, Montini au volant.

« Allez aussi vite que possible ! » cria Pie XII. Ils filèrent dans les rues de Rome, avec les bombes qui pleuvaient sous les ailes alliées et qui explosaient un peu partout.

« Plus vite ! » cria Pie XII, mais Montini n'avait guère besoin d'encouragements. Ils allaient si vite que Pascalina eut l'impression qu'ils volaient presque au-dessus du Tibre, en remontant le Corso Vittorio Emanuele. Pie XII ne cessait de frapper du poing sur le tableau de bord, complètement submergé par l'émotion et la colère. « Plus vite ! Plus vite ! » répétait-il sans arrêt. Des flammes transperçaient l'épaisse fumée qui se trouvait face à eux. Leur voiture déboula sur la place, juste devant la gare, d'où une épaisse fumée noire s'échappait. De nombreuses victimes jonchaient le sol. Des barricades avaient été dressées par la police et les soldats, et il était impossible d'aller plus loin. Pascalina, Pie XII et Montini sortirent de la voiture. Les gens couraient partout en hurlant. Quand ils virent le pape, ils se mirent à se presser autour de lui en criant : *« Il Papa ! Il Papa ! »*

On rapporta à Pie XII que l'ancienne église de San Lorenzo était en partie détruite et qu'une bombe était tombée non loin de là, sur le cimetière de Campo Verano. C'est là que la famille Pacelli était enterrée et Pie XII découvrirait que les corps ensevelis de ses parents avaient été arrachés de leurs tombes.

A leur droite, juste au-dessous du quai, de nombreux wagons de voyageurs étaient la proie des flammes. Des explosions retentissaient tout autour d'eux. Pascalina vit des bâtiments s'écrouler et entendait les plaintes des malheureux qui restaient prisonniers des décombres. Tous trois étaient immobilisés par des centaines de femmes qui se tenaient là, pétrifiées. La nonne s'agenouilla à côté de Pie XII et de Montini, ils commencèrent à réciter une prière bientôt reprise par la foule. Quand enfin ils purent se relever, ils portèrent assistance aux blessés. Pie XII et Montini prodiguaient aussi les derniers sacrements aux mourants.

Quand les secours arrivèrent, le pape dit à Pascalina et à Montini de distribuer l'argent du Vatican à ceux qui en avaient besoin. Alors que Pie XII était en train de diriger les opérations, une mère en larmes lui déposa dans les bras le petit corps de son enfant mort. Le Saint-Père se tint là, serrant tendrement l'enfant dans ses bras, tout en continuant à répandre des paroles de consolation à la foule en deuil.

L'aube pointait déjà, quand ils regagnèrent le Vatican. Pascalina, comme Pie XII et Montini, avait le regard vague à force de larmes et d'épuisement. Le sang des morts et des blessés maculait leurs habits.

Le raid aérien, auquel avaient pris part 521 avions alliés, avait causé la mort de centaines de civils.

En arrivant au palais, Pie XII prit le bras de Pascalina pour aller à son bureau. Un jour nouveau commençait déjà. Le pape, sans prendre une minute de repos, lui dicta une lettre adressée au président Roosevelt. Après les horreurs de la nuit, les destructions dont il avait été le témoin, le Souverain Pontife trouvait encore le moyen de ménager son correspondant... Pour Pascalina, c'était totalement inconcevable, mais le ton de la lettre n'en était pas moins feutré. Il demandait au président américain que les Alliés ne procèdent plus à aucun bombardement sur Rome. « En tant qu'évêque de cette ville sacrée, nous avons toujours essayé de protéger notre bien-aimée Rome de toute dévastation. » Et pour tout reproche, il écrivait : « Mais cet espoir raisonnable a hélas été déçu. »

Aux yeux de Pascalina, l'ambassadeur britannique près le Vatican, Sir Francis D'Arcy Osborne, résuma judicieusement la situation par ces mots : « Il ne fait aucun doute que le pape est victime du charme notoire et de l'adresse politique du président. »

Roosevelt ne fit aucun cas de la supplique du pape, car, le 13 août, moins de trois semaines plus tard, la machine de guerre américaine déferla à nouveau sur la Ville Eternelle. Rome subit encore une fois un raid aérien. Cette fois, les bombardiers alliés concentrèrent leurs attaques sur le quartier de San Giovanni, non loin de Saint-Jean du Latran, la propre église du pape.

Enfin, Pie XII daigna exprimer sa colère. Revenant de voir les morts et les blessés et les ruines encore fumantes, il convoqua dans son bureau Pascalina et Tisserant. Et là, il fit tonner l'orage papal :

« Aussi longtemps que je serai le Saint-Père, le Saint-Siège ne violera plus jamais sa règle de neutralité. Les canailles des deux côtés de cette guerre ont prouvé leur déshonneur. A l'avenir, le Saint-Père vous écoutera tous deux, comme par le passé, mais en restant fermement attaché à son propre et meilleur jugement. »

X

Pour Pascalina, nombre des problèmes du monde, et en particulier l'appauvrissement de l'esprit humain, tenaient à la décadence qui régnait en haut lieu... jusqu'au Vatican. Elle n'était pas depuis une semaine au Vatican qu'elle surprit « un cardinal italien pincer les fesses d'une dame ». Cela se passait dans l'un des bureaux de la curie, et elle ne put jamais oublier l'incident ni, bien sûr, pardonner au prélat.

Son désenchantement était d'autant plus complet qu'elle avait grandi « dans le plus idéaliste respect » des prêtres, se rappelait-elle bien plus tard, âgée alors de quatre-vingt-sept ans. « Ils incarnaient pour moi tout ce qu'il y a de plus pur et parfait. J'ai peut-être l'air d'une prude, au jour d'aujourd'hui, mais il y a des principes de moralité auxquels nous devons tous obéir, surtout si l'on appartient au clergé et, encore plus, si l'on fait partie de la hiérarchie. » Elle voyait partout, y compris au Vatican, « trop d'angles arrondis, fussent-ils d'ordre moral ou éthique. C'est ce dégoût qui finalement m'a donné le courage de m'élever contre le Sacré Collège des cardinaux, composé de traîtres aux enseignements du Christ. » Et le cardinal Tisserant incarnait à ses yeux l'expression la plus grossière de la dégradation morale des hiérarques de l'Eglise. Quarante ans après, Pascalina ne lui pardonnait toujours pas de l'avoir plongée, elle, ainsi que le pape, dans un état de furie indicible. C'était le soir du 25 juillet 1943, le cardinal se rua dans l'appartement du pape sans s'être fait annoncer. Pie XII et Pascalina étaient à genoux, en train de réciter leur rosaire.

« Bonne nouvelle, Votre Sainteté ! cria le cardinal, le visage couvert de sueur. Les cochons ont enfin recouvré la raison ! Le roi a mis ce bâtard de Mussolini aux fers ! » Tisserant, ivre de joie, était incapable de se contrôler. Il frappa des poings sur le bureau du pape, comme sur un tam-tam. Pascalina était plus outrée par le langage utilisé par Tisserant que par la nouvelle qu'il apportait. Furieuse, elle se leva et gifla Tisserant, à toute volée.

Pie XII était atterré autant par le geste de Pascalina que par la liberté inqualifiable des manières de Tisserant. Le prélat français laissa alors libre cours à sa fureur. « Voilà ce qui arrive quand on introduit une femme dans un monde d'hommes ! rugit-il au nez du pape. Laissez-moi vous dire, Votre Sainteté... Le Sacré Collège des cardinaux a appris que l'autre fils de pute, Hitler, est sur le point d'agir en représailles à la capture de ce fasciste de Mussolini ! » Tisserant s'interrompit et se redressa soudain de toute sa hauteur. Il approcha son visage barbu tout près de celui du Saint-Père. « Hitler a ordonné votre arrestation, mon cher pape. En fait, si vous résistez, les nazis, cette boue puante qui tient Rome, ont reçu l'ordre du führer de vous abattre ! »

Tisserant s'interrompit encore une fois. Pie XII et Pascalina étaient accablés et gardaient le silence. Après un long moment, Tisserant sortit en claquant la porte derrière lui.

Malgré l'avertissement de Tisserant, le pape ne prit aucune mesure immédiate de protection. Pascalina ordonna quant à elle aux gardes suisses de se tenir en alerte permanente, contre toute attaque inopinée contre Sa Sainteté.

Hitler avait appris, en septembre 1943, que Pascalina falsifiait des cartes d'identité vaticanes pour permettre à des réfugiés juifs de trouver un abri au Vatican. Comme tout autre Etat, le Vatican n'était pas exempt d'informateurs, et Pascalina était persuadée, sans pouvoir le prouver, qu'un membre de la hiérarchie aux sympathies pronazies, l'avait trahie. Le führer se montrait de plus en plus agressif envers le Saint-Siège. « J'irai au Vatican, lança Hitler, le 9 septembre 1943. On les aura ! Oui, toute la troupe là-dedans ! Je m'en moque !... On les fera sortir, tous ces porcs... L'Eglise n'essaiera plus de s'immiscer dans les affaires d'Etat... L'heure est venue de régler mes comptes avec le pape ! »

Ces menaces d'Hitler contre la personne de Pie XII empêchèrent Pascalina de dormir bien des nuits, au cours de l'été 1943. La nonne fut soulagée quand Rome fut enfin déclarée ville ouverte. Le gouvernement italien en fit la proclamation officielle le 14 août, le lendemain du deuxième bombardement allié sur la ville. Le roi, Victor-Emmanuel après avoir ordonné l'arrestation et l'incarcération du duce, nomma immédiatement le maréchal Pietro Badoglio, un antifasciste, comme chef du gouvernement italien.

Badoglio vint immédiatement voir le pape pour l'assurer que le nouveau gouvernement respecterait l'autonomie du Vatican. Pie XII et Pascalina avaient déjà entendu tellement de fausses promesses, des deux parties, depuis le début de la guerre, qu'ils restèrent sceptiques.

Si la nonne et le pape avaient encore apporté crédit aux paroles d'un Roosevelt, d'un Churchill ou d'un Hitler, le bombardement qui survint quelques semaines plus tard l'aurait totalement ruiné. Cette fois, la cité du Vatican elle-même fut prise comme cible. « On ne sut jamais qui des Alliés ou de l'Axe nous envoya ces bombes », se rappelait Pascalina.

Le piège se resserrait sur la papauté. Pie XII et la nonne étaient convaincus que la libération rocambolesque de Mussolini de sa prison de Campo Imperatore, le 12 septembre, allait être lourde de conséquences pour le Saint-Siège.

La prison avait rendu Mussolini comme fou. Le duce n'avait besoin d'aucun encouragement de Hitler pour chercher à se venger. Le führer orienta la rage de son pantin sur le Vatican et les juifs que l'Eglise avait soustraits aux nazis. Bientôt, des hordes de fascistes venus des provinces du nord, affluèrent vers la Ville Eternelle. Les Chemises noires n'avaient qu'une seule idée en tête : tuer les juifs et faire un mauvais sort au pape.

Pascalina supplia Pie XII de prendre immédiatement des mesures défensives. Elle le savait assez découragé par les horreurs de la guerre pour sombrer dans un état d'hébétude. Pie XII avait aussi tendance, selon elle, « à laisser tout entre les mains de Dieu ».

« Barricadons les juifs dans Saint-Pierre ! » proposa-t-elle, quand les nazis eurent repris Rome.

Jamais les portes de la basilique n'avaient été fermées pendant la journée. Le pape, pressé par Pascalina, savait que l'heure était venue de prendre des mesures sans précédent.

« Allez informer les gardes suisses de mon ordre de sceller la basilique ! Mais, d'abord, assurez-vous que tous les juifs du Vatican y aient trouvé refuge.

– Et vous, Votre Sainteté ? demanda la nonne d'une voix tremblante. Elle craignait que Hitler et les fascistes ne mettent leurs menaces à exécution. Où allez-vous demeurer ?

– Le Saint-Père restera ici dans son palais ! Voyons si quelqu'un, y compris Hitler et Mussolini, osera attaquer le pape, vicaire de Jésus-Christ sur Terre ! Nous n'étions pas intimidés par les pistolets braqués sur nous, lui rappela-t-il en évoquant la terreur qui s'était emparée de Munich. Et nous aurons moins peur cette fois.

– Votre Sainteté, avec votre permission, je resterai ici avec vous ! dit la nonne.

– Vous n'avez pas ma permission ! Allez prendre refuge dans les caves du palais.

– Non, Votre Sainteté ! insista Pascalina, dont les mots se bousculaient. Dès que je serai assurée que les juifs sont bien enfermés dans la basilique, je reviendrai ici. Avec ou sans votre permission ! Ma place est toujours à votre côté ! »

La nonne avait l'air plus déterminée que jamais. Il savait combien il était inutile de la contredire. Le pape secoua légèrement la tête, en signe de triste reddition : « Dépêchez-vous de revenir, mère Pascalina ! » Il décrocha le téléphone et ordonna aux gardes pontificaux de s'armer de fusils et de mitraillettes. Le pape les fit poster tout au long de la frontière, une large ligne blanche, peinte à même le pavé, séparant le Vatican de Rome. A la vue des soldats du pape en tenue kaki, les troupes fascistes et nazies se déployèrent pour l'attaque. Mais avant qu'on eut tiré un seul coup de feu, le maréchal Kesselring s'interposa.

Pressentant l'immense scandale qui ne manquerait pas de salir l'honneur du Reich de par le monde, si les nazis s'emparaient du Vatican par la force, il ordonna à ses troupes de rengainer leurs armes. Les commandants des deux côtés engagèrent des pourparlers et on s'accorda pour respecter la neutralité du Vatican. Ni les nazis ni les soldats pontificaux ne devaient traverser la frontière. Les nazis et les fascistes furent au plus près de réaliser leurs menaces, dans la nuit du 5 novembre, au cours d'un raid sur le Vatican mené par un seul avion. Quatre bombes furent lâchées : l'une détruisit un atelier de mosaïque, près de la gare du Vatican, la déflagration et les éclats brisèrent les vitraux du dôme de Saint-Pierre. Les trois autres bombes tombèrent sur les jardins, brisant les vitres des fenêtres avoisinantes et endommageant la station de radio du Vatican. De plus en plus nombreux, les membres de la hiérarchie catholique dans le monde pressaient le pape d'abandonner le Vatican et de s'établir dans un pays neutre.

En réponse, le 9 février 1944, le pape convoqua tous les cardinaux présents à Rome à une audience dans la chapelle Sixtine. Pie XII se présenta à eux vêtu d'une simple soutane blanche. Le Souverain Pontife leur rappela qu'au début de la guerre il avait demandé aux évêques de rester à leur poste. Mais maintenant que la guerre était aux portes du Vatican et que les Alliés comme les puissances de l'Axe attaquaient ouvertement la papauté, il relevait tous les prélats de leurs serments de fidélité qu'ils avaient juré de respecter, cinq ans plus tôt, dans la même chapelle.

« Nous vous relevons de toute obligation de suivre notre destin. Chacun de vous est libre de faire ce qu'il croit être le mieux. » Toutefois, Pie XII leur fit clairement comprendre qu'il n'avait aucune intention d'abandonner son poste d'évêque de Rome. « Si quoi que ce soit devait arriver au Saint-Père, dit le Souverain Pontife, si le Saint-Père est emprisonné ou tué, vous devez vous réunir où vous pourrez, pour élire un nouveau pape. »

Blêmes, les larmes aux yeux, les cardinaux refusèrent l'ordre du pape. Ils plièrent le genou devant lui et embrassèrent ses pieds, chaque cardinal jurant, une nouvelle fois, sa loyauté et sa foi inébranlable. Le cardinal Tisserant, sincèrement ému, fut parmi les tout premiers à exprimer sa fidélité.

Le lendemain, les Alliés rompirent à nouveau la promesse faite au pape. Pour la troisième fois, les sanctuaires du Vatican furent attaqués. Cette fois, les bombes atteignirent aussi la résidence d'été de Castel Gandolfo, où quelque quinze mille réfugiés étaient hébergés. Plus de cinq cents personnes, dont de nombreux juifs, trouvèrent la mort. Castel Gandolfo n'était plus que ruines.

Puis, cinq jours après, le 15 février, les Alliés recommencèrent à nouveau leurs bombardements intensifs contre des sanctuaires. Des avions américains, sous le commandement du général Bernard Freyberg, lâchèrent 576 tonnes d'explosifs sur l'abbaye de Monte Cassino, réduisant ce haut lieu historique à quelques décombres, tuant un nombre — jamais révélé — de paysans, qui étaient venus s'y réfugier.

Le 1er mars, la veille du cinquième anniversaire de l'élection de Pie XII au trône de Saint-Pierre, l'aviation nazie frappa le Vatican. Le Pontife était sur le point de s'asseoir à table pour un dîner privé que Pascalina avait elle-même préparé en son honneur quand ils entendirent le bruit d'un avion qui volait en rase-motte. Six explosions retentirent, faisant trembler les vieux murs du palais. L'une des bombes tomba si près que Pascalina vit des éclats pleuvoir dans la cour de saint Damase, à quelques mètres de la façade des appartements du pape.

Onze jours plus tard, le 12 mars, cinquième anniversaire du couronnement de Pie XII, le Saint-Père fit sa première apparition publique depuis l'occupation de Rome par les nazis. S'adressant à une foule immense de trois cent mille personnes, le Pontife fustigea les Alliés ainsi que les puissances de l'Axe. « Comment croire que quelqu'un oserait faire de Rome, la noble ville qui appartient à tous les temps et à tous les lieux, un véritable champ de bataille, et oserait ainsi perpétrer un acte aussi peu glorieux militairement qu'abominable aux yeux de Dieu ? »

La guerre tournait sur tous les fronts à la défaveur de l'Allemagne et de l'Italie. En moins de trois mois, le 4 juin, les Alliés arrivèrent à Rome et chassèrent les nazis.

« J'avais pris le parti de Sa Sainteté, tout le temps qu'il avait décidé de maintenir la position historique de neutralité de l'Eglise dans la guerre, confiait Pascalina. Mais dans mes prières quotidiennes à Jésus, je suppliais Notre Seigneur qu'Hitler et Mussolini soient défaits. J'ai parlé à Sa Sainteté de mes prières et de mon espoir, au début de la guerre. Ensuite, le Saint-Père priait avec moi, dans les mêmes intentions. »

A la mi-juillet, quelque six semaines après que les forces alliées eurent libéré Rome, Pascalina reçut une étrange visite. Mussolini lui dépêchait sa maîtresse, Clara Petacci. Elle arriva de nuit, déguisée, dans l'espoir de conclure un accord avec le Saint-Siège au nom du dictateur en pleine débâcle.

La signora Petacci demanda à Pascalina d'intervenir auprès du pape en faveur du duce. Mussolini était toujours à la tête des fascistes, qui se battaient aux côtés des nazis en Italie du nord, mais il était prêt à trahir Hitler, si le pape acceptait de lui servir d'intermédiaire avec les Alliés.

Pie XII s'emporta contre Pascalina quand elle lui raconta plus tard sa rencontre avec Petacci.

« Vous avez parlé seule avec cette femme, sans que je le sache et sans ma permission ? criait le pape. Petacci est la maîtresse de Mussolini ! Ils ont vécu ensemble pendant des années en état de péché mortel !

— Votre Sainteté, comment êtes-vous au courant d'un tel scandale ? » demanda doucement la nonne. Elle avait appris tardivement à ne pas perdre son sang-froid, quand le Saint-Père perdait le sien.

« Demandez à n'importe qui au Vatican. Demandez aux cardinaux ! répliqua Pie XII avec impatience.

— Et que croyez-vous qu'ils murmurent à notre sujet, Votre Sainteté ? s'enquit-elle. J'habite sous votre toit depuis que je suis jeune fille. Nous savons que, devant Dieu, nos vies sont pures. Mais qui, même dans le Sacré Collège des cardinaux, croit en cette vérité simple ? Pourquoi alors, Votre Sainteté, êtes-vous si prompt à juger les autres ? »

Le pape ne sut que répondre.

La nonne saisit la main de Pie XII et la porta à ses lèvres.

« Votre Sainteté, espérons et prions de n'être pas les seuls gens convenables au monde. Même si vous êtes pape, et moi une nonne, nous ne sommes pas les meilleurs humains... ni les pires. »

Pie XII sembla s'apaiser, mais il était toujours visiblement inquiet. « Pourquoi cette femme est-elle venue vous voir ?

— La signora Petacci est venue apporter un message de Mussolini, répondit Pascalina. Le duce requiert votre intervention. Il espère une solution politique italienne.

— Hitler est au courant ?

— Non, pas du tout, dit la nonne. La signora Petacci m'a assurée que Mussolini n'a pas beaucoup parlé ces derniers temps à Hitler. Le duce est maintenant tout à fait déçu par le führer. Il a qualifié l'attaque d'Hitler sur la Russie de "mégalomane". D'après Petacci, Mussolini se considère prisonnier des Allemands. Il se rend compte que son étoile pâlit, il a plus de soixante ans, et elle me dit que c'est un homme très abattu.

— Je ne verrai pas Mussolini ! fit fermement Pie XII. Ni ne parlerai avec lui !

— Mussolini se repent, ajouta Pascalina au Saint-Père. Il a été baptisé en catholique. Même s'il est devenu athée, vous, le Saint-Père, vous ne pouvez refuser d'aider à le ramener vers Dieu Tout-Puissant.

— Mussolini est un diable roublard ! rétorqua le pape. A chaque fois qu'il se trouve dans une mauvaise passe, il trouve n'importe quel stratagème pour reprendre le pouvoir. Le Saint-Père ne servira pas de pion dans les mains du duce !

— Mais allez-vous l'aider, d'une manière ou d'une autre ? » demanda-t-elle.

Pendant un long moment, Pie XII garda le silence. Puis il dit à Pascalina : « Dites à cette femme, cette Petacci, que Mussolini contacte l'archevêque de Milan et lui présente son plan de paix. Si cela en vaut la peine, je ferai avancer cette proposition de paix. Voilà, ma chère mère Pascalina, tout ce que je ferai pour Mussolini, ou pour tout autre de ces architectes de guerre, qu'ils se nomment Hitler, Staline, Roosevelt ou Churchill. »

Sur proposition de Pascalina, Clara Petacci conseilla à Mussolini de présenter sa proposition de paix à l'archevêque de

Milan. Le duce envoya son fils, Vittorio, avec un plan destiné à ouvrir des négociations avec les Alliés.

L'archevêque fut suffisamment convaincu pour faire suivre la proposition au Vatican. Comme la nonne suivait cette affaire depuis le début, Pie XII lui demanda d'étudier attentivement le plan, avant que lui-même consente à y accorder quelques instants de son précieux temps.

Mussolini recherchait avant tout un refuge, quelque part en Occident, pour lui, sa femme, ses enfants et pour sa maîtresse, Clara. Si cela leur était accordé, le dictateur déchu et las de la guerre était disposé à accepter une reddition inconditionnelle.

« Mussolini est prêt à renoncer, résuma Pascalina. Votre Sainteté, je propose que vous fassiez transmettre ce plan aux états-majors alliés. Cela contribuera grandement à écourter la guerre et à sauver de nombreuses vies humaines. »

Après avoir étudié la proposition de Mussolini, le pape accepta à contre-cœur la suggestion de la nonne. Il adressa les papiers au général Dwight D. Eisenhower, commandant en chef des forces alliées. Il inclut une lettre d'accompagnement, écrite de sa main, exhortant les Alliés à accepter l'offre du duce.

Quelques jours plus tard, Eisenhower répondit à Pie XII par une lettre à peine polie, qui rejetait purement et simplement la proposition dans son ensemble.

« Sa Sainteté sentit que le général Eisenhower demandait au Saint-Siège de s'occuper de ses oignons, se souvenait Pascalina. La lettre du général était civile, mais froide. Eisenhower laissait entendre que les Alliés tenaient Hitler et Mussolini dans un gant de fer et qu'ils n'étaient guère disposés à montrer quelque pitié. »

Pascalina transmit immédiatement le refus des Alliés à Clara Petacci. Il lui fut très difficile de la joindre par téléphone, dans la cachette de Mussolini à Milan. Ce fut le dernier contact que Pascalina eut avec Petacci, jusqu'à la fin d'avril 1945, où cette dernière lui écrivit, en date du 25 avril :

« Je suis ma destinée. Je ne sais ce qu'il adviendra de moi, mais je ne peux mettre en doute mon destin. »

Le temps que cette lettre lui parvienne, Pascalina savait fort bien à quoi s'en tenir sur le destin de Petacci. Mussolini lui avait demandé de quitter Milan avec lui dans un convoi de dix voitures, le jour même où elle écrivait à la nonne. Le duce partait rejoindre son dernier carré de fidèles, quelque part dans le nord de l'Italie. Le dictateur avait ordonné à sa femme et à ses enfants de rester à Milan. Il leur laissait plusieurs documents, y compris des lettres adressées à Churchill, qui leur servirait, espérait-il, de sauf-conduit vers un pays neutre.

« S'ils tentent de vous arrêter ou de vous faire du mal, avait dit le duce à sa femme, demandez à être livrés aux Anglais. »

A l'aube du 26 avril, Mussolini et Petacci, dans une Alfa Romeo immatriculée en Espagne, roulaient le long de la sinueuse rive occidentale du lac de Côme, sous une épaisse bruine. Après seulement quarante kilomètres de route, ils s'arrêtèrent dans un hôtel, pour attendre l'arrivée de renforts fascistes. Après avoir tourné en rond et attendu les troupes vainement pendant plus de vingt-quatre heures, Mussolini donna ordre de poursuivre au nord. Ce fut son dernier ordre. Alors que le duce et ses compagnons approchaient de Dongo, un groupe d'antifascistes les attaqua par surprise. Le convoi fut encerclé, et tous rapidement faits prisonniers.

Certains exigèrent l'exécution immédiate de Mussolini. D'autres réclamaient aussi la vie de Petacci. D'autres encore, plus calmes, voulaient qu'on les livre tous deux aux Alliés.

Le destin de Mussolini et Petacci fut scellé le 28 avril, quand un peloton d'exécution composé de trois hommes se chargea de tout, de façon tout à fait inattendue.

Les corps de Mussolini et de Petacci furent ramenés à Milan, puis pendus par les pieds à l'aide de crocs de bouchers sur la piazza Loreto. Ils y restèrent accrochés pendant des jours, leurs têtes pendantes au ras du sol. « Une leçon à méditer et à retenir par tous ceux qui veulent persécuter la race humaine », fit remarquer le cardinal Tisserant à Pascalina, en pointant joyeusement le doigt sur les photos des deux corps s'étalant à la « une » d'un quotidien romain.

Deux nuits plus tard, Hitler se suicida. Une semaine après, le 8 mai 1945, la Deuxième Guerre mondiale s'achevait en Europe.

Le monde libre était certes ivre de joie, mais Pascalina songeait aux cicatrices que les ravages de la guerre avaient laissées sur le Saint-Siège, et surtout sur le pape lui-même. Sa santé physique et mentale s'était détériorée. Pie XII avait bien montré toujours un visage plein d'espoir au monde, mais la nonne l'avait souvent trouvé qui méditait seul, dans ses appartements privés. Il mangeait de moins en moins et dormait mal.

Trente-six ans plus tard, la nonne se souvenait de ces années de guerre :

« Presque chaque jour, pendant toutes les années de la guerre, le Saint-Père, comme guide spirituel de plus de trois cent cinquante millions de catholiques, recevait des informations confidentielles. C'était souvent quelque nouvelle atroce ou statistique affreuse, disait-elle, étouffée par l'émotion. Je n'oublierai jamais l'instant où l'on apprit à Sa Sainteté qu'en Pologne 2 647 prêtres avaient été enfermés dans des camps de concentration et gazés ou fusillés. Si terrible que cela paraisse, les révélations étaient parfois encore beaucoup plus abominables. »

La nonne s'interrompit. Elle essayait visiblement d'exprimer au plus juste son appréciation sur la politique menée par Pie XII durant la Deuxième Guerre. Quand elle reprit, elle parla d'abord de la réaction du pape à l'annonce de la mort de Mussolini et de Hitler :

« Quand Sa Sainteté apprit leur décès, il ne dit mot, s'en tenant au précepte catholique qu'on ne doit pas médire des morts. Mais je voyais à son expression lugubre qu'il ne pourrait jamais parvenir à leur pardonner leurs crimes et leurs péchés. Mais, à chaque fois, il s'en fut à la chapelle dire des prières silencieuses pour le repos de l'âme des deux dictateurs. Je me joignis à lui dans ces prières. »

« Les relations entre Sa Sainteté et le président Roosevelt s'étaient nettement rafraîchies après le bombardement de Rome de 1943, ajouta-t-elle. Il n'avait plus aucune réelle confiance dans les dirigeants mondiaux, après cela. Pour Pie XII, le plan allié de Grande Alliance, après la Deuxième Guerre mondiale, incluant les Soviétiques, revenait à vendre aux communistes des nations libres d'Europe, la Pologne et les autres. Songez à quel point Sa Sainteté avait raison ! » Elle secouait tristement la tête.

« Les gens disent : “Pourquoi Pie XII est-il resté silencieux ?” C’est facile pour n’importe qui de poser cette question. Mais quand la vie de millions de gens était en jeu, le Saint-Père était obligé d’user de discrétion. Une fois, Hitler menaça d’exterminer plusieurs milliers de prêtres si Sa Sainteté exprimait une condamnation publique à son encontre. Peut-être, si l’on considère ce prix terrible en vies humaines, peut-on comprendre les raisons du silence de Pie XII. » Pascalina se leva brusquement. « J’aimerais vous montrer l’analyse d’un historien respecté et vous laisser juger qui était le plus honorable, des Alliés ou de la papauté, en ce qui concerne l’aide apportée aux juifs et aux autres pendant la guerre. » Elle s’excusa alors et quitta la pièce. Quelques minutes plus tard, la nonne revint avec la biographie d’Adolf Hitler par John Toland. Elle choisit un passage et lut à haute voix :

> « L’Eglise, sous l’autorité du pape, a sauvé la vie à plus de juifs que toutes les autres Eglises, institutions religieuses et organisations de secours prises ensemble, et cachait alors des milliers de juifs dans des monastères, des couvents et à la cité du Vatican. L’attitude des Alliés était beaucoup plus honteuse. Les Britanniques et les Américains, en dépit de déclarations enflammées, avaient non seulement évité de prendre aucune mesure significative, mais n’accueillaient que peu de juifs persécutés. La Déclaration de Moscou, de cette année-là, signée par Roosevelt, Churchill et Staline, tenait une liste méticuleuse des victimes de Hitler, qu’elles fussent polonaises, italiennes, françaises, hollandaises, belges, norvégiennes, soviétiques ou... crétoises. L’étrange omission des juifs de cette liste macabre (une politique décidée par le Bureau américain d’information de guerre), fut violemment mais vainement critiquée par le Congrés juif mondial. Par ce seul expédient qui consistait à convertir les juifs de Pologne en Polonais, et ainsi de suite, la “solution finale” fut noyée dans la classification générale du terrorisme nazi, instaurée par les Trois Grands. »

Pascalina referma le livre, le regard intense, rempli de sa

colère contenue. « C'est injuste que ce soit Sa Sainteté qui ait dû supporter presque tout le poids de l'accusation ! Les Alliés, avec leur bonne conscience, surtout Roosevelt, qui ne voulaient entendre parler de rien d'autre que d'une reddition inconditionnelle, même si cela revenait à prolonger le génocide, furent assez retors pour récuser toute responsabilité dans la prolongation de ce martyre. Les Alliés condamnèrent Pie XII pour son prétendu "silence", afin d'échapper eux-mêmes aux critiques de l'opinion mondiale et masquer leur horrible hypocrisie. »

XI

La Deuxième Guerre mondiale prit fin avec la reddition officielle du Japon, le 2 septembre 1945. Huit jours avant, Pascalina avait fêté ses cinquante-et-un ans. Le pape avait alors presque soixante-dix ans, et il restait aux yeux de Pascalina parfois aussi mystérieux que quand elle l'avait rencontré, vingt-huit ans plus tôt.

Le monde venait à peine de s'installer dans une paix que l'on espérait durable que déjà Pascalina voyait de sombres nuages s'amonceler au-dessus du Vatican. Des rumeurs de crimes et de scandales, ayant pour théâtre le Saint-Siège, bruissaient de toutes parts. On prétendait que l'Eglise en Sicile avait versé dans la corruption ; ces accusations avaient été portées dans une lettre anonyme, qu'on avait glissée sous la porte du bureau de la nonne, un soir. Le « corbeau » révélait que les prêtres et les moines étaient ni plus ni moins des agents de la Mafia. Lors des confessions, les prêtres notaient tout ce qui avait trait à la pègre et dressaient des listes de ceux qui s'opposaient à elle, puis les transmettaient aux chefs du milieu.

La paysannerie sicilienne, qui vivait dans une peur pathologique de la Mafia, n'aurait jamais seulement osé parler sans avoir une complète confiance dans ses prêtres. Les Siciliens choisissaient d'obéir à la loi du silence, l'*omertà,* plutôt que d'encourir les représailles des gangsters. Des communautés entières courbaient l'échine, avec une pathétique résignation. Dans la ville de Mazzarino, la terreur se déchaînait contre quiconque dévoilait, dans le secret du confessional, sa haine des malfrats. Des catholiques, hommes, femmes, enfants étaient les victimes de moines franciscains encapuchonnés, transformés en tueurs. Mazzarino subissait la loi d'airain qu'imposaient des moines en robe brune, qui avaient fait pourtant vœu de pauvreté, de chasteté et d'obéissance dans l'ordre de saint François, l'un des ordres monastiques les plus prestigieux. Leurs chefs étaient le padre Carmelo, le frère Agrippino, le frère Vittorio et le frère Venanzio. Il y commettaient des meurtres par pendaison, décapitation ; ils procédaient aussi à des viols et organisaient des orgies et tenaient la ville sous leur racket.

En outre, les franciscains barbus ne s'en montraient pas moins des hommes d'affaires avisés, achetant et revendant des biens extorqués, en empochant d'énormes profits. Ils étaient aussi usuriers, prêtant de l'argent à des taux exorbitants.

Plus tard, lors d'un procès retentissant, le frère Vittorio affirma : « La Mafia existe. Il nous a fallu nous entendre avec elle afin d'éviter le pire à la ville. » Un autre prêtre, le frère Agrippino, ajoutera : « Si nous n'avions pas obéi, ils nous auraient tués. »

Il n'était pas étonnant que Pascalina soit la première à être ainsi alertée sur ces crimes. Elle était la confidente du pape et sa meilleure amie ; il était de notoriété publique au Vatican que pour atteindre l'esprit ou le cœur de Pie XII, il fallait en passer par la *« virgo potens »* (la puissante vierge), comme on la brocardait. Chaque semaine, des centaines de lettres, adressées au Saint-Père, dont beaucoup aux bons soins de la nonne, atterrissaient sur son bureau.

Il lui fallait aussi écouter, pendant des heures, presque chaque jour, des files entières de personnes, laïcs et prêtres, évêques et même cardinaux, et les entendre lui assener leurs « interminables idées, spéculations, et griefs ». Un jour, elle en eut assez et partit se plaindre au Saint-Père : « On dirait que tout un chacun a motif à se plaindre ou des informations secrètes à divulguer, ou encore un plan qui va, bien sûr, tout arranger ! »

Pascalina ne souffla mot au pape de la lettre anonyme. Le temps passa, et elle entendit parler des crimes siciliens de plusieurs sources dignes de foi. Pourtant, elle continuait à se boucher les oreilles, à chaque fois que quelqu'un abordait ce qu'elle qualifiait de « scandale sans preuves ». Elle refusa même de se laisser émouvoir par un jeune prêtre de l'île, qui vint la trouver et formula devant elle ces mêmes accusations. Elle lui répondit que c'étaient là de « ridicules sornettes ». La nonne était persuadée que des gens mal intentionnés avaient « entièrement échafaudé ces histoires », pour discréditer l'Eglise et « qu'il se trouvait de bons catholiques pour croire à ces billevesées ».

En quelques mois, Pascalina finit par être si troublée par les attaques, de plus en plus fréquentes, portées contre le clergé sicilien qu'elle décida enfin de tout révéler au Saint-Père. Elle redoutait le coup physique et moral que cela allait lui porter et ne voulait pas lui gâcher ses vacances de Noël. Aussi attendit-elle le mois de janvier 1947.

Mais le pape ne fut pas aussi bouleversé qu'elle s'y attendait. Après l'avoir écoutée, il demeura aussi sceptique qu'elle l'avait d'abord été. « Mère Pascalina ! dit-il en secouant la tête d'un air complètement incrédule, comment quelqu'un d'aussi sensé que vous a-t-il pu se laisser berner aussi facilement ? » Il s'interrompit et la dévisagea, comme étonné de tant de naïveté. « Croyez-vous sérieusement que notre cher clergé si dévoué verserait dans le péché et le crime ? »

Sur ces bonnes paroles, il se leva, ce qui signifiait que le sujet était pour lui définitivement clos.

« Sur le moment, confiait la nonne, je n'arrêtais pas de me demander : "As-tu bien fait de lui dire ?" J'étais sûre d'avoir fait une grosse bêtise. »

Mais quelques jours après, ses craintes s'évanouirent quand elle apprit que le cardinal Ernesto Ruffini, le chef du clergé sicilien, était attendu pour une audience privée avec le pape. Pie XII avait convoqué Ruffini. Depuis des années, l'archevêque de Palerme était tenu en assez piètre estime au Vatican, certains le surnommaient : « Le roi des Deux-Siciles — la religieuse et la politique ».

Le pape était décidé à mener sa propre enquête. Il le fit clairement comprendre à Pascalina quand il lui ferma délibérément la porte de son bureau au nez, alors qu'elle s'apprêtait à emboîter le pas à Ruffini. Elle ne se rappelait pas que Pie XII l'eût jamais exclue auparavant d'une audience à laquelle elle avait exprimé le désir d'assister.

Jusqu'alors, Ruffini avait toujours joui d'un traitement de faveur de la part du pape, pour des raisons qui échappaient à Pascalina. L'année précédente, quand Spellman était venu à Rome pour recevoir sa coiffe rouge, elle avait espéré qu'il lui expliquerait un peu l'affinité qui liait Pie XII à l'archevêque de Palerme.

« Sa Sainteté a plus d'égards pour l'archevêque Ruffini que pour quiconque dans le Sacré Collège des cardinaux, s'était-elle étonnée devant le prélat américain. Même Son Eminence Tisserant, dont on sait qu'il doit être nommé doyen du Sacré Collège, n'est pas l'objet d'autant d'égards de la part de Sa Sainteté. »

Mais Spellman, tout comme Pie XII, opposa une fin de non-recevoir aux questions de la nonne.

Elle avait appris plus tard, non sans émotion, que le cardinal archevêque Ruffini était l'ami intime de Don Calogero Vizzini, le maire de Villalba. Ce Vizzini avait la réputation de diriger la Mafia sicilienne, et on parlait de lui comme de « l'homme le plus puissant de toute la province italienne ».

Pascalina, si rompue et si habituée qu'elle était aux arcanes politiques du Saint-Siège, comprenait les avantages qu'avait la Mafia à s'allier à l'Eglise, ne serait-ce que pour des raisons de convenance. Mais qu'avait donc à gagner la papauté dans une telle alliance, du moins, si celle-ci existait ? C'est ce qui ne laissait pas de la préoccuper. Comme ni le pape ni Spellman ne voulaient discuter de la Mafia avec elle, la nonne s'était curieusement tournée vers le cardinal Tisserant. Le prélat français avait beau lui paraître lourd et grossier, elle n'en appréciait pas moins sa rude honnêteté.

« Ruffini est une homme puissant en Sicile, lui répondit Tisserant, sans hésitation. Même Vizzini, qui dirige la Mafia là-bas, s'incline devant lui. Vizzini non seulement baise l'anneau de l'archevêque de Palerme, mais il lui lèche le cul aussi, ajouta Tisserant, en rugissant de rire. Pie XII a peur d'agir. Peur qu'une mesure prise par la papauté puisse déclencher de vastes enquêtes et poursuites gouvernementales. Comme notre clergé est impliqué, cette malencontreuse publicité pourrait ravager l'Eglise. D'autre part, Ruffini est trop puissant pour que Pie XII s'y attaque. »

Tisserant éclata de rire encore une fois. Visiblement, il considérait ce lien entre l'Eglise et la Mafia en Sicile comme une tragi-comédie hautement divertissante. « Comment croyez-vous que la papauté hypocrite de Pie XII va se tirer de ce dilemme, chère mère Pascalina ? » demanda-t-il, en approchant son visage paillard à un cheveu de celui de Pascalina.

La nonne savait qu'il y avait autre chose que de la simple raillerie dans les paroles du cardinal. Tisserant, malgré tous ses défauts, ne laisserait jamais supposer une exaction, sans faits tangibles. Mais elle ne pouvait arriver à concevoir que Pie XII fermât les yeux, en connaissance de cause, sur les malversations et les crimes des prêtres en Sicile.

Quand le cardinal Ruffini sortit de l'audience, elle demanda à Pie XII s'ils avaient discuté de la situation en Sicile.

« Cela ne vous regarde pas ! lui avait-il rétorqué avec humeur. Occupez-vous de vos propres affaires et du travail qu'il reste à finir ! »

Au fil des jours, elle insista auprès du Souverain Pontife pour qu'il lui dise pourquoi il refusait de lui répondre. Elle était convaincue que le Saint-Père retombait dans les mêmes erreurs et les mêmes tergiversations qui l'avaient conduit à taire les atrocités nazies. Sa conviction redoubla après qu'elle eut rencontré un habitant terrifié de Mazzarino, qui était venu chercher au Vatican asile et protection pour sa vie.

« C'était le signore Angelo Cannada, un fragile petit homme, de presque quatre-vingts ans, se souvenait-elle. Sa vie, comme celle de beaucoup d'autres habitants de Mazzarino, était menacée par des prêtres et moines franciscains, qui lui imposaient un racket portant sur des sommes considérables. Le signore Cannada fut le seul à refuser de payer. »

Le vieillard la supplia de pouvoir parler au Saint-Père et de lui apporter la preuve des crimes perpétrés par le clergé. Mais, en dépit de l'insistance de Pascalina, la porte de Pie XII demeura obstinément close. Elle fut si déçue et atteinte par la froideur du pape qu'elle demanda au vieillard de revenir la voir pour recevoir son témoignage. Grâce à Cannada, ce vieillard à l'air pathétique qui parlait ouvertement des crimes des franciscains, elle apprit quelle puissante emprise exerçait la pègre sur l'Eglise en Sicile.

Les franciscains faisaient partie des ordres religieux les plus sacrés et les plus dévots de l'Eglise. Fondé en 1209 par saint François d'Assise, l'ordre des franciscains était si bien considéré par le Saint-Siège, au fil des siècles, que plusieurs de ses membres devinrent papes. La corruption et le crime à grande échelle ne s'installèrent dans l'ordre en Sicile qu'au début du vingtième siècle. En 1901, pour des raisons demeurées obscures, des bandes de capucins, les frères franciscains de Mazzarino, se mirent à errer dans la campagne sicilienne, détroussant et tendant des pièges aux voyageurs et aux paysans du cru. La pratique de la terreur devint ensuite une activité quotidienne de l'ordre. Les prêtres pratiquaient des chantages sur les paysans et leur extorquaient de l'argent et des biens. On amenait de nuit des femmes au monastère, dissimulées sous des robes monastiques. Le vieux monastère des franciscains à Mazzarino devint un lieu de débauches, d'orgies et d'activités pornographiques. Ils se livraient aussi au meurtre.

La perversion n'était pas le seul de ces maux. Cannada révéla à Pascalina qu'il avait un jour assisté à une bataille rangée entre les paysans de Santo Stefano et les moines d'un monastère local. Il avait vu un prêtre décapiter son propre abbé, sur une table de réfectoire.

« Encore en 1945, l'évêque d'Agrigente fut battu presque à mort par un moine qui était également mafioso, raconta le vieil homme. Le monastère franciscain de Mazzarino, à cette heure même, abrite des bandes de voleurs, qui partagent le butin de leurs crimes avec les moines et prêtres qui y vivent. »

Cannada supplia Pascalina de demander au Saint-Père d'envoyer une commission d'enquête pour qu'elle étudie la situation. La nonne rapporta à Pie XII tout ce que le vieil homme lui avait dit : il jugea toute cette histoire si farfelue qu'il refusa de prendre aucune mesure.

Quatre jour après son retour à Mazzarino, une bande d'hommes masqués se présenta au domicile de Cannada, alors qu'il se reposait de son long et décevant voyage au Vatican. Les hommes tirèrent le malheureux Sicilien de sa maison jusqu'à sa vigne, où ils l'abattirent.

A l'annonce du meurtre, Pascalina, bouleversée, interpella le pape :

« Votre Sainteté, comment pouvez-vous vous justifier d'être le Saint-Père, quand les gens sollicitent votre aide, et que vous ne faites rien ? cria-t-elle. Quand allez-vous enfin vous débarrasser de votre mentalité de complaisance et prendre fermement et courageusement la défense du bien ? »

Elle s'attendait à ce qu'il réagisse violemment, mais il demeura calme et lui dit : « Mère Pascalina, vous avez raison. Vous avez toujours raison. » Ces paroles ne la satisfaisaient guère, mais, heureusement, elle ne répliqua pas. Elle apprit par la suite que Pie XII avait déjà mis en route le processus qui devait débarrasser l'Eglise du crime et de la corruption en Sicile. Le cardinal Ruffini avait été rappelé à Rome de toute urgence. Cette fois, Pascalina se tenait derrière Pie XII : « Eminence Ruffini, je reçois un triste récit du comportement de franciscains qui servent en Sicile », commença le pape d'une voix calme. Pascalina sentait qu'il contenait sa colère. « Y a-t-il quelque vérité dans ces rumeurs ? »

Le prélat sicilien semblait abasourdi par la franchise du pape. « Votre Sainteté, les franciscains sont l'ordre le plus nombreux de toute notre sainte mère l'Eglise. Leurs fidèles de par le monde sont estimés à quatre à cinq millions, répondit Ruffini, sur le ton de l'orgueil blessé.

— Je sais qu'il y a chez les franciscains de nombreux et saints prêtres et moines, rétorqua le pape, avec mordant. Je crois que l'ordre des franciscains est aussi bon que l'on peut partout le voir. C'est le comportement de nos fils qui servent en Sicile qui m'inquiète. »

Pie XII se leva brusquement et dévisagea Ruffini : « Que savons-nous sur le meurtre de ce vieil homme Cannada ? »

Le cardinal eut un air horrifié : « Je ne sais pas de quoi vous voulez parler, Votre Sainteté !

— Si vous ne savez même pas ce qui transpire de votre propre diocèse, Eminence Ruffini, alors il incombe au Saint-Père de le découvrir lui-même ! »

S'adressant ensuite à Pascalina, le pape dit d'une voix plus calme : « Je crois que les funérailles du vieillard Cannada ont lieu demain. Mère, vous irez, en tant que mon observateur. J'ai confiance dans vos yeux, vos oreilles et vos paroles. J'enverrai également un représentant du Saint-Père, pour exprimer aux franciscains mon profond chagrin devant la mort de Cannada. »

Le Souverain Pontife se retourna vers Ruffini : « Eminence, vous pouvez partir, maintenant. Le Saint-Père vous suggère d'aller directement à la chapelle pour y méditer. Après quoi, retournez dans votre province et dites aux prêtres et aux moines franciscains qui servent dans votre diocèse qu'eux aussi devraient méditer. Il va falloir que chacun réponde à beaucoup de questions dans un proche avenir ! » Le pape pointa un doigt sur le cardinal. « S'il se commet d'autres meurtres dans votre diocèse et qu'un ecclésiastique soit impliqué, je vous en tiendrai personnellement responsable, Ruffini ! »

A son arrivée en Sicile, Pascalina découvrit une province qui semblait vivre encore en grande partie au dix-huitième siècle. La mort violente était courante. Le taux d'homicide à Palerme, siège du pouvoir du cardinal Ruffini, était le plus élevé du monde. L'île était devenue une plaque tournante internationale du trafic d'héroïne, où arrivaient régulièrement des cargaisons en provenance du Moyen-Orient, destinées à être traitées et réexpédiées vers d'autres pays, principalement les Etats-Unis.

Beaucoup de franciscains étaient effectivement aussi sinistres à regarder que Pascalina s'y attendait. Un prêtre franciscain, le padre Carmelo, vint voir la veuve du signore Cannada après l'enterrement et exigea d'elle trois millions de lires. Il agissait pour le compte de mafiosi. Le prêtre ordonna à la veuve de vendre sa propriété, afin de réunir l'argent. Si elle refusait, son fils allait connaître le même sort funeste que son mari. « Je suppliais la femme de ne pas céder, racontait Pascalina. Mais elle était trop terrorisée pour m'écouter. Comme la plupart des paysans de Sicile, elle finit par donner au prêtre franciscain tout ce qu'elle possédait. »

La nonne était si pleine de colère, devant les méfaits des franciscains, qu'elle demeura en Sicile, avec l'accord du pape, afin de réunir tous les témoignages qu'elle pourrait trouver. Elle se mit en rapport avec de nombreuses personnes, surtout des paysans, dont la vie était devenue insupportable, à cause de l'entente entre l'Eglise et la Mafia.

Avec l'accord de Pie XII, Pascalina produisit les preuves qu'elle avait accumulées au nouveau chef de la police de Mazzarino. L'officier Maresciallo Di Stefano, selon les informations du Vatican, était honnête et dévoué.

« J'expliquai au signore Di Stefano le peu de respect qu'avaient les prêtres et moines franciscains de cette ville envers leurs saints vœux d'Eglise, racontait Pascalina. Je dis au chef de la police que Sa Sainteté implorait son aide, afin de remettre les criminels aux mains de la justice. »

« Mais pourquoi le Saint-Père n'agit-il pas lui-même ? me demanda Di Stefano. Tout ce que le pape doit faire, c'est de confisquer leurs biens et de les excommunier.

– Le Saint-Père veut que la justice s'applique dûment, lui répondis-je. Arrêtez ces prêtres ! Veillez à ce qu'ils aient un procès en règle ! Si les prêtres et moines sont condamnés, Pie XII les sanctionnera. Ils seront défroqués et excommuniés. Vous avez ma parole ! Vous avez la parole du pape lui-même ! »

Il s'écoula des années avant que le chef de la police puisse rassembler suffisamment de preuves pour inculper les franciscains. Personne n'osait venir témoigner à l'instruction. Tous ceux qui avaient osé ouvrir la bouche furent ensuite réduits au silence par la Mafia sicilienne.

Di Stefano en avait vu suffisamment pour être convaincu de leurs crimes. « Les franciscains étaient fort habiles », disait-il.

Au fur et à mesure que l'enquête progressait, et que les preuves s'accumulaient contre les franciscains, le pape prit peur que leurs crimes et scandales puissent porter atteinte à la foi des catholiques et attirer de graves ennuis sur l'Eglise. Mais il demanda à Pascalina de poursuivre se collaboration avec la police sicilienne, pour contribuer à faire arrêter les criminels. Pie XII avait l'espoir insensé que tout puisse s'accomplir dans le calme, et sans indiscrétions vers le monde extérieur.

« On ne devra jamais autoriser la presse à publier ses actes diaboliques des franciscains ! recommandait-il avec insistance à Pascalina. Les fidèles du monde entier en seraient horrifiés. Leur foi en notre sainte mère l'Eglise en serait gravement menacée. Notre Seigneur ne doit pas subir la perte de ces âmes, sous prétexte qu'il y a des démons parmi nous. »

Mais Pie XII finit par se convaincre qu'il n'y avait aucun moyen de faire taire la presse internationale, si jamais les franciscains devaient passer en procès.

Après avoir mesuré tous les risques potentiels, Pie XII sembla visiblement estimer qu'il servirait mieux les intérêts du Saint-Siège, en faisant machine arrière. Ainsi le pape atténua-t-il considérablement sa position et employa-t-il toute l'immense influence du Vatican pour retarder le procès des franciscains.

« Durant tout le reste du règne de Pie XII, mère Pascalina fit tout son possible pour faire tenir au Saint-Père sa promesse de soutenir les autorités siciliennes dans leur enquête sur les franciscains, écrivait l'archevêque Richard J. Cushing. Mais elle avait les mains liées. Même si Pascalina resta très proche du pape presque toute sa vie, elle était considérée quand même, parfois, comme une simple nonne, même par Pie XII. Sur des questions aussi délicates que les crimes des franciscains en Sicile, les gens d'Eglise conservaient cette mentalité innée et pleine de préjugés qui veut que l'esprit mâle ait raison en dernière analyse et ne se plie jamais devant la pression féminine. Pie XII partageait ce mode de pensée. »

Cushing accusa largement par la suite le cardinal Spellman d'être responsable de l'arrêt de la procédure contre les franciscains. Les prélats se connaissaient depuis de nombreuses années. Ils avaient été, jeunes prêtres, compagnons de chambrée au presbytère de la cathédrale de la Sainte Croix à Boston. A la mort du cardinal O'Connell en 1944, Spellman usa de son influence sur Pie XII pour faire nommer Cushing comme successeur de O'Connell, à l'archevêché de Boston. Une querelle se produisit entre les deux hommes, peu de temps après, quand

Cushing, hautain et avec son franc-parler d'Irlandais de Boston — il avait autrefois travaillé comme ouvrier sur les rails du tramway — avait refusé de se plier devant l'ancienneté et l'autorité de Spellman.

« Spellman estimait que l'esprit catholique, surtout aux Etats-Unis, était terriblement fragile, quand il s'agissait de la foi, expliquait Cushing. Il fréquentait surtout le dessus du panier, ceux qu'on appelait “le beau linge catholique” ; de riches notables, qui vivaient dans les nuages ainsi que leurs femmes qui étaient autant en contact avec la réalité qu'un chat persan. Pour Spellman, le pire qu'un catholique puisse penser de ses prêtres était qu'ils oublient parfois de dire leur rosaire à l'heure sonnante. Spellman redoutait qu'en apprenant cette terrible affaire la plupart des catholiques tombent comme frappés d'apoplexie sous l'effet du choc. »

Ce ne fut que quatre ans après la mort de Pie XII, sous le règne du pape Jean XXIII, que les franciscains furent traduits en justice en Sicile. De nombreux prêtres et moines furent certes accusés de divers crimes graves, y compris de meurtre, de tentative de meurtre, d'extorsion de fonds, mais tous furent jugés innocents. La presse internationale, à peu d'exceptions près, ignora complètement ce procès sensationnel. Quand une nouvelle transpirait, c'était pour présenter les franciscains comme des boucs émissaires et des victimes innocentes...

« Jean XXIII avait une façon bien plus efficace que Pie XII de traiter avec les media, expliquait Cushing. Sur bien des points, Jean XXIII était le plus fin des deux. Son attitude humble, presque enjôleuse, séduisait les gens bien plus que les paroles froides et autoritaires de Pie XII. Les libéraux trompés, surtout parmi les journalistes, détestaient Pie XII à cause de son silence sur la persécution nazie contre les juifs, continua Cushing. Ils tenaient Pie XII pour un démon, alors qu'ils furent prompts à faire de Jean XXIII un saint, et souvent simplement parce qu'il semblait être l'exact contraire de son prédécesseur. Dans les deux cas, ils avaient tort. Aucun de ces deux papes ne fut aussi bon ni aussi mauvais qu'on les décrivit. Sur bien des points, ils ne différaient que très peu, si ce n'est par le style.

Mais la presse ne pouvait comprendre cela. Je ne peux pas dire que le pape Jean ait muselé celle-ci, car je n'en ai aucune preuve. Mais il reste tout de même bien étrange que des crimes aussi scandaleux commis par des prêtres soient demeurés à ce point ignorés. »

Pascalina ne perdit jamais de vue les crimes qui continuaient d'être perpétrés par des ecclésiastiques. En 1963, un an après l'acquittement des franciscains, ses prières reçurent enfin une réponse. Chacun des prêtres précédemment inculpés fut à nouveau traîné en appel devant les tribunaux. Cette fois, on les reconnut coupables de toutes les accusations, et chacun fut condamné à treize ans de prison.

Quand on le questionna sur les crimes sidérants et sur la condamnation de ses prêtres, le père Sébastiano, provincial de l'ordre des capucins en Sicile, répondit avec calme et philosophie : « Même parmi nous, il arrive parfois qu'une brebis s'égare... »

Au fil des ans, Pascalina s'évertua à sonder les mystères apparemment incompréhensibles de l'esprit de Pie XII. Elle essaya particulièrement de comprendre pourquoi il avait si complètement changé d'attitude dans cette affaire. « Parfois, Sa Sainteté était complètement dévouée à une cause, et cela avait été le cas au début, quand il avait voulu mettre fin au crime des prêtres en Sicile. Mais alors, souvent se mettait-il à temporiser. Il s'arrêtait devant le mal qui résulterait d'une décision inconsidérée prise par lui. Hélas, il altérait alors souvent toute l'action entreprise. »

XII

Au cours de l'après-guerre, à l'instar du monde, la papauté connut elle-même de grandes transformations et de terribles commotions. Le Vatican était si divisé qu'il régnait entre le pape et le Sacré Collège des cardinaux un état d'hostilité, sinon de guerre larvée, sans précédent dans les temps modernes. De nombreux problèmes religieux et temporels divisaient le Souverain Pontife et sa hiérarchie, mais dans les échelons supérieurs du Vatican, de telles différences de vue politique avaient toujours fait partie intégrante de l'histoire de l'Eglise. Sous le règne de Pie XII, toutefois, c'était la direction totalitaire exercée par le pape et par la nonne à son côté qui était au centre de tous les débats.

L'influence de Pascalina sur Pacelli n'avait cessé de s'accroître. Aussi les membres les plus acharnés du Sacré Collège et surtout le cardinal Tisserant, le plus puissant d'entre eux, critiquaient-ils plus que jamais le Saint-Père d'avoir accordé à cette femme une autorité aussi extraordinaire.

De nombreux cardinaux en étaient venus à penser qu'ils avaient commis une terrible erreur, en élisant Pacelli. Dans la décennie qui avait suivi le conclave qui l'avait porté sur le trône de Saint-Pierre, le Souverain Pontife avait érigé la direction de l'Eglise en une dictature militante, et s'était volontairement tenu hautainement à l'écart de son sénat.

Pour cette hiérarchie humiliée, il était encore plus exaspérant de savoir que la dure coercition de Pie XII qui s'exerçait contre eux et contrecarrait souvent de plein fouet leur influence et leurs intérêts étaient en grande partie le fait de Pascalina.

Cette dernière réfutait toute insinuation sur la domination dans laquelle elle tenait le Saint-Père et qualifiait cette idée de « simplement absurde ». Quiconque laissait entendre qu'elle avait barre sur lui était selon elle « ignorant de la vérité », ou « jaloux de ma place auprès de Sa Sainteté » ou encore « tentait quelque malveillance », visant sur ce dernier point son vieil ennemi le cardinal Tisserant.

Mais les actes de la nonne contredisaient ses dénégations. La signature allemande de Pascalina sur le style du règne de Pie XII apparaissait à tous. On la tenait grandement responsable du népotisme qui sévissait et de la rude autorité avec laquelle le Pontife exerçait la direction de l'Eglise.

« Dans toute organisation, il ne peut y avoir qu'un chef, ce chef doit être avisé et courageux, et il doit être craint par ses subordonnés », se justifiait la nonne, des années plus tard.

Quand il s'agissait de réduire l'autorité de la hiérarchie, le Saint-Père suivait presque toujours les conseils de Pascalina. Dans les rares occasions où il laissait la bride sur le cou aux cardinaux, elle le ramenait dans le droit chemin, usant à merveille de sa subtile diplomatie.

Son emprise sur Pie XII s'exerçait même quand il avait décidé d'aller contre les volontés qu'elle affichait. Cela fut particulièrement mis en évidence après la mort, en 1944, du secrétaire d'Etat du Vatican, le cardinal Luigi Maglione. Le pape avait confié à Pascalina, après l'enterrement, qu'il pensait à plusieurs cardinaux pour succéder à Maglione. Au moment où il s'apprêtait à débiter les noms, elle l'interrompit : « Votre Sainteté, vous passez trop de temps à convaincre des gens bien moins avisés que vous d'exécuter vos ordres. Pourquoi, tout simplement, ne seriez-vous pas votre propre secrétaire d'Etat ? » lui suggéra-t-elle. Ainsi le pape accrut-il encore son autorité en cumulant ces deux premières fonctions de l'Eglise. Elle eut une autre idée, poursuivant la mise au pas du haut clergé : « Votre Sainteté, vos neveux, le prince Carlo et le prince

Giulio, vous sont si dévoués... Ils ne font certes pas partie du clergé, mais ils sont tout de même brillants et expérimentés. Ne vous serviraient-ils pas mieux comme conseillers que la plupart de ces cardinaux, ces hommes souvent paresseux, et pratiquement dénués de sens commun ? Beaucoup de cardinaux vous en veulent de votre autorité, et me méprisent parce que je ne laisse plus personne profiter de votre excessive compassion. » Et les deux neveux siégèrent en conseil auprès de leur oncle. La hiérarchie pouvait reprendre à son compte le vieil adage : « Dieu propose, et la femme dispose. »

Pascalina parvint à élever un rideau de fer autour du pape, le soustrayant à ceux qu'elle considérait comme « d'inutiles pertes de temps, pour le précieux agenda du Saint-Père ».

Elle bannit certains cardinaux de la vue du pape ; ainsi le cardinal Giacomo Lercaro, archevêque de Bologne, avait-il le malheur d'apparaître à ses yeux comme un rigolo : « Je voyais très bien Son Eminence Lercaro en vendeur de crèmes glacées, poussant son chariot dans les rues de Rome, mais j'avais grand peine à l'imaginer officiant comme un prélat », se souvenait-elle. La nonne avait certaines raisons de penser ainsi, car on le voyait souvent dans les rues de Rome, affublé d'un chapeau des plus étranges, au lieu de la barrette rouge des cardinaux. L'aimable et amusant prélat s'identifiait à ses paroissiens en jouant du couvre-chef. Selon la profession de son interlocuteur il arborait un casque de pompier, une casquette de cheminot, et jusqu'à l'énorme coiffe bouffante d'un vendeur de pizzas. L'humour germanique de la nonne ne se satisfaisait pas de ce qu'elle n'était pas loin de considérer comme sacrilège. « Le Saint-Père, toujours digne et bienséant, aurait été horrifié et m'aurait ensuite reproché de lui avoir fait perdre son temps précieux avec un cardinal ou tout autre ecclésiastique, qui se moque de l'habit sacré », faisait valoir la nonne.

Le Sacré Collège des cardinaux, et surtout Tisserant, furent volontairement tenus à l'écart par la nonne. Le prélat insistait plusieurs fois par semaine pour obtenir une audience de Pie XII, mais elle tenait toujours une bonne excuse en réserve à son intention. La nonne parvint ainsi à le faire parfois attendre pendant deux mois d'affilée. L'on s'imagine sans peine les sentiments qu'éprouvait le doyen des cardinaux pour un tel cerbère.

Les gens de l'extérieur avaient un accès beaucoup plus facile au Saint-Père que ceux du Vatican. Le monde du spectacle était tout particulièrement favorisé. Pascalina avait une véritable passion pour les vedettes de cinéma, surtout les stars masculines de Hollywood. Elle plaçait au-dessus de tous Clark Gable.

Quand Gable vint à Rome pendant la guerre, sous l'uniforme américain, Pascalina fit attendre Mgr Roncalli deux longues heures pour s'occuper du héros de *Autant en emporte le vent*.

Même si elle avait pu prévoir que Roncalli succéderait un jour à Pie XII sous le nom de Jean XXIII, « j'aurais encore donné la priorité au signore Gable, persistait-elle. L'évêque Roncalli voyait souvent Sa Sainteté, alors que le temps du signore Gable était compté à Rome. D'ailleurs, c'était l'un des acteurs préférés de Sa Sainteté. Et moi-même, j'étais l'une de ses admiratrices. »

Pie XII était porté par la nature de son caractère à exercer le pouvoir en autocrate. Le Souverain Pontife, d'une nature renfermée et monacale, avait une conception mystique et pour ainsi dire médiévale de la grandeur de la papauté. En outre, l'épreuve de la guerre et son âge avancé (il avait maintenant plus de soixante-dix ans) l'avaient rendu encore plus introverti. Il espérait être vénéré plutôt que craint, et certains n'étaient pas loin de penser qu'il se satisfaisait du rôle autoritaire que jouait la nonne et qu'elle fût la cible des attaques qui lui étaient épargnées.

Pascalina se montrait fort attentive aux transformations du caractère du Souverain Pontife. Bien plus tôt, quand Pacelli était encore secrétaire d'Etat, il se présentait comme un diplomate calme et suave. Mais, depuis son élection, chaque année qui s'écoulait le voyait user de manières de plus en plus arrogantes et autoritaires envers ses subordonnés. Certes, la plupart du temps, le pape cherchait sincèrement à se faire aimer, et respecter, mais personne ne pouvait échapper à ses éclats de colère soudains, pas même Pascalina. Parfois, le pape exprimait une telle haine envers ceux qui le décevaient, que d'aucuns le croyaient incapable de véritable amour.

Les relations du pape avec le Sacré Collège des cardinaux

étaient habituellement courtoises et formelles, mais Pie XII confiait en privé à la nonne le mépris dans lequel il tenait nombre de ses membres.

« Sa Sainteté était lui-même un travailleur si acharné, si efficace et précis, qu'il ne pouvait accepter le relâchement, les retards ou les fautes des autres », disait Pascalina, en se rappelant combien de fois elle avait dû se tenir silencieuse près de Pie XII quand celui-ci fustigeait l'un de ses subordonnés. Mgr Angelo Roncalli reçut une rebuffade, peu après que le pape l'eut nommé nonce apostolique en France. Le Saint-Père, utilisateur invétéré du téléphone, exigeait que ses interlocuteurs soient immédiatement disponibles à chaque fois qu'il les appelait. Pie XII était exaspéré de constater que l'insouciant et affable Roncalli était toujours en déplacement, ce qui empêchait le pape de le joindre. Mais quand il y parvint enfin, Pascalina entendit le pape hurler dans le combiné : « Dorénavant, évêque Roncalli, vous ne quitterez plus la nonciature sans ma permission ! Vous avez compris ? » Sur ce, Pie XII raccrocha brutalement.

Un autre prélat du Vatican, Mgr Giovanni Montini (qui deviendrait un jour le pape Paul VI), avait également le don d'attirer sur lui le courroux de Pie XII. « J'avais pitié de lui, alors, se souvenait Pascalina. monsignore Montini était une frêle petite personne, il avait toujours l'air apeuré, chaque fois que Sa Sainteté le convoquait au rapport dans son bureau. Un jour, monsignore Montini apporta au Saint-Père un télégramme, qui était destiné à quelqu'un d'autre. Sa Sainteté entra dans une rage folle, ne supportant pas d'avoir été dérangée inutilement. Je crus que le pape était sur le point de hurler sur le monsignore. Mais, ignorant le malheureux Montini, il cria à mon encontre et à son intention : “Mère Pascalina, apprenez donc à lire à ce monsignore, emmenez-le à côté, et commencez par lui faire réciter l'alphabet.” »

Monsignore Domenico Tardini, que Jean XXIII allait nommer secrétaire d'Etat du Vatican, trouvait rarement grâce aux yeux de Pie XII. Pascalina pensait que le pape cherchait effectivement n'importe quel prétexte pour humilier Tardini. Une fois, celui-ci prononça incorrectement le nom de la ville de

Rodez, et Pie XII le corrigea avec brusquerie. Mais, comme Tardini lisait son texte et que le nom de la ville ne cessait de revenir, il s'obstinait à mal le prononcer. « J'observais le Saint-Père qui était de plus en plus exaspéré, disait Pascalina. Mais il ne fit aucun autre reproche au monsignore comme je l'aurais cru. Or, le lendemain, après avoir parcouru quelques dictionnaires, comme il aimait à le faire presque chaque jour, Pie XII rappela monsignore Tardini dans son bureau. Il lui montra dans un volume l'indication phonétique correcte du dictionnaire et lui dit : "Monsignore, je vous ai dit hier comment prononcer le nom de Rodez. Alors vous allez étudier ceci ! Et quand vous saurez prononcer Rodez, vous viendrez le répéter devant moi, jusqu'à ce que je sois sûr que vous puissiez le dire correctement." Beaucoup croyaient que j'étais la cause de ces incidents terriblement embarrassants. Au contraire, je n'avais souvent aucune idée de ce qui provoquait les colères de Sa Sainteté. Pour moi, c'était une situation très pénible. »

Pascalina arrachait souvent des mains du pape le téléphone, quand elle estimait qu'il ne se contrôlait plus. « *Qui pàrla Pacelli* » (« Pacelli, au bout du fil »), disait le Souverain Pontife, d'une voix glaciale. Puis il se mettait à détailler à son correspondant les fautes qu'il avait commises, avant de raccrocher brutalement sans jamais laisser à sa victime terrorisée la moindre chance de se justifier. Le seul recours, alors, était de demander une audience au pape. Mais le résultat était d'ordinaire décevant. Bien que Pie XII se soit toujours posé en grand avocat de l'amour fraternel, il tenait rarement compte des appels à sa miséricorde.

Pie XII eut certainement moins d'amis dans les rangs de la hiérarchie italienne du Vatican que la plupart de ses prédécesseurs. Les conseillers qu'il se choisissait étaient pratiquement tous étrangers à Rome et il marquait une préférence pour les ecclésiastiques d'origine allemande. Son confesseur, le père Augustin Bea, et son secrétaire particulier, le père Robert Leiber, étaient tous deux des jésuites allemands. Le père Hendrich était lui aussi, d'origine germanique. Pour tout arranger Pie XII appela à Rome Mgr Ludwig Kass, ancien chef du parti du Centre allemand, qui l'aida à rédiger ses discours, et qu'il nomma administrateur de Saint-Pierre, un poste traditionnellement réservé aux prélats italiens. On voyait en général au Vatican la main de Pascalina derrière toutes ces nominations et on estimait qu'elle favorisait naturellement ses compatriotes. Mais les cardinaux allemands eux-mêmes, que Pie XII distinguait, n'en restaient pas moins tenus à l'écart de son entourage, qui seul exerçait une véritable influence sur la papauté. Seuls les hommes investis de l'exigeante approbation de la nonne avaient accès aux décisions politiques de haut niveau. Ce cercle fort étroit comprenait le pape lui-même, Pascalina, le comte Enrico Galeazzi, architecte du Vatican, mentor et ami de longue date de Spellman, et les trois neveux du Pontife : le prince Carlo, le prince Giulio et le prince Marcantonio Pacelli.

Le cardinal Spellman, que Pascalina tenait quotidiennement informé par téléphone ou par câble de toutes les affaires secrètes restait le seul prélat membre de droit de ce Conseil restreint.

L'homme qui pondérait, à l'époque, l'exaspération des cardinaux était le cardinal Alfredo Ottaviani, chef respecté de la curie. L'autorité du puissant Ottaviani était plus psychologique qu'officielle. Aucun des prélats ne l'approchait sans un mot de reproche à l'encontre de Pie XII.

« Je passe des semaines à préparer un plan pour améliorer les relations du Vatican avec la France, se plaignait Mgr Tardini, sous-secrétaire d'Etat, mais le seul mot que Sa Sainteté entende est celui que je prononce mal ! »

Ottaviani, qui avait passé tant d'années à la curie, se contentait de hausser les épaules et de répéter ce qu'il avait déjà maintes fois dit à ses collègues : « Nous sommes de vieux soldats, mon cher compatriote, qui devons servir l'Eglise aveuglément. » Tardini, comme tous ses collègues, hochait la tête d'un air dépité. Mais avant de le laisser repartir, Ottaviani posait un bras sur l'épaule de son vieil ami, et lui susurrait à l'oreille : « Les papes passent, mais la curie demeure. »

La curie, ainsi que le Sacré Collège des cardinaux, se montrait certes très critique à l'égard de Pie XII, et se trouvait constamment au bord de la rébellion ouverte mais l'immobilisme de l'administration vaticane restait une arme plus efficace que tous les emportements. Les décisions du Pontife étaient exécutées avec une lenteur d'escargot. Pie XII critiquait souvent devant Pascalina « l'arriérisme » de la curie, mais il apprit à ses dépens que les cardinaux n'étaient pas des béni-oui-oui quand ils eurent délibérément figé le Vatican dans une inaction frisant le chaos. On en arriva à deux doigts d'un affrontement direct entre le Souverain Pontife et sa hiérarchie, et Pascalina fut le prétexte à la grande colère des cardinaux.

« Cette femme est la cause principale de cette terrible impasse », répétait le cardinal Tisserant au cardinal Ottaviani. Le chef de la curie finit par en avoir les oreilles tellement rebattues par Tisserant, qu'il perdit un jour son flegme légendaire et lui rétorqua : « Eminence, que proposez-vous que nous autres du Saint-Siège fassions, que nous pendions la nonne par le cou sur l'autel de Saint Pierre ? »

En 1942, dans ce climat de fronde, les cardinaux, qui, une fois de plus, n'avaient pas été consultés, eurent l'impression que le plafond de la Sixtine leur était tombé sur la tête. En effet, le Saint-Père venait de leur annoncer qu'il avait décidé de créer une banque au Vatican. Par l'entremise de cette banque, le Saint-Siège comptait tirer d'immenses profits du conflit mondial qui faisait rage. Sous le pontificat de Pie XII, le Vatican avait, depuis le début des hostilités, considéré la Deuxième Guerre mondiale comme une affaire juteuse et avait décidé d'en tirer parti. A un cardinal qui lui reprochait une activité financière si contraire à l'enseignement du Christ, Pascalina répondit : « Pour que l'Eglise demeure une force puissante pour répandre la parole de Dieu Tout-Puissant, elle doit continuellement chercher de nouveaux moyens d'accroître sa puissance financière. »

Ce cardinal, comme beaucoup de ses collègues, s'élevait contre le projet du pape de créer une banque. Pie XII, qui n'en avait cure, suivit la proposition de Pascalina et baptisa le nouvel établissement *Instituto per le Opere di Religione* (L'Institut pour les œuvres religieuses). Le Souverain Pontife déclara que son objet était de « conserver et administrer le capital destiné aux congrégations religieuses ». Aucun des cardinaux ne put croire à cette fable et accepter l'explication de la nonne, selon laquelle « tout était strictement en accord avec les canons de l'Eglise ».

En effet, dès son inauguration, la banque du Vatican servit de couverture à des spéculations internationales illégales. Les ecclésiastiques les plus proches du pape étaient utilisés comme agents et coursiers. Des prélats et prêtres, que le Vatican appelait *uomini di fiducia* (« hommes de confiance ») faisaient passer clandestinement les frontières à d'énormes sommes, en argent et en valeurs. Dans presque tous les cas, les chefs des gouvernements étrangers fermaient les yeux et donnaient consigne aux officiers des douanes d'en faire autant. La neutralité historique du Saint-Siège lui permettait, en temps de guerre, de réaliser de bonnes affaires avec tous les belligérants. Bien sûr, quand l'issue de la conflagration mondiale devint évidente, la neutralité historique eut bon dos et les investissements affluèrent dans le camp des Alliés.

Alors que l'armée allemande s'embourbait aux abords de Moscou, Pie XII émit devant Pascalina ses premiers doutes sur la victoire nazie : « L'impulsion accrue apportée par l'initiative américaine va bientôt affecter l'équilibre des pouvoirs. Hitler a trouvé son Waterloo en Russie et les armements, les hommes et la puissance industrielle des Américains pourraient bien se faire lourdement sentir partout. »

La grande peur du pape, à l'époque, était la menace communiste déferlant sur toute l'Europe et l'installation de dictatures communistes en Allemagne, en France et en Italie. Le Vatican se retrouverait vite à genoux, il en était sûr, et serait dépouillé de ses richesses et possessions historiques. La banque du Vatican semblait être pour lui le meilleur moyen de transférer l'immense trésor du Vatican vers des cieux plus cléments.

Ce fut Pascalina qui eut l'idée d'utiliser Spellman comme principal convoyeur de fonds. Elle s'en expliqua auprès du Saint-Père : « Votre Sainteté, comme vous le savez, l'archevêque a merveilleusement réussi à remettre de l'ordre dans les finances du Saint-Siège aux Etats-Unis. Il est peut-être souhaitable de le prendre comme premier messager pour le transfert des fonds et des actions vers l'étranger. En tant qu'aumônier général des forces armées américaines, Son Excellence voyage fréquemment dans de nombreux pays. »

La nonne suggérait à mots couverts de se servir au mieux de l'immunité dont jouissait Spellman. Le col romain de l'archevêque et son influence internationale étaient des atouts, pensait-elle, indispensables à toute opération clandestine. Le pape adhéra d'enthousiasme à la proposition de Pascalina. Sans l'ombre d'une hésitation, il convoqua officiellement Spellman à Rome. Quand les rumeurs sur « le stratagème inédit et téméraire » du Saint-Père arrivèrent aux oreilles du cardinal Tisserant, le prélat français se promit d'accueillir à sa façon l'archevêque de New York.

« Bonjour, Excellence Spellman ! » s'écria joyeusement Tisserant, quand le « chouchou du Pape » arriva au Vatican. Le cardinal s'exprimait dans son anglais des plus choisi, concédant une légère trace d'accent. « Comment se porte notre chef agent secret, ces jours-ci ? »

Tisserant avait minuté son entrée afin de produire le maximum d'effet. Le pape s'était retiré pour la sieste et le Français savait trouver l'archevêque américain en compagnie de Pascalina, dans le bureau de cette dernière. Le cardinal avait l'air parfaitement satisfait. Il était ravi d'avoir ridiculisé Spellman, qu'il avait en profonde aversion.

« Depuis quand un Français fait-il la fine bouche quand il s'agit de faire de l'argent ? lui répondit, cinglante, Pascalina.

— Touché, mère Pascalina ! fit Tisserant du tac au tac. Maintenant, je comprends pourquoi le Saint-Père vous garde. Votre esprit est aussi brillant que votre étincelante beauté. Si seulement votre personnalité égalait vos autres qualités, moi-même je serais amené à vous apprécier ! »

« Si Son Eminence Tisserant faisait le difficile, expliqua plus tard la nonne, c'était probablement parce qu'il se sentait exclu des décisions importantes ».

Pie XII et Spellman s'accordèrent avec Pascalina pour considérer que l'adresse et les relations de Tisserant seraient des atouts décisifs dans les opérations internationales de la banque du Vatican. Quel fut le rôle de Tisserant, dans cette affaire, en eût-il seulement un ? C'est ce qu'on ignore encore aujourd'hui.

En revanche, le rôle de Spellman fut significatif et sa réussite remarquable. Selon son biographe, le père I. Gannon, il devint « aussi discret et adroit, dans le transport de sommes énormes en devises et en actions, que le plus expérimenté et intrépide contrebandier international ».

Au cours de ses nombreux voyages militaires à travers le monde, l'archevêque de New York transporta diverses valeurs, des billets, des actions, des obligations, de l'or et de l'argent, pour plusieurs millions de dollars. Il ne redoutait jamais d'être découvert. Bien campé dans son imposant costume ecclésiastique, muni de tous les sauf-conduits nécessaires émis par Roosevelt, celui qu'on appelait « le pape américain », avec son sourire de chérubin, ne fut jamais inquiété, pas plus que les centaines d'autres ecclésiastiques catholiques de tous rangs, qui convoyèrent les fonds de l'Eglise tout au long de la Deuxième Guerre mondiale, et même après. On évalue à des centaines de millions de dollars, les actifs ainsi transférés.

Les financiers du Vatican étaient constamment à l'affût de nouveaux investissements. On ne tint guère compte, sous le règne de Pie XII, de la moralité de ces placements et des politiques locales des pays dans lesquels ils étaient réalisés.

La papauté, qui avait soutenu financièrement l'invasion de Mussolini en Ethiopie et la prise de pouvoir de Franco en Espagne, généralisait son appui aux gouvernements totalitaires. Même si l'industrie de guerre des nazis déversait une manne considérable dans les coffres du Vatican, la conscience du Saint-Siège ne se sentait en rien fautive. Les profits ainsi accumulés, expliquait Pie XII à Pascalina, « allaient répandre la bonne parole de notre sainte mère l'Eglise ».

Quand le pape comprit que la guerre tournait au désavantage des puissances de l'Axe, le Vatican se mit promptement à réaliser des investissements aux Etats-Unis, dans l'industrie de l'armement. Le soutien financier de l'Eglise aux deux parties pendant la guerre se justifiait, selon le pape, par l'observance d'une stricte neutralité, même si ce raisonnement n'en demeurait pas moins, pour certains, fort spécieux.

La conscience de Pascalina ne se troublait plus devant les méthodes employées par le Vatican pour augmenter ses ressources. Le temps où elle s'insurgeait devant Pacelli à propos des termes du traité de Latran était révolu. Révolue aussi l'époque où elle s'étonnait de la mainmise de Nogara sur la gestion des fonds du Vatican.

Quelques jours après le couronnement de Pie XII, Pascalina avait demandé au Saint-Père d'enquêter sur Nogara. Unique responsable de la direction financière du Saint-Siège, la rumeur publique l'accusait de détournement et de transactions illégales. Pascalina et Pacelli avaient trouvé bien étrange que le financier opère à partir d'un minuscule bureau discrètement situé à l'entrée de l'appartement de Pie XI. Etrange aussi l'équipe réduite dont il s'était entouré : deux personnes — un comptable et une secrétaire — en dépit du volume considérable d'affaires qu'il brassait. Ils avaient enfin noté que le « staff » financier n'était composé que de laïcs. Mais ni Pascalina ni Pacelli ne furent jamais en mesure, sous le règne de Pie XI, de contester les opérations de Nogara. Certains membres de la hiérarchie du Vatican avaient discuté parfois le bien-fondé de certains choix de banquier mais ils l'avaient fait sans se départir de la plus extrême prudence. L'homme régnait en maître absolu sur le trésor de l'Eglise. Il investissait dans tous les pays : Allemagne, France, Yougoslavie, Albanie, Italie, Grande-Bretagne, Canada, Etats-Unis et de nombreux pays d'Amérique du Sud.

La plupart des cardinaux et des dignitaires d'Eglise profitaient allègrement de la prospérité retrouvée. De luxueux appartements et de grosses limousines noires témoignaient désormais du style de vie des prélats. Il leur importait peu que le petit peuple de Rome traduisît les trois lettres figurant sur leurs plaques minéralogiques S.C.V. *(Stato Città Vaticano)* par *Se Cristo Vedesse !* (Si seulement le Christ pouvait voir ça !).

A l'issue de l'enquête diligentée par Pie XII sur le conseil de Pascalina, Nogara reçut le plus parfait certificat de probité.

En février 1946, lors de son premier consistoire, Pie XII promut Spellman au cardinalat. Il ne faisait aucun doute, pour les gens bien renseignés, que le Pontife prouvait ainsi sa reconnaissance à l'archevêque de New York pour les services rendus dans les convoyages illégaux. Le pape avait attendu, pour honorer son homme d'Eglise favori, la mort du vieil ennemi de Spellman, le cardinal William O'Connell de Boston. le vindicatif archevêque de Boston avait fait jurer aux autorités romaines de ne pas octroyer de coiffe rouge à son ancien évêque auxiliaire tant que lui, O'Connell, serait vivant. Il se trouvait toujours dans le haut clergé des bonnes âmes pour regretter l'élévation de l'un des leurs, et la promotion de Spellman n'échappa pas à cette coutume. Mais on assista à une levée de boucliers au sein du Sacré Collège quand le nouveau Saint-Père éleva au cours du même consistoire quatorze autres non-Italiens à la pourpre cardinalice, renversant ainsi l'équilibre traditionnel au sein du Sacré Collège, où l'on dénombrait maintenant seulement vingt-huit cardinaux italiens contre une nouvelle majorité de quarante-deux éminences, originaires d'autres pays. « Votre Sainteté, les Italiens sont désormais en minorité, s'inquiéta Pascalina. Avez-vous pensé aux conséquences d'un renversement de la tradition ? » « Certes oui ! répondit le pape avec un sourire entendu. Cela signifie que moi, le Saint-Père, je pourrais avoir un successeur étranger. » Pie XII venait d'infliger son plus sévère affront et sa plus cinglante insulte à la majorité italienne du Sacré Collège des cardinaux.

La nonne était convaincue que Pie XII pensait à Spellman pour lui succéder et qu'il venait de rendre cela possible. Mais elle craignait que le Souverain Pontife ait omis de prendre en compte une éventualité bien plus probable : l'élection d'un autre étranger, le cardinal Tisserant.

« C'est alors que je compris pourquoi Son Eminence Tisserant était resté si calme, tout au long du consistoire, se rappelait-elle. De fait il semblait positivement ravi, ce qui ne lui était jamais arrivé depuis l'élection de Sa Sainteté... »

XIII

Pascalina commença à déceler de stubtiles et troublantes transformations dans l'état de santé du pape, au cours de l'hiver 1949-50. En général, son esprit était aussi actif et aiguisé qu'autrefois, mais, parfois, ses pensées divaguaient. Pie XII était aussi inquiet qu'elle et tous deux redoutaient fort que leurs ennemis ne tentassent quelque offensive inédite à leur encontre. Mais leurs inquiétudes demeurèrent lettre morte ; jamais le Sacré Collège ne fit mine de proposer à Pie XII, maintenant qu'il avait passé soixante-dix ans et qu'il était le plus souvent malade, d'abdiquer. Pie XII restait fermement aux commandes de l'Eglise, détenant un pouvoir jamais égalé par aucun de ses prédécesseurs ou successeurs dans l'Histoire contemporaine. L'amertume du haut clergé n'en était que plus vive à l'encontre de la nonne que l'on surnommait « le général allemand ». Pascalina reconnaissait elle-même qu'elle était responsable de la difficile position dans laquelle elle se tenait. Elle s'était aliéné les hauts dignitaires d'Eglise les uns après les autres, avec son désir obsessionnel de préserver son pape bien-aimé. Les antagonismes qui couvaient depuis si longtemps entre la nonne et la hiérarchie faillirent exploser au grand jour, par un après-midi d'automne 1949, quand le Sacré Collège exigea un bilan de la gestion des fonds de l'Eglise. Tisserant avait été désigné, ainsi que Mgr Domenico Tardini, le sous-secrétaire d'Etat, pour demander à Pie XII un état complet des finances. Il s'agissait là d'une information secrète, qu'aucun pape n'avait jusqu'alors divulguée à quiconque, pas même aux plus importants des cardinaux. Le géant barbu débarqua lourdement dans le bureau de la nonne, tirant sur un cigare, suivi de Tardini. D'une voix forte et grossière, le cardinal dit sans préambule : « Femme, donne-nous le bilan ! Le Sacré Collège l'exige ! »

Pascalina avait eu vent des rumeurs selon lesquelles les cardinaux s'apprêtaient à demander des comptes au pape. Mais jamais elle n'aurait cru qu'une question d'importance, aussi délicate, puisse être abordée aussi abruptement. L'effet de surprise joua à plein, mais Pascalina tint bon et répondit à l'ordre de Tisserant en soutenant son regard, l'air glacial. Son mutisme et l'impudence de son attitude eurent le don d'enflammer le cardinal. « Soit tu nous donnes ce rapport, femme, soit nous irons le demander au pape lui-même ! cria-t-il, fou de rage, frappant de son énorme poing le bureau de la nonne. Ce n'est pas du pape que nous nous méfions, c'est de toi ! »

Pour toute réponse, Pascalina décrocha le téléphone : « Envoyez immédiatement les gardes suisses ! » ordonna-t-elle, d'une voix calme, et, en un clin d'œil, un détachement casqué prit position à l'entrée de son bureau. « Chassez ces importuns tout de suite ! » commanda-t-elle, en désignant le cardinal Tisserant et Mgr Tardini. Elle s'était dressée de toute sa hauteur derrière son bureau et ressemblait alors vraiment au général allemand auquel on la comparait... Les gardes suisses en restèrent aussi sidérés et sans voix que les deux prélats.

« Nous sortirons de notre plein gré », se reprit enfin Tisserant. Toisant les gardes, il les mettait au défi d'oser porter la main sur lui. « Femme, que Dieu ait pitié de toi désormais ! » l'entendit-elle proférer encore quand il quitta la pièce.

Evidemment, ni Pie XII ni Pascalina ne rendirent de comptes au Sacré Collège, pas plus qu'à quiconque : « Nous nous en tînmes à la tradition papale, dit-elle plus tard. L'une des responsabilités du Saint-Père est de veiller à ce que le Saint-Siège puisse toujours disposer de ressources suffisantes, afin de perpétuer la charité et les œuvres religieuses pour le bien de tous les catholiques. Partager l'autorité suprême de Sa Sainteté avec qui que ce soit reviendrait à risquer une dispersion des grandes œuvres sacrées de notre sainte mère l'Eglise. » Mais jamais Tisserant ne put admettre la réaction de la nonne. Des mois plus tard, lors de la visite de l'archevêque de Boston, Richard J. Cushing, à Rome, le cardinal français ruminait toujours de noires pensées sur Pascalina.

« C'était déjà assez mauvais au début quand cette femme était encore aux ordres de Pie XII, confia amèrement le cardinal Tisserant en narrant l'incident à Cushing. Mais, maintenant, elle exerce un pouvoir tel que beaucoup de membres de la hiérarchie la surnomment “La Popessa”. »

La nonne avait alors amplement mérité ce « titre ». Elle avait entendu parler d'un énorme scandale financier dans lequel était impliqué l'ordre des chevaliers de Malte et elle avait résolu que le pape fasse le ménage dans cette société secrète. Pie XII ne se montrait pas très empressé pour enquêter sur les chevaliers de Malte, car de nombreux prélats d'importance étaient impliqués. Parmi eux, le cardinal Nicola Canali, l'un des membres les plus puissants du Sacré Collège, ainsi que l'évêque Angelo Roncalli (le futur pape Jean XXIII) et le cardinal Spellman.

« Vous savez quel effet aurait dans la presse une enquête, faisait valoir le pape à Pascalina, alors qu'elle le pressait de vérifier les rumeurs de corruption.

– Mais, Votre Sainteté, comme Saint-Père, vous ne pouvez souscrire à l'étouffement d'un scandale », lui répondit-elle. Le Souverain Pontife et elle savaient quelle lutte acharnée opposait les cardinaux Spellman et Canali pour la prise de contrôle de l'ordre si lucratif des chevaliers de Malte. Ils savaient aussi avec quelle désarmante naïveté l'évêque Roncalli s'était trouvé mêlé à cette affaire.

Pascalina avait commencé à avoir des soupçons sur les pratiques illicites de la célèbre société en apprenant que des Américains payaient jusqu'à 200 000 dollars au cardinal Spellman pour obtenir un titre de chevalier. Le cardinal disait aux donateurs que l'argent serait envoyé au Vatican pour ses œuvres religieuses et charitables. Mais Spellman ne retournait à Rome que 1 000 dollars par donation...

A Paris, un autre nuage sombre pesait sur la branche française des chevaliers de Malte. L'évêque Roncalli avait nommé le baron Marsaudon chevalier de l'ordre. Or, ce dernier était franc-maçon au trente-troisième degré *. Le baron fut reçu chevalier alors que l'Eglise interdisait absolument aux catholiques de se faire francs-maçons. Déroger à cette interdiction exposait le contrevenant à l'excommunication.

Le cardinal Canali, qui suivait de près les développements de ces scandales en gestation et les poussait peut-être à la roue, savait les énormes enjeux financiers qui étaient en jeu et il demanda à Rome de lui confier la direction de l'ordre.

Avec beaucoup de réticences, le pape finit par céder au harcèlement de Pascalina et déclencher une enquête. Mais il lui fit bien comprendre quelle répugnance lui inspirait tout cela : « Les cardinaux ont le privilège de se trouver au-dessus de tout soupçon, lui dit-il sèchement. Mère Pascalina, il vous faut apprendre à avoir plus de respect pour la couleur pourpre ! »

La nonne, bien que blessée, n'en fut que plus édifiée le jour suivant, quand Pie XII avisa qu'il nommait le cardinal Tisserant à la tête du tribunal chargé d'enquêter sur les accusations, et de rendre le verdict final.

« Votre Sainteté, vous commettez une terrible erreur ! » fit la nonne inquiète, tout ébranlée par la décision du Saint-Père. Elle ne tint aucun compte de la réprimande de la veille et dit : « Son Eminence Tisserant ne fera rien de constructif et va utiliser ce procès, à son propre avantage !

— Tisserant est un Français, et c'est la branche française de la société qui est impliquée », rétorqua le pape sur un ton qui n'admettait aucune réplique.

Tisserant et quatre autres cardinaux passèrent une bonne partie de l'année à instruire l'affaire. Parmi les assesseurs de Tisserant se trouvait, comme par hasard, l'un de ses plus proches amis, le cardinal Canali, celui-là même qui n'avait de cesse de prendre la direction de l'ordre.

« La pourpre est au-dessus de tout soupçon ! » déclara fièrement Tisserant au pape devant la nonne, en rendant l'ordon-

---

* Le trente-troisième degré est le plus haut rang qui se puisse conférer aux membres de cette confrérie.

nance de non-lieu. Pascalina se sentit outragée. Elle aurait tant voulu répondre : « La pourpre est en deuil, à cause des péchés de ceux qui la portent, les cardinaux comme vous-même, Tisserant ! » Mais, là encore, elle tint sa langue. « C'est seulement parce que le Saint-Père était présent », précisa-t-elle plus tard.

Elle avait perdu la face devant les cardinaux, et cela l'incita à élever plus haut encore la muraille qu'elle avait dressée entre le pape et eux. Dès lors, il n'y eut plus guère qu'une poignée de personnes choisies par la nonne qui purent encore accèder directement au pape. Il s'agissait des trois neveux du Souverain Pontife, Carlo, Giulio et Marcantonio Pacelli, et du gouverneur général du Vatican, Enrico Galeazzi. Il était à noter qu'aucun d'eux n'était membre de la hiérarchie, ni prêtre. Mais tous s'étaient acquis la confiance de Pascalina en gérant les énormes actifs financiers de l'Eglise depuis que Bernardino Nogara avait pris une semi-retraite.

Le cardinal Spellman était le seul membre du haut-clergé à avoir encore ses entrées au Vatican. Même Elisabetta, la propre sœur de Pie XIII, qui avait été sa plus proche amie dans l'enfance, devait, pour voir son frère, tomber sur un jour où la nonne se trouvait bien lunée. Le visiteur régulier que Pascalina avait le plus à cœur d'écarter était le médecin du pape, le Dr Riccardo Galeazzi-Lisi. Toutefois, Sa Sainteté et le docteur étaient de vieux amis, et Pie XII avait conservé une foi inébranlable dans les qualités de praticien de celui-ci. Dans une affaire aussi délicate que le choix de son médecin généraliste, ce fut Pie XII qui l'emporta. Pascalina reconnut qu'elle n'avait jamais compris « la naïveté de Sa Sainteté » qui croyait en la compétence et l'expérience de Galeazzi-Lisi dans le traitement de toutes les maladies, « alors qu'il ne s'y connaissait qu'en bésicles ».

Bien sûr, Pascalina avait de bonnes raisons d'insister pour que Pie XII s'entoure des meilleurs médecins : « Sa Sainteté avait travaillé dur, toute sa vie, expliquait-elle. Son pontificat avait été une suite de luttes et d'inquiétudes incessantes. Il avait été ravagé d'angoisse pour la sauvegarde du monde. Sa Sainteté passait jusqu'à dix-huit heures par jour à écrire et à donner des audiences. En l'espace d'une année, il s'adressait parfois à des centaines de milliers, voire des millions de fidèles. J'avais toujours peur qu'un homme aussi fragile et aussi ascétique ne puisse survivre aux soucis et au travail que lui-même s'imposait. »

Quand Pie XII attrapa un rhume sévère, à la fin de décembre 1949, Pascalina redouta une pneumonie. L'heure était venue pour elle de livrer enfin le fond de sa pensée sur Galeazzi-Lisi au Saint-Père :

« Votre Sainteté, ce soi-disant docteur serait bien incapable de soigner, ne fussent que vos oiseaux », gémit-elle, en hochant la tête avec dégoût et en servant au Saint-Père alité une cuillerée d'un élixir prescrit par Galeazzi-Lisi.

« Vous voyez toujours le mal chez le peu d'amis qui me restent, répliqua le Saint-Père avec impatience, en grimaçant devant l'amertume du médicament. Vous êtes jalouse de tous ceux qui me sont proches.

— C'est complètement absurde ! s'exclama-t-elle, les mains sur les hanches, l'air terriblement offensé. J'essaie de mon mieux de m'occuper de votre santé, et vous m'accusez d'égoïsme ! » D'un geste brusque, elle posa la cuillère et la fiole sur la table de nuit et se détourna ostensiblement du lit pour remettre en ordre sa chambre. Le Saint-Père se sentit quelque peu coupable d'avoir offensé sa vieille amie et regardait sans cesse vers elle, dans l'espoir qu'elle allait se retourner. Elle n'en fit rien. Quand elle eut terminé, la nonne dit, très raide : « Votre Sainteté, votre chambre est en ordre, maintenant. Appelez-moi quand vous aurez besoin d'autres soins, et je me ferai un plaisir de faire chercher votre docteur. Peut-être, la prochaine fois, essaiera-t-il de vous soigner en dansant autour du lit. » Sur ce, elle salua protocolairement le pape, et sortit, hautaine, de la pièce.

Pie XII émergeait à peine de sa maladie, au commencement de l'Année Sainte, le premier janvier 1950, quand il profita de cet événement historique pour annoncer un nouveau dogme pour le canon de l'Eglise, le premier depuis quatre-vingts ans. Le premier novembre 1950, le Souverain Pontife proclama officiellement l'Assomption de la Sainte Vierge Marie. Aussitôt se déchaîna une controverse d'une telle ampleur, dans le monde entier, au point que l'infaillibilité et la crédibilité du pape furent très sérieusement mises en doute.

Pie XII affirmait que le corps de Marie, Mère de Dieu, ne s'était pas désintégré, comme celui d'une mortelle ordinaire, mais s'était élevé directement au ciel sous son enveloppe charnelle, comme s'était élevé le corps de son Fils. Le pape, dont les arrêts sont réputés infaillibles par l'Eglise proclama aux catholiques que cet élément fondamental de la foi était désormais « une doctrine absolue de Notre Sainte-Mère l'Eglise ».

Une déclaration officielle émanant du Vatican informa quelques temps plus tard le monde que la Sainte Vierge Marie était apparue au pape, alors qu'il se promenait dans les jardins du palais. La vision de la Madone s'était produite, disait-on, le jour même où Pie XII avait proclamé le nouveau dogme. Le Saint-Père déclara que Marie lui était apparue deux fois auparavant, la veille de la confirmation officielle de son Assomption. Le Saint-Père affirmait aux catholiques médusés avoir vu le soleil sortir de son orbite au moment de l'apparition de la Vierge Marie. Il décrivit très précisément l'astre descendant en spirale sur l'horizon, puis comme un feu d'artifice, pour reprendre rapidement sa position originelle.

D'après le Dr Galeazzi-Lisi, « Pie XII était profondément bouleversé et interprétait ses visions comme un signe d'approbation divine de l'annonce du dogme qu'il s'apprêtait à édicter. » Certains des membres de la hiérarchie romaine furent sidérés par la révélation des visions du pape, tout en s'abstenant de porter la controverse sur la place publique. Ceux qui détestaient le plus Pascalina s'en prirent à elle : « Cette femme est fanatique sur certaines questions de foi, accusa le cardinal Valerio Valeri, membre éminent de la curie. Elle place presque autant de croyance dans Marie que certains catholiques en placent dans le Christ. C'est elle qui est derrière tout cela. » La nonne para l'attaque en déclarant : « L'Assomption de la Sainte Vierge Marie est une très ancienne croyance des papes et des prélats qui remonte aux premiers jours de notre sainte mère l'Eglise. Il existe un malentendu extraordinaire au sujet de l'infaillibilité du pape : si l'on s'en tient aux principes de notre sainte mère l'Eglise, le Saint-Père peut tout autant se tromper que quelqu'un d'autre sur bien des sujets, et ce n'est pas un péché que de n'être pas d'accord avec lui. Ce n'est que quand le Souverain Pontife s'exprime solennellement *ex cathedra* à propos de la foi et de la morale qu'il est réputé infaillible. Sa Sainteté, qui est lui-même un maître en théologie, a ordonné à ses exégètes et théologiens d'examiner tous les témoignages de la façon la plus minutieuse et de les interpréter pour lui. En proclamant le dogme de l'Assomption, Sa Sainteté a confirmé officiellement une croyance traditionnelle des pères de l'Eglise. »

Au sujet de sa propre opinion sur la véracité des visions de Pie XII, Pascalina répondit : « Je crois, de tout mon cœur et de toute mon âme, dans le pouvoir de notre Sainte Mère. Si elle a choisi d'apparaître devant Sa Sainteté, je suis sûre qu'elle l'a fait. » Elle confierait plus tard qu'elle n'avait jamais laissé « déshonorer Notre Seigneur ». « Quand je donnai mon avis sur ce qui était éthique et honorable, on me détesta pour cela. Il y eut beaucoup de tristesse dans mon cœur, car personne n'aime être haï. Mais à aucun moment je n'ai eu de regrets. Seules les erreurs de Sa Sainteté ont fait couler mes larmes, car, pour moi, il restait un homme grand et saint, quelles que soient ses erreurs humaines. »

Au cours de l'Année Sainte, les divisions entre le pape et sa hiérarchie prirent un tour beaucoup plus abrupt. Dans les couloirs du Vatican, l'on reconnaissait cependant tous les avantages que l'Eglise avait tirés du « coup médiatique » réalisé par Pie XII. Plus de quatre millions de pèlerins étaient venus à Rome. Les dons affluèrent, petits et gros, et gonflèrent d'autant le trésor de l'Eglise, jusqu'à un niveau inégalé.

Quand les rumeurs commençèrent à circuler sur le refroidissement des relations entre la hiérarchie et le Saint-Père, les deux parties se composèrent un visage de Janus, l'un à usage privé, l'autre pour le public. Par égard pour la dignité du Saint-Siège et de la fonction pontificale, Pie XII et les hommes à coiffe rouge montraient l'image édifiante de l'amour, de la piété et de la plus proche affinité.

« Personne n'aurait pu croire que Pie XII et les membres du Sacré Collège puissent avoir dans le cœur autre chose que de l'amour réciproque », commenta l'archevêque Cushing.

En 1953, l'animosité du Sacré Collège – en particulier les cardinaux italiens – à l'encontre de Pie XII connut son paroxysme quand le pape annonça son intention de nommer de nouveaux cardinaux étrangers. Pascalina était non moins désireuse que le Saint-Père de voir le Sacré Collège s'internationaliser, mais elle émit certaines réserves : « Votre Sainteté, vous vous rendez compte de toutes les pressions que les Romains vont vouloir faire peser sur vous ? Mais vous avez raison, pour que notre sainte mère l'Eglise puisse prospérer partout dans le monde, nous savons qu'il faut que partout les gens puissent être représentés.

– Chère mère Pascalina, je ne suis pas excessivement inquiété par les membres italiens, répondit le pape d'un air placide. Je suis le Saint-Père de tous les catholiques du monde, et, d'autre part, je suis un vieil homme, maintenant. Que peut-on faire contre moi, surtout quand j'agis dans l'intérêt du Saint-Siège ? » Le Pontife s'interrompit, et un sourire passa sur ses lèvres. Il ajouta : « Que puis-je craindre quand j'ai un ami et un guerrier comme vous qui se bat pour moi ? »

Le Souverain Pontife convoqua son second consistoire le 15 janvier 1953 et nomma vingt-quatre nouveaux cardinaux. Désormais, vingt-sept pays étaient représentés au Sacré Collège, et l'ancienne majorité italienne fut réduite à un tiers des soixante-dix membres de l'assemblée.

Pie XII nomma des cardinaux en Chine, en Inde, en Australie et en Arménie. L'Amérique, du Nord et du Sud, en compta treize à elle seule : « Nous voulons que soient représentés le plus de gens et d'horizons possibles, afin que le Sacré Collège devienne une image vivante de l'universalité de l'Eglise », déclara le Saint-Père.

Les pays de l'Est empêchèrent leurs prélats d'assister au consistoire. Le cardinal Stefan Wyszynski, primat de Pologne, et le cardinal Alojzije Stepinac, primat de Yougoslavie, reçurent leurs coiffes rouges *in absentia*. Wyszynski fut ensuite incarcéré, et Stepinac placé en résidence surveillée. Le cardinal Jozsef Mindszenty, primat de Hongrie, avait été, quant à lui, condamné à la prison à vie, après qu'il eut été élevé à la pourpre cardinalice.

Certains prélats italiens conçurent après le consistoire un profond ressentiment à l'encontre du pape. Ils avaient cru revêtir enfin la pourpre tant convoitée... Mgr Domenico Tardini, sous-secrétaire d'Etat, prit l'oubli du Souverain Pontife pour une insulte personnelle. Tardini n'était guère plus jeune que Pie XII et le servait avec dévouement depuis des années, malgré toutes les critiques et les quolibets dont le pape l'accablait. Tardini estimait non seulement mériter d'être nommé cardinal, mais beaucoup de ses collaborateurs l'avaient persuadé qu'il serait parmi les heureux élus. Le lendemain de la tenue du consistoire, il déboula dans le bureau de Pascalina, dans une humeur et avec des allures que le cardinal Tisserant n'aurait pas reniées. Il hurla : « C'est votre faute ! » Pointant un doigt accusateur en direction de la nonne, il ajouta : « Je vais écrire un livre sur la politique du pontificat de Pie XII ! » De fait, Tardini écrivit son livre après la mort de Pie XII *.

Mgr Giovanni Montini réagit, lui, de façon très différente. Il était, comme Tardini, sous-secrétaire d'Etat et servait, lui aussi, le Souverain Pontife depuis longtemps. Mais Montini, calme et réservé, n'aurait jamais réagi verbalement. « Il se contenta de bouder pendant des semaines, se souvenait Pascalina. Je ne crois pas qu'il m'ait seulement dit bonjour pendant longtemps. »

Le plus reconnaissant parmi les cardinaux nouvellement nommés fut sans doute Angelo Roncalli, l'ancien nonce du Vatican en France et désormais archevêque de Venise, l'un des rares Italiens à avoir été honoré par Pie XII. L'affable Roncalli entra à l'improviste dans le bureau de Pascalina, les bras chargés de cadeaux pour le pape et la nonne, un chardonneret en cage

---

* Le *Livre blanc* de Tardini, publié en 1960, est une critique de la vie de Pacelli durant son pontificat.

pour Pie XII, et deux chapelets sculptés à la main, pour elle, qui fut enchantée de l'attention du nouveau cardinal, encore qu'elle se sentît quelque peu coupable à son égard, car de tous les prélats, il était celui qui avait été le plus en butte à son caractère autoritaire.

« Mais, Eminence, je ne suis pour rien dans notre nomination ! protesta-t-elle.

– Oh, que si, mère Pascalina ! lui répondit le futur pape Jean XXIII en s'inclinant devant elle. Vous ne vous y êtes pas opposée, et c'est tout ce qui a compté. »

Les membres de la vieille congrégation italienne du Sacré Collège des cardinaux se sentaient à ce point outragés par le consistoire qu'ils en vinrent à se persuader que Pie XII préparait sa succession par un étranger. « Les cardinaux croyaient que Pie XII voulait les priver systématiquement de tout pouvoir, dit l'archevêque Cushing. C'était un pape habitué à faire lui-même le maximum de choses. Il savait aussi que plus de la moitié des Italiens du Sacré Collège étaient si vieux ou si malades qu'ils ne pouvaient en aucun cas assumer leur tâche avec l'efficacité qu'il exigeait d'eux. »

Deux raisons retinrent les plus échauffés des cardinaux italiens de fronder publiquement en alertant la presse. La première avait pour nom Tisserant, alors doyen du Sacré Collège, dont on connaissait l'ambition de succéder à Pie XII. Les chances de Tisserant grandissaient à chaque nouvelle nomination étrangère au Sacré Collège. Personne n'aurait souhaité se mettre à dos ce géant barbu qui ne tarissait pas d'éloges sur l'internationalisation du Sacré Collège.

La seconde était l'état de santé déclinant du pape. Les cardinaux convinrent qu'il ne serait pas sage de s'opposer publiquement à la politique d'un Souverain Pontife agonisant, aimé par des millions de catholiques de par le monde, qui approuvaient sans réserve ses actions pour l'universalisation de l'Eglise.

Pascalina n'était pas tant préoccupée par les réactions de la coterie italienne au consistoire que par le sérieux état de santé du pape. Au début de 1954, Pie XII avait eu une sévère attaque prolongée de hoquet, s'aggravant de dérèglements internes.

Mesurant près de un mètre quatre-vingts, il ne pesait plus alors que quarante-huit kilos.

« Depuis lors, constata-t-elle, Sa Sainteté resta très malade, mais son esprit ardent le faisait continuer de travailler à un rythme frénétique. Rien ne lui paraissait trop futile, ni trop épuisant pour qu'il l'entreprenne. »

En de rares occasions, le pape et la nonne s'accordaient quelques instants de détente. La coquette n'était pas morte en la nonne. Mais elle ne laissait transparaître ce trait de sa personnalité qu'en de très rares occasions. Le Saint-Père venait de dire la messe, un matin de 1954, et s'en retournait à son bureau, quand elle se glissa en silence derrière lui. Elle le tira de côté, et lui murmura qu'elle allait bientôt avoir soixante ans.

« Sa Sainteté parut choquée de ma hardiesse, se souvint-elle plus tard. Avec un visage de pierre, il tourna les talons. » Elle était certaine de l'avoir irrité en s'étant montrée « assez bête pour avoir évoqué un sujet aussi insignifiant ». Mais Pie XII n'était pas aussi insensible que Pascalina l'avait cru. Le soir même le Saint-Père l'appela dans son bureau : « Joyeux anniversaire, mère Pascalina ! » lui cria-t-il quand elle entra. Il y avait dans sa voix tout l'enthousiasme que pouvait exprimer ce vieil homme malade. Il lui montra sur une desserte placée près de son bureau un petit gâteau blanc orné de minuscules figurines de nonnes en robes noires. Il avait déjà allumé les bougies !

Elle fut stupéfaite, puis se mit à rire en s'exclamant : « Mais, votre Sainteté, il n'y a que seize bougies, et j'ai soixante ans ! »

Avec un regard qui s'embruma, le Saint Père s'approcha de la nonne et prit affectueusement ses deux mains dans les siennes. « Mère Pascalina, vous aurez toujours seize ans pour moi ! » lui dit-il tendrement. Et il s'inclina pour lui baiser le front.

Ils étaient arrivés à la villa de Castel Gandolfo, où ils avaient l'intention de séjourner jusqu'à l'automne. Pascalina l'avait supplié d'y aller plus tôt dans l'année, avec l'espoir que ce lieu paisible lui rendrait la santé. Mais Pie XII s'était montré inflexible et ne s'était résolu à quitter le Vatican qu'après beaucoup de réticences. Pie XII rédigea douze discours cet été-là. Il avait l'intention d'en rédiger encore douze autres. Pascalina se plaignit au confesseur du pape que le Saint-Père avait écrit et prononcé en tout vingt-deux allocutions depuis sa maladie de l'hiver passé, et qu'il se « ruinait la santé ».

En l'entendant se plaindre, le Souverain Pontife se mit en colère et réprimanda la nonne pour ce qu'il appelait « son harcèlement ». « Si vous n'arrêtez pas de me dire, à moi, le Saint-Père, ce que je dois faire, je vous renvoie à la maison de repos de Stella Maris ! » lui cria-t-il, furieux.

Elle lui apportait alors justement un plateau de fruits avec du café, qu'elle lui avait préparé pour le goûter. Son invective absolument inattendue la surprit tellement qu'elle s'arrêta net et posa le plateau par terre.

« Je pars demain matin ! rétorqua-t-elle, des flammes dans le regard. Il vous faudra un bout de temps pour retrouver une nonne qui soit aussi bonne pour vous ! »

Le pape comprit, car elle ne l'avait pas appelé « Votre Sainteté », qu'elle était, cette fois-ci, vraiment bouleversée.

Elle s'attarda auprès de lui assez longtemps pour qu'il lui fasse quelque excuse, mais il se tint coi. Enfin, elle s'enfuit de ses appartements, si furieuse qu'elle ne pouvait même pas pleurer. Mais dans l'heure, Pie XII lui ordonna de revenir.

« Mère Pascalina, je suis désolé ! » lui dit le Saint-Père quand elle entra l'air attristé.

Pascalina n'avait jamais pu rester longtemps en colère contre son bien-aimé Pacelli. Elle se sentit revivre, et se jeta à genoux pour baiser la bague du Pêcheur.

« Mère Pascalina, vous savez que sans doute je ne pourrais pas vivre sans vous », continua le Pontife. Sa voix était brisée, il la guida vers une chaise près de lui. « Mais il serait sage que vous envisagiez de quitter bientôt le Vatican. Nous savons tous deux que je ne vais plus vivre très longtemps. Il serait mieux que vous puissiez être loin de Rome quand viendra la fin. »

Elle essaya de l'interrompre, mais il lui fit signe de garder le silence.

« Laissez-moi vous trouver un refuge paisible, poursuivit-il. Un endroit où vous pourrez passer le reste de vos jours, quand je ne serai plus.

– Votre Sainteté, je n'aurai pas le courage de vous quitter. Quoi que l'avenir me réserve, je resterai toujours près de vous. »

Sans répondre, il se leva lentement et se dirigea vers la fenêtre, en cherchant à se donner une contenance. Mais elle savait qu'il essayait de cacher ses larmes.

« Vous avez toujours été une amie si bonne et si loyale. Et pourtant vous avez reçu si peu en retour », murmura-t-il. Le Saint-Père se retourna et la regarda bien en face. « Mère Pascalina, vous pouvez rester aussi longtemps que vous voudrez. Mais je veux que vous songiez un peu à vous, pour changer. »

L'été fut long et torride, et Pascalina persuada Pie XII de rester à Castel Gandolfo jusqu'au milieu de l'automne. Mais loin de s'améliorer, l'état de santé du Pape ne cessa d'empirer. Les violentes crises de hoquet recommencèrent, et il ne pouvait plus se nourrir normalement.

Le 27 novembre, ils reprirent le chemin du Vatican. Au cours du trajet la nonne assise à l'arrière de la limousine retenait la tête du pape contre son épaule.

Des jours durant, il resta sur son lit étroit à respirer faiblement. Elle restait en permanence près de lui et lui tenait la main, le nourrissait et récitait des prières avec lui. Sa peau fine était si blanche et si tirée qu'elle en devenait translucide.

De temps en temps, il lui faisait un sourire et lui tapotait le dos de la main. Elle restait là près de lui après qu'il se fut endormi. De nombreux soirs, elle le trouva trop mal pour pouvoir le quitter et le veilla toute la nuit assise dans un rocking-chair.

Une armée de dix-huit médecins était en alerte vingt-quatre heures sur vingt-quatre, ils avaient perdu tout espoir de le sauver. Ils parlèrent à Pascalina de péritonite et de reins déficients. Certains préconisaient une opération, d'autres assuraient que tout recours chirurgical était impossible.

Le premier décembre, tout espoir semblait perdu. Pie XII était trop faible pour lever la main, et l'on décelait à peine les battements de son cœur.

La foule commença à se rassembler pour prier sur la place

Saint-Pierre, et les équipes de télévision commencèrent à prendre position, leurs objectifs braqués sur les fenêtres de l'appartement pontifical. Il n'avait plus que quelques heures à vivre, apprit-elle de la bouche des médecins.

Toutes les heures, Pascalina s'isolait dans la chapelle où Pie XII, depuis des années, disait la messe chaque matin. « Cher Jésus, prend pitié de Sa Sainteté, implora-t-elle. C'est un homme bon. Pardonne-lui ce qu'il a pu faire de mal, car Eugenio Pacelli n'a jamais péché intentionnellement. »

Quand elle s'en retourna au pied de son lit, l'état du Souverain Pontife s'était visiblement transformé. Il demeurait très faible, mais il avait soudain retrouvé toute la clarté de son esprit. « Mère Pascalina, je veux rester seul ce soir, dit-il. Pas de docteurs, personne, pas même vous ! J'attends une vision. »

La nonne protesta : « Votre Sainteté, vous êtes trop malade pour qu'on vous laisse seul ! » supplia-t-elle.

Le pape fit un effort pour se soulever. « Mère, faites ce que je dis », ordonna-t-il. Pascalina se retira en pleurs de la pièce.

Pie XII était seul quand il s'éveilla, dans les premières heures du 2 décembre. Il se sentait plus faible que jamais et pensant que sa fin approchait, il commença sa prière préférée, *Anima Christi* (« Ame du Christ »). Quand il en arriva aux paroles *in hora mortis meae voca me* (« à l'heure de ma mort, appelle-moi »), le pape raconta qu'il vit Jésus-Christ debout près de son lit.

« *O bone Jesu !* cria le pape d'exultation. *O bone Jesu ! Voca me ; iube me venire ad Te !* » (« Oh, bon Jésus ! Oh, bon Jésus ! Appelle moi ; ordonne-moi de venir à Toi ! »)

Mais le Sauveur n'était pas venu emporter le pape au paradis, comme Pie XII l'expliquerait plus tard. Le Christ était apparu, selon lui, pour le réconforter. « Et après un court instant, il s'en fut. »

Quelques heures plus tard, Pie XII était rétabli et s'était levé du lit. C'est Pascalina qui entra la première dans sa chambre, et il accueillit la nonne sidérée par un chaleureux « Bonjour, mère Pascalina ! Je suis heureux de vous voir ! » Puis d'un ton d'extrême exubérance, il ajouta, « Ce matin j'ai vu Notre Seigneur... silencieux, dans toute Son éloquente majesté ! »

Le pape raconta à la nonne les événements qui avaient précédé la vision. Il déclara que la veille il avait entendu « une voix très claire annoncer très distinctement qu'il allait avoir une vision ».

Une escouade de médecins entra dans la pièce, alors que Pie XII se confiait à la nonne. Ils ne furent pas moins médusés que cette dernière. Dans son rapport, le Dr Galeazzi-Lisi insistait sur l'état de santé de Pie XII à ce moment-là.

« Toute l'histoire fut racontée par le Saint-Père, avec une clarté et une présence d'esprit remarquables. Il convient aussi de souligner, que précisément ce même 2 décembre au matin, le Saint-Père, après avoir brièvement décrit ce qui s'était produit, s'en retourna à ses affaires courantes et, entre autres choses, mit une dernière touche à son discours aux avocats catholiques, qui fut lu à leur convention le jour suivant. »

C'était la première fois en presque deux mille ans qu'un pape, autre que Pierre, déclarait avoir vu le Christ.

Mais ce n'est qu'après le Nouvel An que Pascalina put se convaincre pleinement que le pape était bien sur la voie de la guérison. Elle sut qu'il était redevenu lui-même, quand il se mit à lui hurler dessus. « Mère Pascalina, venez ici de suite ! Je ne sais plus ce que j'ai fait de mes lunettes ! »

Elle fut néanmoins horrifiée d'apprendre que Pie XII avait l'intention de révéler au monde sa vision du Christ.

« Je veux que tout le monde sache quel miracle Notre Cher Sauveur a réalisé, afin d'accroître la foi en Dieu Tout-Puissant. » Mais Pascalina voyait les choses différemment. Dès le premier instant où il lui avait confié cette révélation, elle lui avait suggéré que « personne ne soit informé de cela. Les docteurs sont liés par le serment d'Hippocrate, et ne diront rien si vous le leur ordonnez », ajouta-t-elle.

Usant d'une diplomatie toute en finesse, elle rappela encore une fois au pape qu'il avait été très malade à l'époque, et sur le point de recevoir l'extrême-onction.

« Votre Sainteté, les gens sont si sceptiques, l'avertit-elle. Les détracteurs de notre sainte mère l'Eglise vont hurler au ridicule. Ils parleront de votre âge, de votre maladie...

— Certains diront que je suis sénile, coupa le pape. Mais pour un qui va douter, des milliers vont croire. Car c'est cela, la foi en Dieu Tout-Puissant. Il faut la foi, pour pouvoir croire. » Il s'interrompit. Puis, prenant ses mains dans les siennes, il poursuivit. « Mère Pascalina, vous n'avez pas douté des visions de notre Sainte Mère. Pourquoi doutez-vous maintenant ?

– Vous n'étiez pas à l'article de la mort à l'époque, répondit-elle. Elle s'efforçait d'avoir l'air aussi compréhensive et compatissante que possible.

– Comment, alors, vous expliquez-vous ma guérison miraculeuse d'une mort presque certaine ? lui demanda-t-il. Spécialement quand Notre Cher Sauveur m'a dit que mon heure n'était pas encore venue ? » De nouveau, il s'interrompit, et quand il reprit la parole, ce fut pour lui dire : « Mère Pascalina, où est votre foi en Dieu Tout-Puissant ? »

Elle ne lui répondit pas, jugeant que le Saint Père était encore trop affaibli pour se lancer dans une discussion. Dans l'heure, elle appela Spellman, l'enjoignant de garder le plus grand secret sur ce qu'elle allait lui dire. Elle lui parla de la vision que Pie XII avait eue. Elle lui confia le désir du pape de l'annoncer au monde et pria Spellman de se rendre immédiatement à Rome. « Eminence, je redoute les conséquences », conclut-elle. Le cardinal lui promit de prendre le premier avion. Ils convinrent, de n'en souffler mot à quiconque, même au Sacré Collège, du moins pas avant d'en avoir débattu tous deux en privé.

Avant que Pascalina et Spellman aient pu se rencontrer en secret, Pie XII rompit le silence.

Divers récits relatent la manière dont la vision du page fut révélée au monde. Corrado Pallenberg, correspondant à Rome du *London Evening News* et du *London Daily Express,* fut l'un des premiers à annoncer l'histoire. Il la raconta plus tard en détails dans son livre *Inside The Vatican :*

> « La seconde vision papale eut lieu lors de sa grave maladie de 1954. Un jour, son état de santé devint si inquiétant que le prêtre hollandais C. Van Lierde fut convoqué pour administrer l'extrême-onction. Mais le pape le renvoya.
>
> La nuit précédente, ou plutôt vers l'aube, le Christ était

apparu près de son lit et lui avait dit que son heure n'était pas encore venue. Cette vision fut décrite par le pape en personne, à un groupe de jésuites du mouvement "Pour un monde meilleur" et, à leur tour, ils rendirent publique cette révélation, en en faisant part au magazine milanais *Oggi,* le jour même.

Quand l'histoire fut publiée à Milan et à Londres, il y eut quelque tumulte. Le bureau de presse du Vatican fut assailli de demandes de confirmation, mais ils n'étaient au courant de rien, comme c'est si souvent le cas à chaque fois qu'il s'agit du pape, et ils firent d'abord paraître un imprudent démenti, avant de se retrancher derrière l'habituel : "Sans commentaire."

Oggi, indigné par le démenti, protesta auprès du secrétariat d'Etat et menaça de révéler ses sources, et de prouver que le pape avait lui-même lu, corrigé et approuvé l'article avant sa mise sous presse. En fin de compte, le bureau de presse du Vatican fut contraint à publier une confirmation officielle de l'histoire. »

Alden Hatch et Seamus Walshe dans leur biographie sur Pie XII, *Crown of Glory* (« Couronne de Gloire ») exposent l'affaire ainsi :

« Quand la vision d'Eugenio Pacelli fut rendue publique, presque un an plus tard, le 18 novembre 1955, il y eut un retentissant vacarme d'incrédulité. Cela était dû en partie à la façon dont l'histoire avait été présentée. La première version fut écrite par Luigi Cavicchioli, pour le magazine italien *Oggi.* Elle déchaîna une fureur générale. Les téléphones du Vatican ne cessèrent de sonner. Le petit personnel fut submergé d'appels venant de la presse du monde entier. Il n'y eut qu'une seule réponse : "Aucun commentaire."

Comme jamais le Vatican ne daigne répondre à aucune déclaration faite à propos du pape, ceci fut pris pour un démenti. Pendant deux jours, le pauvre Cavicchioli fut le reporter le plus discrédité du monde.

Pie XII n'avait pas envisagé que la nouvelle soit rendue

publique du temps de son vivant. Avec son bon sens habituel, il avait envisagé la controverse qui allait s'ensuivre. Quoi qu'il en soit, le pape avait confié l'histoire de sa vision à quelques amis intimes, que pouvait-on y faire ? L'un d'entre eux aura parlé à Cavicchioli ; car l'histoire de *Oggi* était correcte en substance. Et Pie XII ne pouvait laisser impunément un journaliste, même indiscret, souffrir d'avoir dit la vérité. Le 21 novembre 1955, il ordonna donc au directeur du bureau de presse du Vatican, Luciano Casmiri, de confirmer l'histoire de Cavicchioli.

Comme Pie XII l'avait prévu, cette annonce déchaîna une tempête de commentaires sceptiques. Bien qu'il s'y soit préparé, le Saint-Père en fut profondément blessé. Heureusement, cela n'eut pas une ampleur universelle. Bien plus de gens l'acceptèrent comme une simple vérité. Lors de l'audience papale publique qui s'ensuivit, la foule s'écria : *Viva il santo Papa !*

Dans son numéro du 4 décembre 1955, *L'Osservatore Domenica,* l'édition dominicale du quotidien du Vatican, *L'Osservatore Romano,* fit paraître l'histoire officielle de la vision. Elle fut probablement écrite ou authentifiée par le pape en personne. »

Durant toute la période du « Sans commentaire », puis des confirmations embarrassées du Vatican, le climat au sein du Sacré Collège était explosif. Certains prélats, parmi les plus sceptiques, pensaient que Pie XII avait décidé de jeter la foi catholique dans la plus honteuse controverse. Le débat resta privé, les cardinaux s'en tinrent officiellement à un soutien respectueux des actes et des paroles du pape.

Les événements prirent un cours déplaisant pour Pascalina quand certains cardinaux apprirent que la nonne était au courant de l'intention de Pie XII de rendre publique sa vision et qu'au lieu d'en informer le Sacré Collège, elle s'en était confiée à Spellman. Rien ne pouvait faire plus plaisir à Tisserant que de prendre Pascalina en faute. Les prélats attendirent que Pie XII soit sorti pour s'adresser à un groupe de pèlerins, pour venir trouver la nonne.

« Femme, ces histoires sont-elles vraies ? » demanda Tisserant d'un ton inquisitorial. Elle l'avait souvent vu irrité, mais jamais à ce point hors de lui. Devant leur nombre, elle refusa de s'engager dans un débat. Elle se leva de son bureau et leur fit front :

« Eminences, si vous avez motif à vous plaindre, parlez-en au Saint-Père ! »

Tisserant devint livide sous l'insulte : « Femme, tes jours sont comptés ! », tonna-t-il.

Pascalina était presque aussi remontée contre Pie XII qu'elle l'avait été contre Tisserant. Quand le pape fut de retour, elle ne lui mâcha pas ses mots. « Votre Sainteté, je vous avais averti de ne pas parler de la vision. Et pourtant vous l'avez fait sans seulement me le dire. Maintenant, voyez quelle perturbation cela a déclenché ! Si vous vouliez révéler cette vision au monde, pourquoi ne pas avoir fait de déclaration officielle vous-même ? » Sa voix était presque brisée par l'émotion. « Pourquoi ne pas avoir honoré la vision comme il faut ? »

Pie XII eut l'air bouleversé. Il exigea de savoir ce qui lui valait « une telle saute d'humeur », elle le lui dit.

Sans un mot Pie XII décrocha le téléphone et composa le numéro de Tisserant. « Pacelli au bout du fil », fit le pape de sa voix la plus froide et la plus sévère. « Rendez-vous immédiatement dans mon bureau, Tisserant ! Et amenez les autres avec vous ! » Le Souverain Pontife raccrocha avant que le cardinal ait seulement pu ouvrir la bouche.

Quelques minutes plus tard, les prélats se retrouvèrent aux pieds du pape baisant son anneau.

« Levez-vous ! » leur commanda-t-il. Quand ils furent debout, il leur désigna la nonne, qui se tenait à l'autre bout de la pièce, et ordonna que chacun des cardinaux lui présente ses excuses. « Dites votre repentir à la bonne mère Pascalina ! », exigea-t-il d'un ton sans appel.

Les cardinaux se tournèrent vers la nonne et obtempérèrent du bout des lèvres.

Pascalina se savait pour l'heure à l'abri de leurs attaques, les fauves étaient temporairement domptés.

XIV

« *Quotidie morior !* » (« Chaque jour, je meurs un peu ! »). La plainte de Pie XII revenait de plus en plus fréquemment, quand il se retrouvait seul avec Pascalina. Mais, en public pendant ces longues années de déclin physique, il arborait stoïquement l'allure fière d'un patricien exerçant une royauté sans partage sur l'Eglise.

A ses subordonnés, Pie XII présentait encore un autre visage, celui d'un autocrate au caractère impénétrable et au dédain écrasant. Peu de papes avant lui avaient réussi à susciter autant d'ennemis au sein de leur hiérarchie.

Dès 1955, certains intellectuels du Vatican qualifiaient le règne mélancolique de Pie XII de « désastre pour l'Eglise ». Dans l'esprit de bien des hommes d'Eglise, la papauté avait « perdu toute espèce de virilité intellectuelle, tout sens de la mission pastorale, tout désir d'attaquer les problèmes concrets du monde ». Le pape et l'Eglise, considérait-on, « s'installaient dans un puéril radotage de dévotion ». Le cardinal Tisserant affirmait pour sa part : « On dirait que l'Eglise meurt avec lui. »

Le sous-secrétaire d'Etat Domenico Tardini, quant à lui, décrivait le Saint-Père comme un « pape faible ». Tardini condamnait chez le Pontife, son « manque de confiance dans les autres ». Les échecs du Saint-Siège, ajoutait-il, étaient en grande partie dus à son « inaptitude à s'ouvrir l'esprit et à s'en remettre au clergé ».

Les cardinaux et les évêques du monde entier, responsables de vastes congrégations, confrontés à de graves problèmes qui demandaient l'arbitrage du pape ne pouvaient accéder à lui quand ils venaient à Rome. Ils leur fallait alors traiter en sous-main avec les membres de la curie.

A travers l'histoire de l'Eglise, les papes depuis des siècles tenaient des audiences *« di tabella »* où à jours et heures fixes les hauts fonctionnaires de l'Eglise rencontraient le Saint-Père. Cardinaux, directeurs des congrégations, responsables d'ordres religieux tenaient à ce droit ancestral. Pie XII supprima ces audiences en 1954, en prétextant sa maladie, et jamais ne les reprit.

Un jour, le Souverain Pontife fit annuler par Pascalina une audience prévue de longue date avec le cardinal Tisserant. La nonne avec un plaisir non dissimulé fit valoir à ce dernier que Clare Boothe Luce et Gary Cooper étaient de passage à Rome de manière impromptue et qu'il lui avait bien fallu dégager une plage de temps dans l'agenda du Saint-Père pour répondre à « leur demande spontanée ».

Un autre cardinal, qui avait attendu en vain pendant des mois d'être reçu par Pie XII, y renonça finalement. « Habillons-nous tous plutôt en joueurs de football, suggéra-t-il, rapportant sa déconvenue à d'autres prélats. Alors nous serons sûrement reçus immédiatement. »

Le sous-secrétaire d'Etat Tardini était à ce point irrité par l'indifférence de Pie XII envers sa hiérarchie, qu'il écrivit dans son journal intime que le Saint-Père « n'accordait sa confiance qu'à très peu d'intimes, confiance portant sur la direction des affaires de l'Eglise, et pas toujours méritée ». En l'occurrence Tardini visait Pascalina.

A l'approche de ses quatre-vingts ans, Pie XII passait le plus clair de son temps perdu dans ses pensées mystiques. Il était terriblement difficile de lui faire reprendre contact avec la réalité des manœuvres politiques qui minaient le Vatican. La nonne craignait, si l'on n'y prenait pas garde, que son pontificat sombre dans l'échec. Elle devait veiller à le protéger des attaques du haut clergé mais encore plus de lui-même.

Le pape vivant dans la hantise de devenir grabataire, il s'était convaincu qu'il devait maintenant se retirer. Pascalina se trouvait un matin d'hiver de janvier 1955 à faire le ménage dans le bureau de Pie XII quand elle tomba sur des notes manuscrites qui indiquaient l'imminence de sa démission. Le pape avait rédigé deux listes. L'une énumérait les raisons en faveur de cette décision et l'autre les raisons qui plaidaient en faveur de la poursuite de sa mission.

Pascalina en fut si ébranlée qu'elle déboula dans le bureau de Pie XII, serrant les notes dans ses mains tremblantes.

« Votre Sainteté ! s'écria-t-elle, hors d'haleine, arrachant le pape à la lecture de son bréviaire. Vous ne pouvez pas sérieusement songer à démissionner ?

– Mère Pascalina, répondit posément le Saint-Père sans avoir l'air de remarquer son intrusion. L'heure a sonné depuis longtemps pour le vieil homme fatigué que Pacelli est devenu d'envisager de se retirer. » Il la tira par le bras et la fit asseoir à côté de lui. Pie XII affrontait avec tristesse et résignation cette décision qu'il estimait inévitable, pour un pontife de son âge. « Je reste à mon poste seulement parce que les docteurs m'ont assuré que je continuerai d'être aussi fort qu'avant. »

L'allusion était claire. Pacelli n'avait pas l'intention de laisser le Saint-Siège se désagréger, pendant qu'il se languirait au lit. S'il faisait une autre rechute, il démissionnerait sur le champ.

Elle savait combien son état de santé était fluctuant, aussi insista-t-elle sur l'impérative nécessité pour lui de se ménager. « Votre Sainteté, vous devez garder vos forces pour les affaires spirituelles ! dit-elle sévèrement. Vous perdez trop d'énergie sur des sujets temporels. » Elle était résolue de le décharger envers et contre tous de la gestion quotidienne des affaires de l'Eglise.

Elle insista en le sentant faiblir : « Votre Sainteté, il vous faut vous soulager de nombreux devoirs temporels. Je vous y aiderai. » Elle savait cependant qu'aucun pape n'autoriserait jamais une nonne à prendre officiellement en charge les responsabilités et devoirs d'un Vicaire du Christ. Elle se devait d'agir dans l'ombre sans investiture officielle.

Les rayons de soleil du matin filtraient à travers les vitraux du bureau richement lambrissé, quand Pie XII se leva pour parcourir la pièce de long en large. Jamais, au cours de l'histoire de la papauté, il ne s'était trouvé une situation semblable : une nonne en charge de la direction de l'Eglise, agissant et ordonnant au nom du pape ! Pie XII ne répondit rien mais comme « qui ne dit mot consent », Pascalina interpréta son silence comme un oui.

A peine Pascalina s'en était-elle retournée à son bureau qu'elle avait déjà remodelé dans sa tête tout l'avenir du pontificat de Pie XII. Elle seule déciderait qui aurait le droit de rencontrer le pape, quels papiers elle lui ferait signer, quelles affaires, temporelles ou spirituelles, seraient traitées en priorité.

Afin qu'il n'y ait aucun doute sur la façon dont ses directives devaient être désormais exécutées, elle convoqua sur le champ les officiers de la garde du palais.

« Le Saint-Père demande que la garde prenne son poste directement devant ces appartements ! ordonna-t-elle. Ne laissez entrer personne dans l'appartement pontifical quelle que soit sa position, sans mon ordre exprès ! Cela inclut tous les cardinaux et les autres prélats ! Et la garde doit se tenir ici jour et nuit, vingt-quatre heures sur vingt-quatre sans exceptions ! »

Jamais depuis des années Pie XII ne s'était senti plus vigoureux. Il disposait de tout son temps pour la prière et la méditation spirituelle. Il pouvait enfin tout à loisir s'adresser à des vastes auditoires. En 1955, il prononça plus de soixante grands discours et ceci devant quelque 380 000 pélerins.

Le « rideau de fer » qu'elle avait forgé entre lui et le monde, le préservait de tous les remous que la prédominance de la nonne sur la direction de l'Eglise n'avait pas manqué de déchaîner. Bientôt elle entendit dire que l'un des collaborateurs les plus proches du pape s'était répandu dans les couloirs du Vatican en déclarant que ce système était « tyrannique et humiliant envers la hiérarchie. » Mais elle fut encore plus choquée d'apprendre qu'on la surnommait maintenant en public : « La Popessa ». Elle n'allait pas garder l'offense impunie. La nonne soupçonnait Mgr Giovanni Montini sous-secrétaire d'Etat d'avoir ainsi bavardé à tort et à travers. Son aversion pour Montini ne datait pas d'hier. Elle remontait à l'époque où ce dernier, humble employé de la curie, l'avait reçue froidement quand, à peine débarquée à Rome, elle commença à travailler au service de presse, un quart de siècle plus tôt. Malgré toutes les années écoulées depuis, elle n'avait jamais pu oublier l'attitude glaciale de Montini à son encontre et sa jalousie devant son élévation.

Certes Pascalina détestait Tisserant et Tardini, à cause de leur esprit caustique envers Pie XII, mais abhorrait Montini qu'elle considérait comme un hypocrite. Elle savait aussi que le sous-secrétaire d'Etat lui en voulait de ne pas avoir été nommé cardinal au consistoire de 1953, et qu'il caressait le rêve de succéder à Pie XII sur le trône de Saint-Pierre.

Pascalina tenait Montini pour un libéral, et craignait s'il devenait pape qu'il n'en finisse rapidement avec la politique conservatrice de Pie XII et mène l'Eglise dans des voies que son prédécesseur n'aurait jamais approuvées.

Elle se sentait confortée dans son jugement par le pape lui-même qui un jour avait dénigré Montini devant elle, estimant qu'il était « trop progressiste dans sa conception sociale et politique, pour qu'on le considère comme un successeur fiable ».

« D'autre part, Sa Sainteté estimait que Mgr Montini n'avait pas la stature pour être Saint-Père », confia-t-elle un jour au cardinal Spellman. La nonne représenta clairement au prélat que le Souverain Pontife supportait difficilement les messes de trottoir que Montini disait pour les humbles dans les rues de Rome. Le monsignore allait et venait portant lui-même son propre autel démontable dans une grosse valise. Ses fidèles l'appelaient « le président du Conseil de Jésus-Christ », mais Pie XII considérait l'oratoire publique du prélat comme un « truc d'histrion », qui nuisait à la réputation du Saint-Siège, plus qu'il ne la servait.

Spellman , qui était ultra-conservateur, comme le pape et la nonne, était aussi hostile à Montini que Pascalina. Quand elle apprit au prélat américain, lors de sa visite à Rome en 1954, que Pie XII pourrait complaire Montini en le nommant secrétaire d'Etat du Vatican, Spellman tomba des nues. Il s'allia à Pascalina pour s'opposer à cette nomination et pousser Pie XII à écarter définitivement le « gauchisant » Montini du Vatican.

« Votre Sainteté, il ne faut pas que Montini soit en mesure de diriger les votes au prochain conclave », conseilla vivement Spellman au pape. Constatant le peu de progrès qu'il faisait, l'Américain décida alors de jouer sur les sympathies du Souverain Pontife : il laissa penser au Saint-Père que si Montini devenait pape, Pascalina serait promptement renvoyée.

Une semaine après la discussion de Spellman avec le Saint-Père, Montini fut démis de ses fonctions de sous-secrétaire d'Etat et nommé archevêque de Milan. Le bureau de presse du Vatican expliqua que Montini « serait plus utile à combattre le communisme chez les travailleurs milanais ». Traditionnellement l'archevêché de Milan était considéré comme une voie de garage... pour tous les prélats qui rêvaient d'accéder à la charge suprême. On ne revenait jamais de Milan.

Le bannissement du monsignore fut tout à fait typique des manières vaticanes. Avant l'aube par un froid matin de bruine du début du mois de janvier 1955, Giovanni Montini, les larmes aux yeux, portant une simple valise, grimpa dans le vieux camion délabré d'un ami, bourré de quatre-vingt dix caisses de livres constituant la bibliothèque personnelle du nouvel archevêque. Après sa chute, personne, pas même ceux aux côtés de qui il avait travaillé pendant de nombreuses années, ne prit la peine de le saluer d'un au revoir. Huit ans plus tard, rompant avec la tradition, Montini reviendrait à Rome et accèderait triomphalement au trône de Saint-Pierre sous le nom de Paul VI.

Pascalina ressentait d'étranges affinités ou aversions pour les gens. Les politiciens faisaient rarement partie de ses favoris. Elle ne se privait pas de leur montrer le mépris dans lequel elle les tenait. Hitler, Mussolini, Roosevelt et Churchill représentaient pour elle ce qu'elle avait pu endurer de pire des politiciens, ses souvenirs sur eux étaient « terriblement noircis par leurs machinations ». A chaque fois qu'elle recevait un message ou un appel d'un politique, elle se hérissait instinctivement. « Presque toujours je savais qu'ils cherchaient à se servir du Saint-Père pour leur profit personnel. »

Pie XII était à l'opposé de Pascalina et se plaisait à rencontrer les politiciens. Il aimait accorder des audiences privées à de nombreux chefs d'Etat. Pascalina avait cependant des préférences marquées pour certains d'entre eux. Ces heureux élus avaient le pas sur d'autres parfois plus puissants qui attendaient depuis des semaines, sinon des mois, une audience du pape. Le Premier ministre indien Jawaharlal Nehru et le Premier ministre irlandais John Costello n'avaient jamais la moindre difficulté pour rencontrer le Saint-Père. Le roi de Ruanda-Urundi, Mutara III, était toujours le bienvenu. Elle n'avait jamais oublié la première audience de Pie XII avec ce monarque africain, haut de plus de deux mètres. Revêtu de son costume rituel avec sa coiffe de plume blanche et de perles, le roi avait pleuré de joie en partant. « C'est le jour le plus émouvant de ma vie », avait-il dit à Pascalina, en lui serrant chaleureusement la main.

John Foster Dulles, secrétaire d'Etat du président Eisenhower, comptait parmi ses favoris, peut être parce que son fils s'était converti au catholicisme, et était devenu jésuite. Pourtant, Dulles trouvait la nonne « brutale dans l'accomplissement de son devoir ». Un jour, Dulles avait, selon elle, dépassé son temps de visite auprès du pape. Pascalina lui accorda cinq minutes supplémentaires, puis déboula sur eux ne voyant venir aucun signe de départ.

« Heiliger Vater, Sie müssen essen ! » (« Saint-Père, vous devez manger ! »), dit-elle d'une voix impérieuse. Elle se tint là les bras croisés, et fermement campée sur ses deux pieds. « J'essayais de mon mieux mieux de ressembler à un sergent instructeur », se souvenait-elle en riant, bien des années après.

Dulles était complètement interloqué, mais le pape garda son sourire et son calme. *« Ganz recht, Mutter Pascalina, ich lasse die suppe nicht kalt werden »* (« Vous avez tout à fait raison, mère Pascalina, je ne vais pas laisser refroidir la soupe »), répondit Pie XII.

Le secrétaire d'Etat, qui avait étudié l'allemand, avait compris la conversation et attendait que la nonne sorte, avant de faire ses propres adieux. Mais Pascalina ne bougea pas ni ne montra la moindre intention de quitter la pièce.

Pie XII, l'air un peu gêné, se leva et dit avec un sourire forcé : « Monsieur le secrétaire, aucun pouvoir au monde ne pourrait faire bouger notre bonne mère Pascalina quand la soupe est servie. »

Quand la nonne se montrait ainsi sous son dehors le plus revêche, c'était toujours, pensait-elle, pour son bien à lui. Elle pouvait aussi se tenir patiemment près de lui pendant des heures, pour l'aider à rédiger des allocutions sur toutes sortes de sujets. Pie XII trouvait que les idées que lui suggérait la nonne étaient « pleines d'inspiration et d'intelligence », et que ses connaissances étaient « si vastes que son cerveau semblait contenir à peu près tout ». Ce qu'elle ne savait pas, elle l'apprenait. Il lui arrivait de lire jusqu'au petit matin.

Le pape et la nonne écrivaient des discours fort documentés sur des sujets extrêmement divers. Parfois, ils se mettaient à discuter si intensément sur de petits détails que les gardes du palais, en faction derrière la porte, se regardaient avec effroi. Mais quelques minutes plus tard, ils entendaient des éclats de rire fuser du bureau pontifical.

« Je me sentais devenir compétente dans pratiquement tous les sujets », se rappelait-elle en souriant avec une pointe d'orgueil. Les domaines que traitait le pape dans ses discours couvraient à peu près tout le champ de l'activité humaine. Ils écrivaient sur « Les affaires et l'intérêt général », « Le sport et la vie chrétienne », « Les relations humaines dans l'industrie », « Les livres, les éditeurs et le public », « Les narcotiques littéraires », « En direction de l'espace ». Curieusement, ils abordèrent très peu les sujets de religion pure. Elle écrivit avec lui une encyclique intitulée *Miranda prorsus,* consacré à l'effet du cinéma, de la télévision et de la radio sur la morale.

L'article médical qu'ils rédigèrent ensemble intitulé « Les maladies cardiaques et l'homme » fut salué à l'époque, par le Dr. Paul Dudley White cardiologue américain réputé, comme « l'un des meilleurs articles sur les maladies cardio-vasculaires que j'ai lus de ma vie ».

Le pape, octogénaire, avait un comportement de plus en plus excentrique, qui usait considérablement les nerfs de Pascalina et lui demandait une attention de tous les instants. Il se comportait de plus en plus en monarque absolu de l'Ancien Régime, et son style de gouvernement fut décrit par le cardinal Celso Constantini, chancelier de l'Eglise, comme « byzantin et étrange ».

Le grand public commençait à savoir quel abîme s'était creusé entre le pape et la curie. Guiselle Dalla Torre, ancien éditorialiste de *L'Osservatore Romano,* accusait le Pontife de s'être « lui-même coupé de tout contact direct avec la vie ».

Pascaline ne pouvait qu'adhérer à ce qui se disait sur les bizarreries du Saint-Père, tout en les déplorant. Elle était en charge des nombreux devoirs et responsabilités du pape, mais elle ne pouvait pas le contrecarrer quand il ordonnait aux membres les plus anciens et les plus éminents de la hiérarchie de lui parler à genoux. Il était tout aussi embarrassant pour elle de voir Pie XII forcer les prélats à sortir à reculons, devant lui. Le pape et les prélats avaient fort peu à gagner dans ces audiences. Aussi ne comprenait-elle pas pourquoi Pie XII les convoquait, peut-être afin de les humilier ?

Elle fut encore plus surprise quand elle vit des journalistes de *L'Osservatore Romano,* agenouillés aux pieds de Pie XII, parfois pendant des heures, quand il leur dictait de longs articles.

Presque chaque jour, il lui fallait supplier le pape de faire sa promenade de l'après-midi dans les jardins. Il chérissait tant sa solitude qu'il ordonna que les jardins soient fermés au public. Elle avait pour responsabilité de veiller à ce que même les jardiniers disparaissent de sa vue.

Hormis ses neveux, qui continuaient de lui rendre visite régulièrement, Pie XII ne voyait désormais plus sa famille qu'une fois par an, habituellement pendant deux heures, l'après-midi de Noël. Il mangeait seul à tous les repas, sauf quand il invitait Pascalina à se joindre à lui.

Jusqu'aux dernières années de leur vie commune, Noël resta le jour le plus important dans l'existence de Pascalina. Pie XII l'autorisait habituellement à avoir son petit arbre à elle, installé dans un coin de l'appartement papal. Mais vers la fin, même cela l'insupportait. Il lui représenta clairement qu'il préférait la traditionnelle scène de la Nativité à l'arbre de Noël, plus nordique. Elle se gardait de lui répondre, car elle savait qu'à la dernière minute il fléchissait.

A cette époque de sa vie, Pascalina sentit peser sur elle le poids des ans. Et comme pour beaucoup de gens de son âge, les maux et la monotonie de sa vie quotidienne attaquaient son moral. Elle n'était plus cette forteresse de force et d'esprit qu'elle avait été. Quand il lui fallut se faire opérer du pied, Pie XII s'en rendit à peine compte. Elle ressentit cruellement son indifférence. Elle se prenait parfois à s'apitoyer sur son sort et sur ce qu'elle avait manqué, en se consacrant à Pie XII. Elle n'avait pas d'amis proches, et pour l'Eglise, elle avait renoncé à sa famille.

Ce qui la faisait le plus souffrir, c'était les sombres pensées qui s'emparaient de son esprit. Elle n'avait jamais été égocentrique, mais à soixante-trois ans, elle était obsédée par ce qu'il adviendrait d'elle, après la mort de Pie XII. La nonne priait souvent pour que le cardinal Spellman devienne le prochain pape, pour le bien de l'Eglise, mais aussi pour sa sécurité. Mais elle savait bien que ce n'était là qu'un piètre espoir.

Son confesseur manquait à la nonne, « le cher vieux prêtre » était mort depuis des années. Se décharger sur lui de ses troubles et de ses peines était autrefois une vraie consolation. Le prêtre qui lui servait maintenant de confesseur était quasiment un gamin, et elle ne pouvait se résoudre à de longues promenades ni de profondes conversations avec « quelqu'un d'aussi jeune ».

Quand elle regardait Pie XII, elle croyait voir un fantôme. « Ce n'est plus comme avant », murmurait-elle la gorge serrée. Rien n'est plus comme avant. » Et elle essuyait une larme, avant que le pape ne remarque son affliction.

Pie XII mit longtemps à mourir. Durant les quatre sombres années épuisantes qui suivirent sa grave maladie de 1954, Pascalina se dépensa sans compter. Sa dévotion balayait les ombres du désespoir qui s'étaient emparées de Pie XII, elle savait rallumer une lueur d'espoir dans les yeux noirs éteints du pape, au regard embrumé de larmes.

Le petit matin représentait une épreuve pour elle. Quand elle entrait dans la chambre du pape, elle découvrait alors souvent une silhouette pathétique embarrassée, qui luttait pour garder le contrôle de lui-même.

Elle décrochait ses plus beaux habits et l'aidait péniblement à s'habiller. La plupart du temps, elle était elle-même épuisée, au bord de la syncope. Mais elle n'en fit jamais rien paraître. Devant le monde, il fallait conserver à Pie XII l'image d'un grand pontife, aussi la vivacité feinte de la nonne était-elle indispensable. Jamais elle ne lui fit défaut. Quand Pie XII faisait une apparition devant l'autel de Saint-Pierre, devant des dizaines de milliers de fidèles, c'était un pape digne et serein, qui se présentait à eux, incarnant la force d'un chef. Seule Pascalina savait qu'elle était l'inspiratrice du visage public du pape, et personne à l'époque ne se doutait à quel point il était proche de la mort.

Avec une santé aussi changeante que le temps, Pie XII reparlait de plus en plus souvent de se retirer. Il l'informa de son intention d'en référer au Sacré Collège des cardinaux. Seules ses suppliques désespérées réussirent à l'en dissuader.

A ce stade, elle n'en était plus uniquement à combattre pour le vieux pape, mais pour la postérité de son pontificat. En nonne dévote, elle acceptait la mort comme une fin naturelle de la vie et un nouveau départ. Pour elle, Pie XII n'était plus que l'ombre de lui-même. Elle savait que sa mort était imminente, et voulait la diriger, avec sérénité et avec grâce.

« C'était le battement du rappel politique que l'on commençait à entendre résonner dans toute le hiérarchie qui glaçait d'effroi Pascalina, rapportait l'archevêque Cushing. Elle savait qu'ils n'en pouvaient plus d'attendre de s'emparer du trône de Pie XII et de bafouer ses croyances et ses règles. »

Tout comme Pie XII, Pascalina se montrait incroyablement doctrinaire dans son approche de certaines pratiques religieuses. Elle était tout aussi résolue que Pie XII à ce que le Saint-Siège continue d'exercer sa domination médiévale sur presque chaque aspect de l'existence humaine. Pour elle, le pape disposait d'une autorité absolue, et tout ce qu'il ordonnait au nom de Dieu devait être exécuté sans discussion.

« Il y aura beaucoup d'abandons de notre sainte mère l'Eglise, si les barrières de la moralité et de l'éthique ne sont plus observées », prédisait-elle à l'époque.

Au commencement de l'automne 1958, Pie XII eut une grave attaque de hoquet, qu'on n'arriva pas à maîtriser. Une armada de médecins fut convoquée, et on pratiqua toutes sortes de traitements. Rien ne put le soulager. Cette attaque sembla encore plus décisive que celle qui lui avait presque coûté la vie, quatre ans plus tôt.

Le cardinal Spellman, à la tête d'un pèlerinage, se trouvait alors à Naples. Il téléphona à Pascalina pour s'enquérir de la santé du pape, et elle le supplia de venir immédiatement à Castel Gandolfo, où le pape venait d'endurer cette nouvelle crise.

« Sa Sainteté ne s'en remettra pas cette fois », dit-elle d'une voix grave à Spellman, le 3 octobre 1958, quand ils se retrouvèrent seuls dans la bibliothèque de la villa papale. « Il est très faible. » Elle avait l'œil sec ; elle était trop harassée et inquiète pour pleurer.

A cet instant où la vie quittait le vieux pape, il leur sembla qu'ils le serviraient mieux en discutant de l'avenir et de ce qu'il convenait d'entreprendre pour sauvegarder l'héritage de son pontificat. La rancune de Pascalina contre la hiérarchie romaine était manifeste. Il lui paraissait tellement incroyable que des détails insignifiants aient pu engendrer tant d'animosité et de division entre le pape et ses cardinaux. Selon elle, c'était surtout de la faute de la hiérarchie, qui n'avait pas su passer « ses excentricités à ce vieil homme ». Elle trouvait que c'était « tragique de la part d'hommes de Dieu, dirigeants influents de la religion la plus puissante du monde, d'avoir laissé se produire un tel désastre ». Les préceptes du Christ, disait la nonne à Spellman, étaient « soumis à des politiques cupidement personnelles ». Et d'ajouter :

« Ils vont choisir quelqu'un qui sera son exact contraire,

d'abord pour jeter le discrédit sur le règne de Pie XII. Sa Sainteté est tellement détestée par certains. Comme vous le savez, Eminence, il y a ceux qui pleurent pour plus de libéralisation, mais la liberté sans une direction forte ne mènera qu'au désastre dans l'Eglise. Il faut espérer que ceux qui vont diriger le Saint-Siège ne s'en rendront pas compte trop tard. »

Ils discutèrent des candidats probables qui avaient une chance de succéder au Saint-Père. Elle redoutait l'élection de Tisserant, surtout à cause de la vindicte dont elle serait l'objet. Mais Spellman la rassura : « Même avec l'actuelle internationalisation du Sacré Collège, Tisserant n'y arrivera jamais. Il s'est fait trop d'ennemis. »

Montini, le candidat des libéraux qui dénigraient Pie XII, préoccupait beaucoup plus le cardinal américain. Quant à son propre choix, Spellman laissa entendre à la nonne qu'il allait donner son premier bulletin à un autre ultraconservateur, le cardinal Ruffini, archevêque de Palerme.

Pascalina tomba des nues. Elle savait que Spellman connaissait l'accointance de Ruffini avec les chefs de la Mafia en Sicile. Pour la première fois, elle se demanda si Spellman était si différent des autres prélats qui la décevaient tant.

Ses propres spéculations la menaient à considérer un autre « papabile » en la personne du cardinal Angelo Roncalli, simple et passif archevêque de Venise, âgé de soixante dix-sept ans. Elle avait toutes les raisons de penser que les cardinaux le choisiraient, tant il apparaissait inoffensif. On ne pouvait trouver meilleur pape de transition. Or, elle avait cent fois chassé Roncalli de son bureau au fil des années, pour l'empêcher d'importuner le Saint-Père, et elle l'avait fait avec la même insouciance qu'elle dispersait les poules dans la ferme de son père.

Pascalina n'avait rien contre Roncalli. C'était, selon elle, une « bonne âme », un brave cardinal agréable et bien équilibré mais « une cible facile, et au seuil de l'éternité ». Elle ne doutait pas que la hiérarchie tirerait vite profit du gros prélat qui souriait toujours. Elle craignait qu'ils ne le « mènent par le bout du nez ». Roncalli n'aurait certainement pas le goût ni la force de défendre l'héritage de Pie XII, car il n'avait jamais manifesté de réelle affinité pour le Saint-Père, ni pour le style de son règne. Pie XII l'avait toujours tenu avec une longe très courte et ne lui avait laissé aucune latitude de décision. Sous le règne de ce pape autocrate, le cardinal n'avait jamais pu être lui-même. On ignorait même qu'il pouvait l'être.

Spellman avait dénigré Roncalli auprès de la nonne dans le passé, en l'appelant « une âme inoffensive » dotée de guère plus d'intelligence qu'un « simple colporteur de bananes ». Elle remarquait maintenant que le cardinal n'exprimait plus la moindre critique contre le vieil archevêque. Elle commença à se demander si l'élection de Roncalli ne serait pas le meilleur pis-aller et un compromis acceptable entre les conservateurs et les libéraux du Sacré Collège des cardinaux. Quand Roncalli devint pape sous le nom de Jean XXIII, la nonne repensa avec une amère satisfaction à la pertinence de son jugement politique.

Ce soir-là, pendant que Spellman était resté seul avec Pie XII, Pascalina s'en fut méditer dans la chapelle. Au comble du chagrin et de l'inquiétude, elle avait grand besoin de se retrouver. A minuit, elle se glissa silencieusement dans la chambre de Pie XII, il dormait. Elle prit place dans le rocking-chair près du lit et se mit à réciter son rosaire pour lui. Si jamais il se réveillait en sursaut, elle serait là pour l'apaiser. Six nuits durant, elle veilla ainsi, puis vint pour Pacelli le moment du repos éternel.

Ce fut à matin du 9 octobre à 3 h 52.

On pense communément que les grandes dames se retirent sinon dans le luxe, du moins dans un certain confort. Pascalina se retira sans rien. Elle n'avait d'ailleurs jamais rien attendu. Elle avait toujours été fidèle au vœu de pauvreté, qu'elle avait fait, jeune fille.

Maintenant, à soixante-cinq ans, que lui restait-il ? Les nuages qui avaient grossi au fil des ans paraissaient aujourd'hui encore plus sombres que jamais et l'entouraient de toutes parts.

« A chaque fois qu'un pape meurt, cela occasionne de grands bouleversements à la cour, dit-elle un jour avec résignation. Le renvoi des proches et des favoris, quoique fort perturbant, est d'ordinaire rapide. »

A propos de son renvoi du Vatican, le jour des funérailles de Pie XII, elle confiait simplement : « La solitude, c'est le sentiment que personne ne s'intéresse vraiment à ce qui peut vous arriver. »

[illegible] ces [illegible], qui sont pernicieux en
[illegible] espèce.
[illegible] de [illegible] tout [illegible]
[illegible] MM. [illegible]
[illegible] peut [illegible]
[illegible].

Epilogue

Après avoir été chassée du Vatican, Pascalina se retira pendant de longues années dans un couvent en Suisse, en but à l'inimitié des autres sœurs. La première année fut la plus difficile pour elle : « Je n'ai pas pu fermer l'œil pendant trois semaines après le décès de Sa Sainteté », confiait-elle. Elle pensa même un temps retourner dans la ferme familiale en Bavière auprès de ses frères. L'Eglise n'accéda jamais à sa requête.

Elle avait pour projet de créer un refuge pour des femmes âgées restées seules. Quand le cardinal Roncalli devint pape sous le nom de Jean XXIII, elle tenta une démarche auprès de lui pour obtenir son accord. « Je n'arrivai pas à l'appeler “Votre Sainteté” », se souvenait-elle. Dans son esprit, il était toujours l'importun Roncalli, et lors de l'audience qu'il lui accorda, elle ne cessa de lui donner de l'« Eminence ». Elle ne reçut jamais de réponse pendant son pontificat.

Quand Giovianni Montini prit le nom de Paul VI pour succéder à Jean XXIII, elle se présenta une nouvelle fois au Vatican. Elle avait maintenant soixante-dix ans, quand il la reçut en audience privée. Elle ne l'avait pas revu depuis sa nomination à l'archevêché de Milan ; il avait beaucoup vieilli. « J'espère que je n'ai pas l'air aussi antique que vous », lâcha-t-elle en guise d'entrée en matière. Le pape, un instant surpris, lui répondit sur le même ton : « Je vois que mes prières n'ont pas été entendues, sœur Pascalina, vous êtes toujours aussi méchante ! » Et de rire tous les deux.

Paul VI approuva son projet et, par la suite, elle reçut d'un mystérieux donateur une parcelle de terrain merveilleusement située sur une colline surplombant Rome. Elle y fit construire le refuge dont elle avait tant rêvé, grâce à des fonds dont ni elle ni le Saint-Siège n'acceptèrent jamais de révéler l'origine. Elle passa ainsi les dernières années de sa vie à diriger la *Casa Pastor Angelicus* et à apporter son soutien à de vieilles femmes nécessiteuses, avec, sous ses yeux, de la fenêtre de sa chambre, le dôme de la chapelle Sixtine où repose, pour l'éternité, l'homme auquel elle s'était dévouée toute sa vie.

Achevé d'imprimer le 5 juin 1987
dans les ateliers de Normandie Impression S.A.
à Alençon (Orne)
N° d'imprimeur : 87-0742
N° d'éditeur : 72
Dépôt légal : juin 1987

[illegible] 1992
sur les presses de l'imprimerie [illegible]
[illegible]
N° d'imprimeur [illegible]
N° d'éditeur [illegible]
Dépôt légal : juin [illegible]